KB023426

독일 고전철학의 자연법

인문정신의 탐구 23

독일 고전철학의 자연법

남기호 지음

도서출판 길

지은이 **남기호**(南基鎬)는 연세대 철학과를 졸업하고, 독일 보훔 대학에서 청년 헤겔의 인륜성 개념에 관한 논문으로 박사학위를 받았다. 제주대 철학과 교수를 거쳐 현재 연세대 인문학연구원 교수로 있다. 칸트, 야코비, 피히테, 셸링, 헤겔을 비롯해 독일 근현대 철학의 주요 인물들과 그 관계를 다루는 여러 편의 논문을 썼다. 또한 헤겔의 철학을 '학문과 세계의 발전에 발맞추어 끊임없이 개선되는 열린 체계'로 해석할 수 있는 다양한 가능성을 치밀하게 탐색해왔다. 주요 논문으로 「헤겔 인정이론의 구조」, 「형식논리와 헤겔의 변증법」, 「세계시민의 영원한 평화를 위한 단서조항」, 「자유로운 죽음의 방식: 헤겔의 자살론」, 「우주론적 신 현존 증명의 사변적 의미」, 「칼 슈미트의 국가론에서의 리바이어던: 그 정치적 상징의 오용과 홉스의 정치철학적 의의」 등이 있다.

저서로 『철학자의 서재 2』(공저, 알렙, 2012), 『다시 쓰는 서양 근대철학사』(공저, 오월의봄, 2012), 『현대 정치철학의 테제들』(공저, 사월의책, 2014), 『헤겔과 그 적들: 헤겔의 법철학, 프로이센을 뒤흔들다』(사월의책, 2019) 등이 있으며, 역서로는 『헤겔: 생애와 사상』(한스 프리드리히 풀다, 용의숲, 2010), 『코젤렉의 개념사 사전 6: 계몽』(호르스트 슈투케, 푸른역사, 2014) 등이 있다.

인문정신의 탐구 23

독일 고전철학의 자연법

2020년 5월 15일 제1판 제1쇄 인쇄
2020년 5월 25일 제1판 제1쇄 발행

지은이 | 남기호
펴낸이 | 박우정

기획 | 이승우
편집 | 김춘길
전산 | 최원석

펴낸곳 | 도서출판 길
주소 | 06032 서울 강남구 도산대로 25길 16 우리빌딩 201호
전화 | 02) 595-3153 팩스 | 02) 595-3165
등록 | 1997년 6월 17일 제113호

ISBN 978-89-6445-221-9 93100

지은이의 말

　우리말 한자어 '자연'(自然)처럼 멋진 말도 없을 것이다. '스스로 그러'하
게 있음을 뜻하는 이 말[1]은 세계 속의 모든 존재자가 저마다의 **본성**에 따
라 있다는 것을 나타내기에 그렇다. 그러니 모든 존재자가 그 자신의 참
된 본성에 따라 있게 해주는 것이 도리이겠다. 반면에 이에 해당하는 서
양어 'nature'는 사정이 다르다. 이 말은 때로는 그저 막 생겨나거나 일어
난 어떤 것들을 의미하기도, 때로는 그렇게 생겨난 것들의 참된 본성, 천
성, 본질을 의미하기도 하기 때문이다.[2] 이렇게 때로는 우연한 현상을, 때
로는 필연적 법칙을 의미하는 서양의 자연 개념은 오늘날에도 늘 대립된
이 두 의미의 긴장관계 속에서 말해지곤 한다.

　이렇게 대립된 의미를 지니는 자연 개념은 서양의 근대 국가 이론에 심
각한 고민거리를 안겨주었다. 보통 자연법 이론 또는 사회계약 이론이라
불리는 이 이론은 자연 상태와 자연법이라는 두 핵심 개념을 중심으로
사회계약의 필요성을 주장한다. 그런데 무엇보다 이 이론이 사용하는 자
연 상태와 자연법이라는 말에서 자연 개념이 전혀 반대되는 의미를 지닌
다는 데에 문제가 있다. 이를테면 토머스 홉스(Thomas Hobbes)에게서 자

1　이강수, 『중국 고대철학의 이해』, 지식산업사, 1999, 132~33쪽.
2　Johannes Hoffmeister (Hg.), Zum Artikel *Natur* in *Wörterbuch der
　philosophischen Begriffe*, pp. 421~22.

연 상태는 '법이 없기'에 불법(不法)도 없는 전면적 무질서 상태를, 자연법은 '인간의 이성이 찾아낸' '일반적 원칙'을 의미한다.[3] 한마디로 자연 상태에서는 살 수 없으니 자연법에 따라 안전과 평화를 보장하는 국가 구성을 위해 사회계약을 체결해야 한다는 식이다. 그나마 자연 상태를 평화로운 상태로 구상한 장-자크 루소(Jean-Jacques Rousseau)는 좀 낫다. 그러나 그에게도 자연 개념의 이의성(二義性)은 여전히 남아 있다. 예컨대 인간의 이성은 한편으로 불평등을 낳는 반(反)자연적 이기심의 근원이면서, 다른 한편으로는 자연 상태의 조화로운 평등을 복원하는 협력의 능력이기도 하다.[4]

사정이야 어쨌든 간에 근대 자연법 이론은 서양의 근대 국가 형성에 실질적으로 많은 기여를 했다. 이를테면 홉스나 존 로크(John Locke)는 청교도혁명(1640~60)과 명예혁명(1688)이 발발한 이후에 본격적으로 추진되던 영국의 국가적 근대화를 이론적으로 정당화하기 위해 각각 『리바이어던』(1651)과 『통치론』(1690)을 발표했다. 또한 프랑스혁명(1789)을 주도한 여러 세력은 루소의 『인간불평등기원론』(1755)이나 『사회계약론』(1762)을 자신들의 사상적 기반으로 삼은 것으로 알려진다. 많은 현대 국가들이 많든 적든 간에 이 자연법 이론에 사상적으로 빚을 지고 있는 것이라면 이 이론이 지니는 장단점은 오늘날에도 정치철학적 사유의 기초를 이루는 것이라 할 수 있겠다. 즉 근대 자연법 이론은 여전히 그 이론적 개선과 실천적 반영을 고민하는 현대 철학자들의 주요 주제들 중 하나이다. 예를 들어 자연 상태를 대체하는 존 롤즈(John Rawls)의 원초적 입장이나 원자론적 개인을 넘어 사회적으로 인정된 필요에 관한 마이클 왈처(Michael Walzer)의 사회계약 구상 등등에서 말이다. 그러나 상대적으로 덜 주목받

---

3 토머스 홉스, 진석용 옮김, 『리바이어던 1』, 나남, 2008, 174, 176쪽.
4 장-자크 루소, 주경복·고봉만 옮김, 『인간불평등기원론』, 책세상, 2003, 56~83쪽; 이태일 옮김, 『사회계약론』, 범우사, 1990, 25~28, 49쪽과 비교.

고 있지만, 이미 프랑스혁명이 한창인 1793년 루소주의자 로베스피에르(Robespierre)의 공포정치를 목도하며, 자연법 이론의 개선에 몰두하던 이들이 있었다. 이들이 바로 독일 고전철학의 주역들이다.

이 책은 이마누엘 칸트(Immanuel Kant), 요한 고틀리프 피히테(Johann Gottlieb Fichte), 프리드리히 셸링(Friedrich Schelling), 게오르크 빌헬름 프리드리히 헤겔(Georg Wilhelm Friedrich Hegel)로 대표되는 독일 고전철학의 자연법 이론을 집중적으로 다루고자 한다. 이들은 서양 근대 철학의 정점으로 평가되곤 하지만, 이들의 자연법 이론은 상대적으로 많은 연구가 이루어지지 않은 편이다. 그나마 칸트와 헤겔의 법철학은 다각도의 연구가 축적된 상태이지만 피히테와 셸링에 대한 연구는 아직 시작 단계라 해도 과언은 아닐 것이다. 나의 이러한 문제의식에서 비롯된 수년간의 연구 결과물을 이제 책의 형태로 세상에 내놓고자 한다.

여기서 다루어지는 내용을 소개하기에 앞서 우선 독일 고전철학자들의 자연법 이론이 지니는 매우 중요한 특징 두 가지를 언급할 필요가 있다. 그 중 **첫 번째** 특징은 바로 이들이 앞서 말한 자연 개념의 애매성을 극복하고 좀더 정교한 국가 이론의 사상적 기초를 닦으려 했다는 점이다. 이러한 노력의 성공 여부를 떠나 자연법 이론이 지니는 근본적인 문제를 이미 통찰하고 개선하려 했다는 사실 자체는 이들의 중요한 업적이라 할 수 있다. 당시 독일의 정치적 후진성을 극복하고 혁명과 독재의 폭력적 연결고리를 지양하기 위해 이들이 얼마나 고된 철학적 노력을 기울였는지는 이에 대한 고찰을 통해 잘 실감할 수 있을 것이다. **또 한 가지** 무엇보다 중요한 특징은 이들의 이론이 서양 사상사에서 비로소 후기 계몽(Spätaufklärung)의 시대를 개척했다는 점이다. 칸트가 계몽철학의 정점에 있다면 공포정치와 나폴레옹(Napoleon) 침략을 경험한 그 이후 세대는 이 계몽에 대한 반성적 성찰의 세대라 할 수 있다. 물론 칸트는 좋은 의미에서 계몽을 미성년 상태로부터의 해방 과정으로 정의했지만, 문제는 그 미성년 상태로부터 해방되는 주체가 누구인가 하는 것이다.[5] 해방되기 이전에 미성년이 부득불 의존할 수밖에 없는 이른바 성년 계몽가에 의해 해방이 이루어지는 것이라면 이 해방 자체가 자립적이거나 주체적이지 않을 것이다. 미성년 자신이 스스로를 해방시키는 것이라면 이러한 자기해방의 동력인 계몽사상을 어떻게 주체적으로 습득할 수 있는지의 문제도 있다. 이는 자연법 이론에도 그대로 반영된다. 자연 상태의 여러 난점을 극복하기 위해 사회계약 체결의 필요성을 자각하는 주체는 누구인가? 자연법 이론을 구상한 계몽철학자 또는 이를 추종하는 정치가인가, 아니면 실재 삶을 살아가는 최소한의 건전한 상식을 지닌 사회 구성원들인가? 근대 국가 형성이 자립적인 시민의 주체적 활동이어야 한다면 이들이 자발적으로 사회계약을 체결하게 되는 자기도야 과정이란 무엇인가? 더구나 자연법 이론은 철학자마다 매우 다양한, 심지어 아주 반대되는 내용으로 되어 있는 경우가 많다. 이른바 계몽된 철학자나 정치가가 내민 계약서에 서명하는 식이라면, 그래서 서명을 거부한 자들은 추방되는 식이라면 계몽철학과 공포정치는 쌍둥이인 셈이다. 이러한 폭력 가능성에 대해 계몽가는 어떻게 스스로를 계몽할 수 있는가? 20세기 이후 프랑크푸르트학파나 프랑스 철학자들이 비판하는 계몽의 딜레마는 사실 이미 근대인들의 고민 거리이기도 했다. 특히 청년 셸링과 헤겔의 철학적 출발점이 바로 여기에 있다는 것은 잘 알려진 사실이다.

이러한 거시적 문제의식을 바탕으로 이 책은 우선 제1장에서 독일 고전철학에서 사용된 자연법 개념의 어원적 의미와 그 이론의 역사적 추이를 살펴본다. 이를 위해서는 자연, 법칙, 법, 권리, 실정법 등의 의미 또한 살펴보지 않을 수 없다. 이를 통해 자연법칙 개념이 자연법 이론에서 배제되고, 법과 동시에 권리를 의미하는 'Recht' 개념을 중심으로 하는 철

5　Immanuel Kant, *Beantwortung der Frage: Was ist Aufklärung?*, A481. 호르스트 슈투케, 남기호 옮김, 『계몽』(코젤렉의 개념사 사전 6), 푸른역사, 2014, 69~83, 127~33쪽 참조.

학적 구상의 변화 추이를 목격할 수 있을 것이다. 그러나 개념사(概念史)를 서술하려는 여러 시도에서 흔히 나타나듯이 이 장은 불완전하다. 공시적으로나 통시적으로 **여러** 의미를 지닐 수밖에 없는 **하나**의 말을 일목요연하게 정리한다는 것은 사실상 불가능한 일이기도 하다. 이 장의 의도는 단지 독일 고전철학의 자연법 개념을 기초적으로 이해하려는 데에 있을 뿐이다. 이를 위해 나는 세계적으로 정평이 나 있는 『역사적 철학 사전』(*Historisches Wörterbuch der Philosophie*)과 『역사적 기본개념들』(*Geschichtliche Grundbegriffe*) 사전을 주로 활용했다.

제2장부터 제5장까지는 칸트, 피히테, 셸링, 헤겔의 자연법 이론을 차례대로 다룬다. 그러나 **우선** 주의해야 할 것은 본문에서도 밝히겠지만, 자신 고유의 자연법 이론을 발표한 순서가 사실 피히테, 셸링, 칸트, 헤겔 순이라는 것이다. 헤겔을 제외하고 특히 이 세 철학자들은 몇 달 간의 간격을 두고 자신들의 저서를 출판했다. 이 때문에 이들 간의 영향사적(影響史的) 관계 또한 매우 복잡할 수밖에 없다. 그럼에도 서술 순서를 그렇게 정한 것은 편의상 철학사 서술의 일반 경향을 따른 것뿐이다. 그렇기에 이책을 실제 발표 순서대로 읽어보는 것도 권유할 만한 일이다. **아울러** 염두에 두길 바라는 것은 여기서 다루어지는 자연법 이론들이 그 철학자의 사상 **전체**를 담고 있지는 않다는 점이다. 여기서는 우선 그 철학자의 대표 저서를 선별해 거기에 담긴 자연법 이론을 비판적으로 분석하고 그 이전과 이후의 발전사적(發展史的) 맥락을 짚어보는 방식으로 진행한다. 예를 들어 피히테의 『폐쇄된 상업국가』나 『법론의 체계』 등을 포함해 저서마다 내용적 편차를 보여주는 그의 자연법 저술들을 전부 다룬다면 오히려 별도의 책으로 쓰여야 할 것이다. 이러한 이유에서 이 책은 칸트의 『법론의 형이상학적 시원근거들』, 피히테의 『학문론 원리에 따른 자연법의 토대』, 셸링의 『자연권의 새로운 연역』, 헤겔의 『법철학 개요』를 집중적으로 다루고 이들의 발전사적·영향사적 맥락을 간단히 소개하는 정도에서 마무리한다. 이를 통해 자연법 이론의 고질적인 난제, 즉 자연 상태라는

말에서 무질서한 자연 개념이 특히 칸트와 피히테를 통해 점차적으로 극복되고, 허구적인 사회계약이 특히 셸링과 헤겔을 통해 비판적으로 배제되는 이론적 추이를 읽을 수 있을 것이다. 이는 자연법 이론이 인간의 본질적 본성에 기초한 철학적 법론 내지 법철학이 **되어가는** 과정이라 할 수 있다. 국가 구성원의 주체적 자기도야를 전제로 하는 헤겔의 법철학에서 잘 드러나듯이 말이다.[6]

아직 빼놓을 수 없는 주의사항이 남아 있다. 내가 사용한 번역어에 대한 간단한 설명이 그것이다. 모든 번역어를 일일이 강변할 생각은 전혀 없으나 중요한 서너 가지 개념만 언급하자면, **첫째** 나는 독일어 'Recht'를 주로 '법'으로 번역하였음을 밝혀둔다. 다시 말해 '의무'(Pflicht) 개념과 짝이 되는 경우에만 'Recht'는 '권리'로 번역한다. 이는 내가 보기에 권리 개념이 법 개념에서 파생되는 형식으로 구상된 것이 자연법 이론이기 때문이다. 물론 셸링의 경우는 다르다. 그 이유는 제1장과 제4장에서 자세히 밝혔으니 참조하기를 바란다. 그다음 번역어들은 칸트 철학과 관련된 것들이다. 나는 이와 관련해 최근 국내에서 벌어졌던 번역 논쟁에 새삼스레 끼어들 생각은 전혀 없다. 그럼에도 번역상의 **경제성**과 **일관성**을 중시하는 나의 번역 이유를 간단히 제시할 필요는 있을 것이다. **먼저** 나는 'a priori'를 '선차적(先次的)으로'라고 옮긴다. 말 그대로 '맨 처음 오는 것(prior)에서부터(ab)'를 뜻하는 이 말은 사실 칸트의 발명품이 아니다. 르네 데카르트(René Descartes)와 베네딕투스 데 스피노자(Benedictus de Spinoza), 심지어 데이비드 흄(David Hume)의 저서에도 이 말은 심심찮게 등장한다. 그리고 이들이 주로 염두에 두었던 이 말의 뜻은 논리적으로나 존재론적으로 또는 시·공간상 먼저 있는 것에서부터 어떤 것을 고찰한다는 것이다. 이는 경험을 통해 우리에게 **먼저** 인식되는 것에서 시

---

6 물론 신법-자연법 이론의 세속화된 형태로서 법실증주의라는 정반대의 경향도 도외시할 수는 없다. 그러나 이에 대해서도 이 책은 소개 차원에 머무른다.

작해 본성적으로 더 **앞서는** 것에까지 탐구해가는[7] 아리스토텔레스의 탐구방식 구분과 이를 따르는 중세의 존재론적 시각과도 연결된다. 칸트는 이 말에 논리적으로 경험에 앞서서 "경험으로부터 독립적으로" 규정된다는 자신 고유의 의미를 부여하고 사용했을 뿐이다(KrV, A2). 따라서 이 말을 예컨대 아무 철학자에게서나 모두 '선험적으로' 번역하는 것은 문제가 있다.[8] 차라리 축어적으로 '선차적으로' 번역하고 그 의미를 데카르트에게서는 데카르트 의미대로, 칸트에게서는 칸트 의미대로 새기는 것이 낫다. 아울러 그 반대말인 'a posteriori'는 '후차적으로'라고 옮긴다. 이와 관련해 **또한** 칸트가 사용한 'transzendental'은 '선험(론)적'으로, 그리고 'transzendent'는 '초월(론)적'으로 옮긴다. 라틴어에서 본래 이 두 단어는 모두 '넘어서'(trans-)와 '올라간다'(scendere), 즉 초월한다는 의미를 지녔다. 칸트는 이것들을 구별해 'transzendental'에는 경험이 이루어지기 위해 "선차적으로 가능해야 하는 한에서 대상 일반에 관한 우리의 인식방식" 자체에 관한 것이라는 의미를 부여한 것이다(KrV, B25). 따라서 칸트의 이 말에는 '선험(론)적'이라는 별도의 번역어를 할당하는 것이 좋다. **셋째로** 칸트의 'Verstand'는 '오성'(悟性)으로 옮긴다. 번역상의 **개방성**도 중시하는 나에게 이 번역어가 꼭 마음에 드는 것은 아니다. 프리드리히 폰 슐레겔(Friedrich von Schlegel)은 언젠가 한 비평에서 이해력과 지성 등을 의미하는 'intellectus(Intelligenz)'와 동의어로 쓰이던 'Verstand'가 칸트에 의해 인간 인식능력의 한 기능적 의미로 축소된 것을 개탄한 바 있다.[9] 칸트 이후의 세대에게 이 말은 더 이상 고트프리트 빌헬름 라이프니츠(Gottfried Wilhelm Leibniz)에게서처럼 'Understanding'이나 'Intelligenz', 'entendement'의 동의어가 아니었던 셈이다. 물론 칸트의

---

7 Aristoteles, *Metaphysica* 1029b3 이하 참조.
8 'a priori'를 그냥 '아프리오리'로 옮기는 것은 번역자의 직무유기일 것이다.
9 Friedrich von Schlegel, *Jacobi-Rezension*, 1812, pp. 337~39 참조.

'Verstand'를 깨닫는(悟) 본성, 성질(性)을 뜻하는 오성(悟性)으로 옮기는 것도 썩 마뜩하진 않다. 그럼에도 'Intelligenz'와의 구별의 필요성 때문에 이 말은 일단 '오성'으로 옮겨 표현한다.[10] 번역은 문화를 옮기는 것이라 했다. 이를 위해서는 진지한 성찰과 논의의 장(場)을 열어놓아야 한다. 독자 여러분들의 더욱 멋들어진 대안과 조언을 부탁드린다. 아울러 한 가지만 더 덧붙이고 싶다. 이미 현명한 독자는 간파했겠지만, 나는 '독일 관념론'이라는 표현을 매우 삼가는 편이다. 칸트를 제외하곤 피히테와 셸링, 그리고 헤겔이 자신들의 철학을 **줄곧** 관념론으로 지칭한 증거는 매우 희박하다. '독일 관념론'이라는 표현은 이들이나 그 동시대인들이 만든 용어도 아니다. 나는 피히테와 셸링, 그리고 헤겔에 이르면서 이들 철학의 관념론적 측면보다 실재론적 측면이 더욱 두드러지게 표출되어 갔다고, 특히 헤겔에게서는 실재론적 측면이 상당한 우위를 차지한다고 보는 입장이다.[11] 오늘날 독일이나 해외 연구에서는 그 대체 용어로서 '독일 고전철학' 또는 '칸트 이후의 독일 철학' 등이 자주 사용되고 있다. 국내에서도 스피노자나 라이프니츠를 포함해 그냥 '독일 근대 철학'이라 지칭하는 경우가 종종 목격된다. 어쨌든 '독일 관념론'과 같은 잘못된 철학사 시기구분 용어를 통해 이 시기 철학에 대해 관념론일 거라는 선입견을 먼저 조성하는 일은 이제 없어져야 한다.

---

10 이런 번역도 나름의 일리는 있다. 우선 '오성'(悟性)이라는 말에서 굳이 갑자기 깨닫는 '돈오'(頓悟)를 떠올릴 필요는 없을 것이다. 이 말을 그저 단순히 깨닫는 본성이라는 의미로 이해한다면 칸트의 인식론과도 어느 정도 맥락이 닿는다. 예를 들어 '이 소나무는 푸르다'라는 경험 판단이 가능하기 위해서는 선차적으로 순수오성 개념들, 즉 범주들 중 단일성, 실재성, 현존성 등이 적용되어야 할 것이다. 그런데 왜 지금 내가 바라보는 이 대상에 대해 바로 이런 범주들을 적용해 경험적으로 인식하게 되는 것인지는 완전히 설명될 수 없다. 그저 어떤 것을 보고 자의적으로 범주들을 적용해 '이것은 소나무이다, 이것은 푸르다' 등으로 경험적으로 깨달아 알 뿐이다. 물론 자주 사용되지는 않지만 인식능력에 제한되지 않는 넓은 의미의 오성은 칸트에게서 지성과 같은 말이기도 하다.

11 남기호, 「헤겔의 인식론」, 『헤겔연구』 제24호, 15~30쪽 참조.

우리말에 대해 하나 더 덧붙이자면 우리가 흔히 쓰는 '자유'(自由)라는 말처럼 정말 멋진 말도 없을 것이다. 스스로(自) 말미암아(由) 무언가를 해낸다는 것이니, 스스로 책임지는 주체적 활동성의 의미가 온전히 담긴 말이기에 그렇다. 이에 반해 서양어 'free'는 일단 어떤 것으로부터(from) 벗어나 있는(free) 것을 뜻하니, 매우 소극적인 의미를 지니는 셈이다. 자유(Freiheit)를 비로소 스스로에게(auto) 규범(nomos)을 부여하는 주체적 활동, 즉 자율(Autonomie)로 자리매김한 것은 주지하다시피 칸트의 위대한 공로이다(GMS, AB98 참조). 그리고 칸트 이후의 독일 고전철학 전체는 한마디로 이러한 의미의 **자유의 철학**이라 할 수 있다. 특히 이 시기 자연법 이론은 인간 자유의 실천적 실현과 사회적 공존의 모델을 향한 철학적 분투의 작업이라 하겠다. 이 작업이 얼마나 성공적이었는지를 분석적으로 진단하고 비판적으로 음미하는 것이 이 책의 **주요** 목적임을 여기서 밝혀둔다. 물론 언젠가 헤겔이 자신의 강의에서 말했듯이 어떤 철학에 대해 비판적 태도를 취하는 것은 비교적 쉬운 일이다. 비판된 철학의 제한된 진리는 그냥 폐기될 것이 아니라 더 고차적인 인식의 한 '계기'로 삼아야 할 것이다. 이렇게 한 철학을 그 "긍정성 속에서 인정하는 것이야말로 언제나 가장 어렵고도 중요한 일"(VGP, 55)이다. 이를테면 이를 통해 오늘을 사는 우리의 사회 및 국가, 그리고 국제질서의 바람직한 전망을 통찰하고 함께 토론하는 것 말이다. 어찌 보면 이 책은 이 가장 어려운 일의 예비 작업이라 할 수 있다.

이 책은 내가 이전에 발표한 논문들을 재편집하고 부분적으로는 재서술하여 만든 결과물이다. 이전 논문들의 출처는 참고문헌에서 쉽게 확인할 수 있을 것이다. 좀더 욕심을 내 크리스티안 토마시우스(Christian Thomasius)나 사무엘 폰 푸펜도르프(Samuel von Pufendorf) 등의 자연법 이론까지 다루어 출간할 생각도 있었으나 관심 분야를 여기저기 펼쳐놓고 다루는 습관 때문에 일단 지금까지의 연구 결과를 하나의 책으로 정리하기로 했다. 이 일이 결실을 맺기까지는 많은 분들의 도움이 필요했다. 대학 시절부터 지금까지 이런저런 공부거리로 늘 정겹게 만나 토론하고 조언해준 여러 선후배님들과 동기들에게 고마운 마음을 전한다. 전문적인 학술서임에도 출판 제안을 흔쾌히 수용해준 도서출판 길의 이승우 편집장과 원고가 온전한 모양새를 갖추기까지 교열을 거듭해준 편집부에도 깊은 감사의 말씀을 드린다. 끝으로 무슨 말로도 다함없는 사랑과 희생을 베풀어주신 부모님께 이 책을 바친다.

2020년 3월

남기호

저작 약어표

■ 칸트

Prol: *Prolegomena zu einer jeden künftigen Metaphysik.*

GMS: *Grundlegung zur Metaphysik der Sitten, Kant Werke* Bd. IV.

Gs: *Gemeinspruch, Kant Werke* Bd. VI.

KpV: *Kritik der praktischen Vernunft, Kant Werke* Bd. IV.

KrV: *Kritik der reinen Vernunft.*

KU: *Kritik der Urteilskraft, Kant Werke* Bd. V.

MN: *Metaphysische Anfangsgründe der Naturwissenschaft, Kant Werke* Bd. V.

MR: *Metaphysische Anfangsgründe der Rechtslehre* in *Die Metaphysik der Sitten, Kant Werke* Bd. IV.

MT: *Metaphysische Anfangsgründe der Tugendlehre* in *Die Metaphysik der Sitten, Kant Werke* Bd. IV.

ZeF: *Zum ewigen Frieden, Kant Werke* Bd. VI.

■ 피히테

BBU: *Beiträge zur Berichtigung der Urtheile des Publicums über die französische Revolution, Fichtes Werke* Bd. VI.

BW: *Über den Begriff der Wissenschaftslehre, Fichtes Werke* Bd. I.

EEW: *Erste Einleitung in die Wissenschaftslehre, Fichtes Werke* Bd. I.

GgZ: *Die Grundzüge des gegenwärtigen Zeitalters, Fichtes Werke* Bd. VII.

GN: *Grundlage des Naturrechts nach Prinzipien der Wissenschaftslehre.*

gH: *Der geschlossene Handelsstaat, Fichtes Werke* Bd. III.

GW: *Grundlage der gesammten Wissenschaftslehre, Fichtes Werke* Bd. I.

RzeF: *Rezension Zum ewigen Frieden, Fichtes Werke* Bd. VIII.

SR: *Das System der Rechtslehre, Fichtes Werke* Bd. IV.

SS: *Das System der Sittenlehre nach den Principien der Wissenschaftslehre, Fichtes Werke* Bd. IV.

VBG: *Einige Vorlesungen über die Bestimmung des Gelehrten, Fichtes Werke* Bd. VI.

ZEW: *Zweite Einleitung in die Wissenschaftslehre, Fichtes Werke* Bd. I.

■ 셸링

äS: *Das älteste Systemprogramm des deutschen Idealismus, Frühe Schriften II, Hegel Gesammelte Werke* Bd. 2.

Ich: *Vom Ich als Princip der Philosophie oder über das Unbedingte im menschlichen Wissen, Ausgewählte Werke* Bd. I.

NDN: *Neue Deduction des Naturrechts, Schelling Werke* Bd. 3.

PM: *Philosophie der Mythologie* Bd. 1, *Einleitung, Ausgewählte Werke* Bd. XI.

PR: *Philosophie und Religion, Ausgewählte Werke* Bd. III.

SBr: *Schellings Briefwechsel mit Niethammer vor seiner Berufung nach Jena.*

SP: *Stuttgarter Privatvorlesungen, Ausgewählte Werke* Bd. IV.

StI: *System des transzendentalen Idealismus, Ausgewählte Werke* Bd. II.

VMak: *Vorlesungen über die Methode des akademischen Studiums, Ausgewählte Werke* Bd. III.

■ 헤겔

BN: *Ueber die wissenschaftlichen Behandlungsarten des Naturrechts* in *Jenaer Kritische Schriften, Gesammelte Werke* Bd. 4, Hamburg 1968.

EnzyI: *Enzyklopädie der philosophischen Wissenschaften im Grundrisse (1817), Gesammelte Werke* Bd. 13, Hammburg 2000.

EnzyII: *Enzyklopädie der philosophischen Wissenschaften im Grundrisse (1827), Gesammelte Werke* Bd. 19, Hamburg 1989.

EnzyIII: *Enzyklopädie der philosophischen Wissenschaften im Grundrisse (1830), Gesammelte Werke* Bd. 20, Hamburg 1992.

GPR: *Grundlinien der Philosophie des Rechts, Gesammelte Werke* Bd. 14,1, Hamburg 2009.

HBr: *Briefe von und an Hegel* Bd. 2, Berlin 1970.

JSI: *Jenaer SystementwürfeI, Gesammelte Werke* Bd. 6, Hg. Düsing, Klaus u. Kimmerle, Heinz. Hamburg 1975.

JSIII: *Jenaer SystementwürfeIII, Gesammelte Werke* Bd. 8, Hg. Horstmann, Rolf-Peter u. Trede, Johann Heinrich, Hamburg 1976.

NG: *Nürnberger Gymnasialkurse und Gymnasialreden (1808-1816), Gesammelte Werke* Bd. 10,1, Hamburg 2006.

NP: *Notizen zu den Paragraphen 1 bis 180 der Grundlinien der Philosophie des Rechts, Gesammelte Werke* Bd. 14,2, Hamburg 2010.

PhG: *Phänomenologie des Geistes, Gesammelte Werke* Bd. 9, Hamburg 1980.

PRVD: *Philosophie des Rechts. Die Vorlesung von 1819/20 in einer Nachschrift*, Frankfurt am Main 1983.

PRVH: *Die Philosophie des Rechts. Vorlesung von 1821/22*, Frankfurt am Main 2005.

PRVK: *Philosophie des Rechts. Nachschrift der Vorlesung von 1822/23*, Frankfurt am Main 1999.

SE: *Schriften und Entwürfe (1799-1808), Gesammelte Werke* Bd. 5, Hamburg 1998.

SEI: *Schriften und EntwürfeI (1817-1825), Gesammelte Werke* Bd. 15, Hamburg 1990.

TJ: *Hegels Theologische Jugendschriften*, Tübingen 1907.

VGP: *Vorlesungen über die Geschichte der Philosophie Einleitung Orientalische Philosophie*, Hg. Jaeschke, Walter. Hamburg 1993.

VM: *VorlesungsmanuskripteII (1816-1831), Gesammelte Werke* Bd. 18, Hamburg 1995.

VNS: *Vorlesungen über Naturrecht und Staatswissenschaft Heidelberg 1817/18, Vorlesungen. Ausgewählte Nachschriften und Manuskripte* Bd. 1, Hg. Becker, Claudia u. a. Hamburg 1983.

VR1: *Vorlesungen über Rechtsphilosophie* Bd. 1, Stuttgart-Bad Cannstatt 1973.

VR3: *Vorlesungen über Rechtsphilosophie* Bd. 3, Stuttgart-Bad Cannstatt 1974.

VR4: *Vorlesungen über Rechtsphilosophie* Bd. 4, Stuttgart-Bad Cannstatt 1974.

VPR: *Vorlesungen über die Philosophie des Rechts Berlin 1819/20*, Hamburg 2000.

WLII: *Wissenschaft der Logik II, Gesammelte Werke* Bd. 12, Hamburg 1981.

| 차례 |

■ 일러두기

1. 칸트, 피히테, 셸링, 헤겔 인용은 큰따옴표로, 그 밖의 모든 인용은 작은따옴표로 한다.
2. 인명과 지명 등 외국어 표기는 출판사의 지침에 따른다.

제1장

자연법 개념

근대의 국가론은 흔히 자연법 이론 혹은 사회계약 이론으로 불리곤 한다. 이 이론의 탄생 시점을 후고 그로티우스(Hugo Grotius, 1583~1645)의 『전쟁과 평화의 법에 대하여』(*De jure belli ac pacis*, 1625)나 홉스의 『리바이어던』(*Leviathan*, 1651)으로 잡는다면, 오늘날 우리가 살고 있는 국가들의 이론적 토대는 400년도 채 안 되는 역사를 가지는 셈이다. 이 역사는 자연법 이론이 사회계약 이론과 거의 동의어로 쓰인 시기이기도 하다. 그렇지만 좀 더 세심히 들여다본다면, 이 두 용어들은 결코 같은 말일 수 없다.

　무엇보다 자연법 이론은 고대 그리스까지 추적될 수 있다. 비록 잘 다듬어진 이론의 형태로 제시되진 않았다 해도, 그 착상은 이미 거인 사이클롭스의 무법적 현존을 신들이나 군주들이 '정립'한 '법'(θεμις)과 대조시킨 호메로스(Homeros)에게서, 또는 폴리스의 '법률'(νομος)을 더 이상 '우주'(Kosmos)가 아니라 인간의 '본성'(φυσις)에 근거지음으로써 기존 질서에 대한 비판적 접근의 길을 개척한 프로타고라스(Protagoras) 등에서 엿볼 수 있다.[1] 주지하다시피 이러한 착상들은 처음으로 법학을 발전시킨

1　Reinhard Brandt, Zum Artikel *Naturrecht* in *Historisches Wörterbuch der Philosophie*, Bd. 6, p. 564.

로마의 스토아학파에 이어 중세와 근대를 거치면서 다양한 **이론적** 형태들로 발전한다. 물론 이와 더불어 계약론적 발상도 고대 시기에 등장했던 것으로 보인다. 이미 플라톤(Platon)은 『국가』에서 글라우콘의 입을 빌려 '법률'을 '서로 부정을 행하지도' '당하지도 않기로 합의를' 본 '계약'이라 주장하는 익명의 사람들을 거론하고 있으며,[2] 이암블리코스(Iamblichos) 또한 법률과 정의로운 것을 '공존'의 필요에 의한 '계약'이라 주장한 또 다른 익명의 논자를 소개한 바 있다.[3] 그러나 이들 대부분은 비판의 대상으로 간략히 언급되거나 이론적으로 발전하지 못한 의견 정도로 취급되고 있음을 잊어서는 안 된다.

자연법과 사회계약의 통합이 근대의 산물이라면 이 산물의 체계적인 철학적 논의를 통해 오히려 위기에 처하게 된 자연법은 독일 고전철학의 결과물이라 할 수 있다. 말하자면 누구보다 세련된 칸트, 피히테, 헤겔의 자연법 이론과 셸링의 자연권 이론은 각자가 구상한 철학 체계의 한 부분으로 시도되어 현실적 추동력을 확보하지 못한 채 결국 역사법학파와 법실증주의(Rechtspositivismus)에 주도권을 내주게 된다. 이 장(章)은 우선 이들의 자연법 **개념**을 그 어원과 철학적 함의의 측면에서 소개하고자 한다. 그러나 이 개념의 역사적 맥락 전체를 여기서 세세히 다룰 수는 없다. 이 개념 자체도 여러 시대와 학자마다 다의적으로 사용되어 복잡한 실타래를 이루고 있기 때문이다. 이 장의 초점은 독일 고전철학 고유의 개념

---

2 Platon, *Politeia* 358e-359b.

3 Fritz Loos und H.-L. Schreiber, Zum Artikel *Recht, Gerechtigkeit* in *Geschichtliche Grundbegriffe*, Bd. 5, p. 235. 그 밖에 안티폰(Antiphon)도 법률을 '단순한 협정'으로 간주한 것으로 전해진다. Reinhard Brandt, Zum Artikel *Naturrecht* in *Historisches Wörterbuch der Philosophie*, Bd. 6, p. 565. 『크리톤』에서 소크라테스(Socrates)가 가상의 대화 상대자로 설정하는 의인화된 법률과의 대화 속에도 계약론적 사고가 등장한다. 그러나 따르기로 계약하거나 합의한 사항들을 이행할지, 아니면 그 부당함을 설득할지 그 근거를 캐묻는 배경에는 자연법적 사고가 작동한다. Platon, *Kriton* 50a 이하 참조.

으로 여겨질 수 있는 자연법 내지 자연권(Naturrecht) 개념의 대체적인 소개이다. 이를 위해 여기서는 이 개념을 구성하는 핵심 요소들인 자연, 법칙, 법, 권리, 실정법 등의 의미를 설명하는 것에 논의를 한정한다.

1. 자연법칙과 자연법

먼저 자연 개념을 간단히 살펴보자. 스스로(自) 그러함(然)을 뜻하는[4] 우리말 한자어 '자연'(自然)은 진정 서양어 'Nature'보다 멋진 말이다. 자연은 세계 만물이 저마다의 본성으로 그러하게 있다는 것을 나타내기 때문이다. 반면에 낳다, 출산하다, 성장시키다, 생기다, 일어나다 등을 의미하는 라틴어 나스키(nasci)와 그리스어 퓌에인(φυειν)에 어원을 둔 '나투라'(natura)와 '퓌지스'(physis)는 고대 그리스의 신화 시대부터 야누스적인 의미를 지닌 것이었다. 무언가 생겨나거나 일어나는 일은 전혀 우연의 사건이지만 그렇다고 자신의 본성이나 본질을 무시하고 벌어지는 일은 아니기 때문이다. 그래서 이 말은 한편으로 우연히 발생하는 것들을 의미하기도, 다른 한편으로는 그렇게 발생한 것들의 필연적 본성을 의미하기도 한다. '그 **본질**과 생성의 **법칙**에서의 자연적인 모든 존재자들 전부'를 의미하는 자연은 사실 아리스토텔레스(Aristoteles)의 목적론적 세계관의 산물이며,[5] 이에 반해 서양어 자연 개념의 이의성(二義性)은 **훨씬 그** 이전부터 오늘날까지 줄곧 유지되고 있다고 할 수 있다.

법칙 또는 법률에 해당하는 서양어는 좀더 복잡하다. 이에 해당하는 그리스어는 일반적으로 놓다, 세우다, 설정하다 등을 의미하는 티테미

---

4 이 글의 모든 한자어 풀이는 네이버 한자 사전을 참조한 것이다.
5 Fritz-Peter Hager, Zum Artikel *Natur* in *Historisches Wörterbuch der Philosophie*, Bd. 6, pp. 421, 430~32.

(τιθημι)에서 파생된 '테미스'(θεμις)와 목초지에서 풀을 뜯게 방목하다 또는 그런 목초지를 측정해 분배하다 등을 뜻하는 네메인(νεμειν)에서 비롯된 '노모스'(νομος)가 있다. 그러나 노모스는 올바른 측정과 분배의 측면에서 법적 정의 내지 윤리적 규범의 의미로 발전한 반면에 선별해 설정된 것으로서의 테미스는 오늘날의 법칙 내지 법률의 의미를 지니고 있었다고 할 수 있다. 이에 해당하는 라틴어 렉스(lex) 또한 수집하고 선별하다는 의미의 동사 레게레(legere)[6]에서 비롯된 것이기 때문이다. 아울러 이로부터 파생된 프랑스어 'loi'는 물론이고 'leigh-', 'lay'에서 파생된 영어 'law'와 'setzen'에서 파생된 독일어 'Gesetz' 또한 모두 설정되고 정립된 것이라는 어원적 의미를 지닌다. 이에 해당하는 우리말 '법칙'(法則) 또한 물(水)이 높은 데서 낮은 곳으로 흘러가는(去) 이치를 본받아(法) 각 존재자에게 주어진 재산(貝)을 칼로 공평하게 파서 새겨(刀) 넣은 것(則)을 뜻하기에 정립의 의미를 함의한다고 할 수 있다. 물론 서양에서는 플라톤에게서처럼 노모스를 '신적인 것'(θειον)으로 간주함으로써 테미스와 통일하려던 시도도 있었다.[7]

그렇다면 이제 자연법칙이 자연에 정립된 필연적 본성이라 한다면 이를 누가 정립했는가라는 물음을 자연스럽게 던질 수 있다. 소박한 답변은 물론 신일 것이다. 이러한 발상에 따른다면 자연법칙에 대응해 다른 한

---

6 그 밖에도 이 단어는 읽다, 강의하다, 엿듣다, 훔치다 등의 여러 의미를 지닌다.
7 Online Etymology Dictionary: Zum Artikel *Law*; R. Hepp, Zum Artikel *Nomos* in *Historisches Wörterbuch der Philosophie*, Bd. 6, p. 893. **주의해야** 할 것은 그리스어 용어들이 아직 선명한 개념적 분화 단계에 도달한 것이 아니라 구체적 다의성을 지닌 상태였다는 점이다. 이를테면 노모스는 문맥에 따라 법, 법칙, 법률, 규범, 규칙 등으로 옮겨진다. 관습, 신(神)의 명령, 정의 등으로 옮겨지는 테미스도 마찬가지이다. 아테네의 개혁과 혼돈의 시기를 전후로 법 사유는 '부과된 질서'를 의미하는 테미스에서 '합의에 근거한 규범력'을 의미하는 노모스로 전환된 것으로 평가된다. 이는 **이미** 알려진 디케(δικη)에서 비로소 탐구**되어야** 할 디카이오쉬네(δικαιοσυνη)로의 정의 개념의 전환과도 일치한다. 박은정, 『자연법의 문제들』, 세창출판사, 2007, 98~105쪽 참조.

편으로 이 자연에 정립될 법칙을 영원한 형태로 간직하고 있는 신의 법칙을 구분할 수 있다. 아울러 신은 자연에서 좀 특별한 존재인 인간에게도 고유한 법칙을 정립했을 것이다. 이러한 구분을 최초로 시도한 것은 스토아 철학자 크뤼시포스(Chrysippos)로 전해진다. 그는 법칙을 '영원법칙'(lex aeterna)과 '자연법칙'(lex naturalis), 그리고 '인간법칙'(lex humana)으로 구분하면서 이 가운데 근원이 되는 영원법칙을 '세계의 로고스'(του κοσμου λογος)인 '이성의 질서'로 이해했다.[8] 영원법칙을 신의 법칙(lex divina)으로 바꿔 읽는다면 이와 같은 구분은 중세 내내 그 기본골격을 유지했다고 할 수 있다.[9] 특히 인간법칙은 신에 의해 부여되어 인간이 따라야 할 법칙을 말하기에 오늘날 실정 법률의 의미까지 포함하게 된다. 그러나 인간법칙은 무엇보다 자연 사물에 필연적 본성으로 정립된 자연법칙과 구별해 **인간에게** 그 본성으로 **정립된** 법칙으로 이해될 수 있다. 돌멩이에는 돌멩이의 필연적 본성이 지켜지듯이 인간에게는 인간의 필연적 본성이 보존되어야 할 것이다. 이렇게 본다면 인간법칙은 좀더 근원적으로 아래에서 설명할 자연법의 의미를 내포한다고 볼 수 있다. 인간에게 필연적 본성으로 정립된 것은 **마땅히** 지켜져야 할[10] 인간의 법이자 권리(ius)라 할 수 있기 때문이다. 이렇게 스토아학파에서 비로소 '자연법에 대한 **구상**'이 시작되었다고 할 수 있다.[11] '참된 법칙은 행해야 할 것을 명령하고 그 반대를 금지

8 Fritz Loos und H.-L. Schreiber, Zum Artikel *Recht, Gerechtigkeit* in *Geschichtliche Grundbegriffe*, Bd. 5, pp. 242~43. 여기서 필자들이 인간법칙을 실정 법률의 의미로만 읽는 것은 잘못이다.

9 Georg Wieland, Zum Artikel *Gesetz, ewiges* in *Historisches Wörterbuch der Philosophie*, Bd. 3, pp. 514~16 참조.

10 이는 자연법에 대해 전통적으로 제기되는 '존재로부터 당위로의 자연주의적 오류 추리'에 해당한다고 할 수 있다. 그러나 이때의 존재를 자연 존재가 아니라 본질 존재 또는 이성 존재로 이해한다면 이 추리는 더 이상 그렇게 자연**주의적**이지 않게 된다. Kritian Kühl, Zum Artikel *Naturrecht* in 같은 책 Bd. 6, p. 621 참조. 아르투어 카우프만은 법(Recht)을 존재와 당위의 '유비적 특징들'과 관련된 것으로 본다. Arthur Kaufmann, *Grundprobleme der Rechtsphilosophie*, pp. 133~38 참조.

하는, 자연(본성) 속에 새겨진 최고의 이성이다.'[12] 그리고 '자연법은 어떤 의견이 산출한 것이 아니라' 외경, 감사, 법 준수, 정직처럼 '자연 속의 어떤 힘이 [인간에게] 심어 놓은 것이다.'[13] 물론 키케로(Cicero)에게서처럼 스토아학파에 영원법칙이나 자연법칙 내지 자연법은 대부분은 현행법을 정당화하거나 비판하기 위해 그때마다 끌어들여질 뿐이며,[14] 그 자체 고유한 체계화에 이르기까지는 아직 중세의 대가(大家)들을 기다려야 했다.

이제 시선을 근대로 옮겨보자. 여기서 용어상의 기이한 변형을 목격할 수 있는데, 그것이 바로 자연법칙이다. 무엇보다 동물 **기계론적** 사고가 이 상하지 않았던 홉스에게는 '자연권'(Right of Nature, Jus Naturale)과 함께

---

11 Karl-Heinz Ilting, Zum Artikel *Naturrecht* in *Geschichtliche Grundbegriffe*, Bd. 4, p. 257. 그러나 카를-하인츠 일팅은 법칙(Gesetz, lex)의 대응 그리스어를 노모스(νομος)로만 읽는다. 프리츠 로스/H.-L. 슈라이버의 지적대로 토마스 아퀴나스(Thomas Aquinas)의 영원법칙을 '더 이상 우선적으로 존재질서'가 아니라 '무엇보다 규범적 질서'로 이해하는 일팅의 해석 또한 문제가 있다(p. 264). Fritz Loos und H.-L. Schreiber, Zum Artikel *Recht, Gerechtigkeit* in 같은 책 Bd. 5, p. 249.

12 Cicero, *De Legibus* I, 18. 'Lex vera … est ratio summa insita in natura, quae iubet ea quae facienda sunt, prohibetque contraria.'

13 Cicero, *De inventione* II, 161. 'Naturae ius est, quod non opinio genuit, sed quaedam in natura vis insevit.'

14 로마법의 현실은 무엇보다도 '소송'(actio)에 있었다. Arthur Kaufmann, *Grundprobleme der Rechtsphilosophie*, p. 125. 그럼에도 '법학(Jurisprudenz)과 자연법'을 결합한 것은 키케로의 공로이다. Reinhard Brandt, Zum Artikel *Naturrecht* in *Historisches Wörterbuch der Philosophie*, Bd. 6, p. 568. 주의해야 할 것은 로마법이 그 법 원천으로서 추상적 개념이나 보편적 원칙의 분석을 꺼려했기에 자연법칙과 자연법의 개념적 구분이 푸펜도르프 이전까지는 **아직** 명확하지 않았다는 점이다. 『학설휘찬』(*Digesta*)의 소재를 제공하기도 한 도미티우스 울피아누스(Domitius Ulpianus)는 자연법을 '인간이 아니라 모든 생명체에 고유한 것이기에 자연이 모든 생명체에게 가르쳐준 것'(Ius naturale est, quod natura omnia animalia docuit, nam ius istud non humani generis proprium, sed omnium animalium)으로 정의한다. Maximilian Herberger, Zum Artikel *Recht* in 같은 책 Bd. 8, p. 222; Werner Krawietz, Zum Artikel *Gesetz* in 같은 책 Bd. 3, p. 482.

'자연법칙'(Law of Nature, Lex Naturalis)이란 용어가 자주 등장한다.[15] 그런데 국내 많은 연구자들은 이 후자를 자연법으로 옮기고 있다.[16] 이는 자연 상태를 지배하는 '하나의 자연법칙'을 '이성'으로 간주한 로크에게 서도 마찬가지이다.[17] 이 또한 우리말 역자들은 '자연법'으로 옮긴다.[18] 그런데 칸트로부터 시작되는 독일 고전철학자들의 글을 훑어보면 놀랍게 도 더 이상 자연법칙(Naturgesetz)이라는 용어가 국가 구성원리로 등장하 지 않는 것을 발견할 수 있다.[19] 이들에게 자연법칙은 오직 비인간적인 자연 사물들에만 적용되는 개념이다. 이에 반해 때로는 자연법으로, 때로는 자연권으로 옮겨지는 독일어 용어가 바로 'Naturrecht(Jus Naturale)'이다. 이러한 의미 구분은 푸펜도르프에 의해 **처음** 행해진 것으로 알려진다. 그는 인과성의 자연법칙에 지배되는 '자연적 존재'(entia physica)와 무제한의 '자유'를 갖고 신에 의해 '정립된'(imposita) '도덕적 존재'(entia moralia)를 구분했다. 자연 욕망과 이성 본성 등으로 이루어진 이중적 존재로서 인간 은 무제한의 자유로운 행위능력으로 인해 극히 해로운 존재가 될 수 있기

---

15 Thomas Hobbes, *Leviathan*, pp. 189~217 참조.

16 예컨대 토머스 홉스, 진석용 옮김, 『리바이어던 1』, 176쪽 이하; 신재일 옮김, 서해 문집, 2007, 98쪽 이하 참조. 안톤 휘글리는 이를 'natürliches Gesetz'로 옮기고 있다. Anton Hügli, Zum Artikel *Naturrecht* in *Historisches Wörterbuch der Philosophie*, Bd. 6, pp. 585~87.

17 John Locke, *Two Treatises of Government*, pp. 168~69. 또한 예전에는 대체 로 자유롭고 평등한 이상적 낙원 상태로 그려졌던 자연 상태에 대한 근대 철학자 들의 상이한 특징짓기는 호프만에 따르면 16/17세기에 '순수 자연 상태의 사유 가능성'에 관한 신학 논쟁에서 비롯된 것이다. Hasso Hofmann, Zum Artikel *Naturzustand* in *Historisches Wörterbuch der Philosophie*, Bd. 6, pp. 653~54. 카를 바르트(Karl Barth)를 추종하는 현대 개신교 신학자들은 여전히 인간의 자 연법 이해를 '인간 원죄의 표현'으로 비판한다. Klaus Tanner, *Der lange Schatten des Naturrechts*, pp. 13~16 참조.

18 예컨대 존 로크, 이극찬 옮김, 『통치론』, 삼성출판사, 1982, 32쪽; 강정인·문지영 옮 김, 『통치론』, 까치, 1996, 11쪽 참조.

19 오해를 방지하기 위해 다시 한 번 강조하자면 여기서 독일 고전철학은 칸트에서 헤 겔에 이르기까지의 독일 철학을 말한다.

때문에 자연법칙에 일치하는 자기보존을 도모하기 위해 '사교성'(societas)을 발휘해야 하며, 이것이 바로 '자연법'의 근본 규범이 된다.[20] 그와 동시대인이었던 라이프니츠는 인간 공동체를 논할 때 아예 자연법칙이라는 용어를 사용하지 않고 자연법을 '사물들의 본성' 내의 '신적인 존재질서'이자 인간의 '이성적 본성'에 의해 구비되는 '법질서'로, 다시 말해 사물의 본성이자 인간의 이성적 본성으로 이해하기까지 한다.[21] 주지하다시피 칸트는 푸펜도르프를 따라 『도덕 형이상학의 기초』(1785)에서 이미 '자연법칙들'에 관한 '학문'으로서의 '자연학'(Physik)과 '의지'의 '자유법칙들'에 관한 학문으로서의 '윤리학'(Ethik)을 구분하고 있다(GMS, ABIII-V).[22] 그리고 『도덕 형이상학』(1797)에서는 더 이상 자연법칙에 대한 언급이 나오지

---

20 Anton Hügli, Zum Artikel *Naturrecht* in *Historisches Wörterbuch der Philosophie*, Bd. 6, pp. 589~90. 1711년 번역자들은 'entia physica'를 'physikalische Dinge'로 옮기고 있다. Samuel Pufendorf, *De iure naturae et gentium*, 1672, Liber Primvs, §3. *Acht Bücher vom Natur- und Völcker-Rechte* 1. Buch, §3과 비교. 따라서 중세부터 푸펜도르프 이전까지는 사실 자연법칙과 자연법을 거칠게 '대부분 동의어로' 읽어도 큰 어려움이 없다. 물론 그 적용 대상에는 구별이 있어야 하겠지만 말이다. Rainer Specht, Zum Artikel *Naturrecht* in *Historisches Wörterbuch der Philosophie*, Bd. 6, p. 571. 노르베르트 헤롤트에 따르면 19세기 말까지 자연법칙은 여전히 '신적인 제정(Satzung)의 표현'으로 이해되었다. 이미 요하네스 케플러(Johannes Kepler)에 의해 처음으로 '수학적으로 표현 가능한' 근대적 의미의 자연법칙 개념이 도입되고 스피노자에 의해 더 이상 '규범적 개념이 아니라 기술적 개념으로' 사용되었음에도 그렇다. Norbert Herold, Zum Artikel *Gesetz* in 같은 책 Bd. 3, pp. 502~03. 또한 Johannes Hoffmeister, Johannes (Hg.), Zum Artikel *Gesetz* in *Wörterbuch der philosophischen Begriffe*, pp. 266~68 참조.

21 Anton Hügli, Zum Artikel *Naturrecht* in *Historisches Wörterbuch der Philosophie*, Bd. 6, p. 584. 또한 라이프니츠는 『단자론』(1714)에서 행위할 때 영혼이 따르는 '목적인(Zweckursachen)의 법칙'과 물체가 따르는 자연법칙으로서의 '작용인(Wirkursachen)의 법칙'을 엄격히 구분하고 이 두 법칙 계열이 '예정조화' 속에 있는 것으로 설명한다. Gottfried Wilhelm Leibniz, *Monadologie*, §§78-80.

22 김석수, 「칸트 법철학의 형성 과정에 대한 반성적 고찰」, 『칸트연구』 제5집 제1호, 352~55, 366~67쪽 참조. Karl-Heinz Ilting, *Naturrecht und Sittlichkeit*, p. 97.

않으며 윤리적 '도덕성'은 법학적 '합법성'과, 다시 말해 덕론은 법론과 좀 더 섬세하게 구분되고 있다(MR, ABIII-IV, 7).[23] 다소의 편차는 있지만 그러한 구분은 칸트보다 먼저 자연법 이론을 내놓은 피히테와 셸링에게서도, 그리고 이후 헤겔에게서도 유지된다고 할 수 있다. 이들이 한결같이 국가론을 제시하며 사용한 말은 'Naturrecht', 즉 자연법 또는 자연권이다.

2. 자연법과 자연권

자연법은 이제 다른 자연 존재자들과 구별되는 인간의 고유한 본성 내지 법칙을 함의하는 정도로 이해하면 좋을 것이다. 인간에게 **본성적으로** 주어진 것을 함부로 **빼앗**거나 침해하면 자연**법**을 거스르는 것이다. 그리고 이 경우 인간은 자신에게 **마땅히** 주어진 것에 대한 **권리**를 지닌다. 법과 권리를 동시에 뜻하는 라틴어 이우스(ius)의 의미론적 중첩은 따라서 다른 한편으로 정의(正義) 개념에 기원을 지닌다. 이는 곧고(gerade) 올바르게(richtig) 판정한다(richten)는 어원(reht)을 지니는 독일어 'Recht'나 라틴어 'directus'에서 파생된 프랑스어 'droit'에도 해당된다. 'Recht'와 같은 어원을 지니는 영어 'right'에도 오늘날에는 드물기는 하지만 권리와 더불어 법의 의미가 남아 있다.[24]

---

23 이는 법과 도덕을 '처음으로' 구분한 크리스티안 토마시우스(Christian Thomasius)의 영향이라 할 수 있다. Fritz Loos und H.-L. Schreiber, Zum Artikel *Recht, Gerechtigkeit* in *Geschichtliche Grundbegriffe*, Bd. 5, pp. 268~71; Anton Hügli, Zum Artikel *Naturrecht* in *Historisches Wörterbuch der Philosophie*, Bd. 6, pp. 591~92; 김석수, 「칸트 법철학의 형성 과정에 대한 반성적 고찰」, 『칸트연구』 제5집 제1호, 376~80쪽 참조.

24 Friedrich Kluge, Zum Artikel *Recht* u. *recht* in *Etymologisches Wörterbuch*, p. 672. fr.Wiktionnaire.org: Zum Artikel *droit*. Online Etymology Dictionary:

그러나 때에 따라 테미스(θεμις)나 노모스(νομος) 또는 정의를 뜻하는 디케(δικη)의 번역어로도 쓰이는 법 내지 권리(Recht)에 대한 일관된 '내용적 규정은 없다'라고 할 수 있다.[25] 다만 자연법 이론의 전통에서 앞의 법칙 개념에서처럼 그 의미의 한 올을 뽑아볼 수 있을 뿐이다. 그 좋은 예시는 바로 아리스토텔레스가 『니코마코스 윤리학』에서 언급한 '자연적 정의'(δικαιον φυσικον)라는 말이다. 여기서 이 말은 사람의 생각에 따라 좌우되지 않고 '본성에 의해 존재하며' '어디서나 동일한 힘을 가진 것'을 뜻한다.[26] 이것이 자연 존재자들에 적용되면 자연법칙 개념이, 인간에 적용되면 자연법 개념이 형성될 것이다.[27] 그런데 문제는 세계 어디서나 불이 똑같이 타오르는 것처럼 인간 본성의 질서가 모든 곳에서 똑같이 지켜지지는 않는다는 데에 있다.[28] 이에 대한 해답은 무엇보다 인간에게 본성적으로 주어진 질서나 본질이 무엇인지, 그리고 어떻게 하면 이를 잘 유지하고 실현할 수 있는지에 대한 탐구로부터만 적절히 찾아질 수 있겠다. 이러한 탐구를 본격적으로 시도한 것은 스토아학파의 오이케이오시스(Oikeiosis) 이론이라 할 수 있다. 인간에게 본성적으로 '귀속되는 것'(οικειον)을 찾아내고 잘 관리하려는 이 이론의 목적은 분명 자연법 이론의 전통적인 기본내용과 겹친다. 이때 동물에게서처럼 인간에게도 기초적으로 귀속되는 '자기보존충동'(Selbsterhaltungstrieb)과 인간에게만

Zum Artikel *right*.

25 Maximilian Herberger, Zum Artikel *Recht* in *Historisches Wörterbuch der Philosophie*, Bd. 8, p. 221.

26 Aristoteles, *Ethica Nicomachea* 1134b.

27 아직 자연법칙과 자연법 또는 자연적 정의로 개념 분화가 이루어지지 **않은** 시기인데도 일팅은 'δικαιον φυσικον'의 의미를 '자연법'(Naturrecht)으로만 새긴다. Karl-Heinz Ilting, Zum Artikel *Naturrecht* in *Geschichtliche Grundbegriffe*, Bd. 4, p. 254.

28 이러한 문제의식 때문에 아리스토텔레스는 처음으로 '법률적인 불법'을 고민할 수 있었다. 한스 벨첼, 박은정 옮김, 『자연법과 실질적 정의』, 삼영사, 2001, 36, 52쪽.

귀속되는, 예컨대 다른 '동료 인간들'과의 관계맺음 등이 핵심 요소들로 등장한다.[29] 특히 타인들과의 관계(relatio)에서 인간은 누구나 각자에게 본성적으로 귀속되는 것을 침해하려 해선 안 된다. 아리스토텔레스에게 '정의(δικαιοσυνη)란 법(νομος)에 따라 각자에게 마땅한 것을 나누어주는 덕'이다.[30] 그리고 이로부터 유스티니아누스의 『법학제요』(Institutionen)의 유명한 정의(定義)를 떠올리는 것은 어렵지 않다. "**법**의 명령들은 이것들이다. 명예롭게 살아라, 타인을 침해하지 말라, **각자에게 그의 것을** 주어라."[31]

따라서 자연법(Naturrecht)은 인간에게 본성적으로 속하는 것을 마땅히 **보장하는 법**(Recht)이자 이러한 보장을 **받는 자**의 당연한 **권리**(Recht)라고 할 수 있다. 이로부터 인간 공동체의 규범들이 축조되는 것이라면 자연법은 "모든 사회질서의 규범 결합체(Normengeflecht)를 정당화하고 제한하는 기능"을 지닌다고 할 수 있다.[32] 이러한 맥락에서 칸트는 『법론의 형이상학적 시원근거들』(1797)에서 자연법을 아직 제정되기 이전에

---

29 Fritz Loos und H.-L. Schreiber, Zum Artikel *Recht, Gerechtigkeit* in *Geschichtliche Grundbegriffe*, Bd. 5, pp. 245~46; Matthias Kaufmann, *Rechtsphilosophie*, pp. 42~47 참조.

30 Aristoteles, *The "Art" of Rhetoric* 1366b. 『니코마코스 윤리학』에도 비슷한 말이 나온다. 정의란 '비례에 따라(κατ' αναλογιαν) 균등한 것을 나누어주는' 사람의 덕이다. *Ethica Nicomachea* 1134a. 이미 플라톤도 『국가』에서 자신의 본성에 가장 적합한 '자기 일을 하고(το τα αυτου πραττειν) 온갖 일에 참견하지 않는 것'을 '정의'라 말한 바 있다. Platon, *Politeia* IV, 433a.

31 Justinian, *Iustiniani Institutiones*, I,1,3. "Iuris praecepta sunt haec: honeste vivere, alterum non laedere, suum cuique tribuere." 이미 키케로도 법칙 내지 법률을 다음처럼 소개한 바 있다. '그들은 그 동일한 것(lex)이 그리스어로는 각자에게 그의 것을 나눠주는 데서 비롯된다고 추정한다'(Eamque rem illi Graeco putant nomine a suum cuique tribuendo appellatam). Cicero, *De legibus* I, 19.

32 Erik Wolf, Zum Artikel *Naturrecht* in *Historisches Wörterbuch der Philosophie*, Bd. 6, p. 563. 반면에 '**이성** 존재로서의 모든 인간에게 …… 구속력 있는 법적 규범들**의 체계**'라는 일팅의 정의는 너무 정태적이다. Karl-Heinz Ilting, Zum Artikel *Naturrecht* in *Geschichtliche Grundbegriffe*, Bd. 4, p. 245.

"모든 인간의 이성에 의해 선차적으로(a priori) 인식 가능한 법"이라고 정의한다(MR, AB139-140). 무엇보다 인간의 이성적 본성은 직접 경험될 수 없기에 그렇다. 그리고 칸트에 따르면 인간의 이성적 본성은 그 활동의 원인을 자기 안에 갖는 자기원인성, 즉 자유(自由)이다(GMS, AB97-98). 인간에게 본성적으로 속하는 이 자유를 상호 보장하기 위해 칸트의 법(Recht) 개념은 각자의 자유 침해를 금지하는 "강제의 권한(Befugnis)"으로 등장한다(MR, AB36).[33] 법의 이와 같은 성격은 피히테의 『학문론 원리들에 따른 자연법의 토대』(1796)에서도 유사하게 나타난다. 즉 일단 자유롭게 행위하려는 이성적 존재들 각자의 "자유로운 **결단**"이 이루어지면 이로부터 자유의 상호 제한을 내용으로 하는 공통적인 의지의 법칙이 자연법의 원리로 도출된다(GN, 85-91 참조).[34] 셸링은 좀 다르다. 그의 출발점은 자신에게 본성적으로 속하는 것을 실현하는 개별 인간, 즉 나 자신으로부터 실천적으로 무제약자에 도달하려는 주체이다. 이 때문에 객관적인 법(Recht)의 의미보다는 주관적인 권리(Recht)의 의미에서 그의 『자연권(Naturrecht)의 새로운 연역』(1796/97)은 "자신에 있어 본질(ein Wesen an sich)이 되도록 노력하라!"라는 실천철학의 최고 요구로 시작된다. 이로부터 연역되는 셸링의 자연권은 "좁은 의미"에서는 질료적으로 규정 가능한 "현상계", "물건들", "객체 일반"에 대한 "무제한적인 자연 지배"의 권리

---

33 남기호, 「칸트의 자연법 이론과 국가 기초의 문제」, 『가톨릭 철학』 제14호, 181~82쪽 참조. 이러한 측면에서 칸트는 '독일 자유주의 법 이론의 창립자'라 할 수 있다. Rudolf Ružička, Zum Artikel *Naturrecht* in *Historisches Wörterbuch der Philosophie*, Bd. 6, p. 595.

34 남기호, 「피히테의 자연법 이론과 국가 기초의 문제: 『학문론 원리들에 따른 자연법의 토대』를 중심으로」, 『시대와 철학』 제25권 제1호, 50~60쪽 참조. 자유로운 결단으로부터 가언적으로 도출되는 피히테의 자연법을 일팅은 '자연법의 정치화'라고 너무 과도하게 혹평한다. Karl-Heinz Ilting, Zum Artikel *Naturrecht* in *Geschichtliche Grundbegriffe*, Bd. 4, p. 303; *Naturrecht und Sittlichkeit*, pp. 102~03.

를, 그리고 넓은 의미에서는 이 자연을 포함해 "나의 의지의 형식을 지양하려는" 타자까지도 "자연법칙에 의해" 타율적으로 규정되는 질료적 객체로 다룰 수 있는 권리를 의미한다. 셸링은 이러한 주관적 권리의 도덕적 힘이 물리적 힘과 동일해지는 객관적 법의 상태를 다루게 될 "새로운 학문"을 전망했지만 이를 구체화하지 못했다(NDN, §§3, 130-131, 140, 160-161, 163).[35] 이와 대조적으로 헤겔의 법철학은 인간에게 본성적으로 속하는 "자유의지의 현존" 자체를 법으로 정의한다(GPR, §29). 이러한 객관적 법으로 시작하는 그의 『법철학 개요』(1820)는 따라서 사회적 존재론의 차원을 지닌다고 할 수 있다. 그럼에도 앞서 언급한 자연 개념의 이의성 때문에 헤겔은 1817/18년 법철학 강의에서부터 이미 "자연법이란 이름을 포기하고 이를 철학적 법론이라는 명칭으로 대체"하자고 제안한다(VNS, §2). 자연법이 "사태의 본성(Natur) 다시 말해 개념을 통해 규정되는 것"으로 여겨지면 다행이지만, 우연하고 "직접적인 자연(Natur)에 의해 마치 이식되는 것처럼" 다루어지면 많은 문제가 생기기 때문이다(EnzyI, §415). 헤겔이 염두에 두고 있는 걱정거리는 무엇보다 법을 "직접적인 자연방식으로 현존하는 것"(EnzyIII, §502)으로 간주한 역사법학파와 법실증주의(Rechtspositivismus)라고 할 수 있다. 이렇게 되면 자연법은 모든 사회질서의 규범에 대한 비판적 기능을 상실할 것이기에 그렇다.[36]

---

35 남기호, 「개인주의 도덕과 자연권의 자기파괴: 셸링의 『자연권의 새로운 연역』(1796/97)을 중심으로」, 『시대와 철학』 제28권 제2호, 86~94, 104~13쪽 참조.
36 자세한 논의는 남기호, 「헤겔의 자연법 비판과 국가의 기초」, 『가톨릭 철학』 제30호, 68~76쪽 참조.

3. 자연법과 실정법

보통 실정법은 한 나라에서 실제로 통용되고 있는 법률과 동의어로 이해되곤 한다. 앞서 법률로 번역되기도 하는 용어 'Gesetz'가 (이번에는 신이 아니라 인간에 의해) 설정되고 정립된 것의 의미를 지녔듯이 실정법에 해당하는 독일어 'das positive Recht' 또한 같은 의미를 지닌다. 'positiv'는 원래 놓다, 세우다, 건립하다 등을 의미하는 라틴어 동사 'ponere'의 과거분사 'positum'에서 파생된 것이기 때문이다. 실제로 정해져 통용되는 것은 긍정적으로 여겨질 수도 있다. 그렇기에 긍정적이라는 의미는 **추후에** 보태어진 것이다. 따라서 'das positive Recht'는 직역하면 **정립된** 법이라고 하겠다. 우리말 법률(法律) 또한 본받을 만한 이치(法)를 붓으로 잘 기록(律)한 것을 뜻하니 의미가 잘 통한다고 할 수 있다. 프랑스어의 'droit positif'도 같은 맥락에 있다고 할 수 있는데, 이에 반해 영어는 실정법을 'positive right'이 아니라 'positive law'로 표기하기에 정립된 것이라는 함의가 중복되고 있다. 물론 'das positive Gesetz'나 'loi positive'라는 표현도 심심찮게 발견된다. 독일이나 프랑스에서도 이 용어의 언어적 엄밀성은 섬세하게 지켜지지는 않는 셈이다.

자연법과 실정법을 의미상 처음 구분한 사람은 다시금 아리스토텔레스라고 할 수 있다. 그는 앞서 언급한 『니코마코스 윤리학』에서 '폴리스의 정의'(πολιτικον δικαιον)를 '자연적인 것'(δικαιον)과 '법률적인 것'(νομικον)으로 나눈다.[37] 『수사학』에서도 '자연에 따른' '일반적인'(κοινος) 법(νομος)

---

37 Aristoteles, *Ethica Nicomachea* 1134b. 'δικαιον νομικον'은 '인위적인 정의'로 옮겨지기도 한다(최명관 옮김, 『니코마코스 윤리학』, 160쪽). 이 대목은 사실 아리스토텔레스가 윤리적 정의를 논하는 곳이지만, 로스/슈라이버와 한스 벨첼은 이미 'δικαιον'을 '법'(Recht)으로 의역한다. Fritz Loos und H.-L. Schreiber, Zum Artikel *Recht, Gerechtigkeit* in *Geschichtliche Grundbegriffe*, Bd. 5, p. 241. 한스 벨첼, 박은정 옮김, 『자연법과 실질적 정의』, 53쪽과 비교. 카우프만은 이러한 구분이 본질적으로 통일된 것으로 사유했음에도 '본성상 정의로운

과 '개별 인간들'이 '자신들과 관련해' 정하는 '특수한'(ιδιος) 법의 구분이 나온다.[38] 키케로 또한 법을 구성하는 영역들을 그 기원에 따라 자연(natura)과 관습(consuetudo), 그리고 시민법으로 통용되는 본래의 법률(lex)로 구분한 바 있다.[39] 이러한 전통은 근대까지 이어진다. 여기서 주목해야 할 것은 바로 푸펜도르프의 통찰이다. 그는 자연법을 '모든 인간들에게 타당하기에' '비로소 국가에 법률을 공포할 권위를 부여하는' 것으로, 아울러 '자연법에 반하는 모든 [실정] 법률들과 명령들'은 '구속력이 박탈'되는 것으로 설명한다. 시민저항권을 정당화할 수 있는 자연법의 이러한 **비판적** 기능으로 인해 주지하다시피 그는 미국 독립운동에 사상적으로 상당한 영향을 끼친 것으로 평가된다.[40] 이에 반해 칸트의 자연법은 그러한 비판적 기능을 상당 부분 상실한 것으로 보인다. 그는 자연법

것'(φυσει δικαιον)과 '규범상 정의로운 것'(φυσει νομω)을 따로 언급한 헤라클레이토스(Herakleitos)에게서 처음 이루어진 것으로 본다. Arthur Kaufmann, *Grundprobleme der Rechtsphilosophie*, p. 24. 전자와 후자를 각각 '자연법'과 '실정법'으로 번역하는 것은 이 시기의 개념적 미분화 상태를 고려한다면 다소 무리가 있다. 박은정, 『자연법의 문제들』, 세창출판사, 2007, 1쪽 참조.

38 Aristoteles, *The 'Art' of Rhetoric* 1373b. 게르하르트 플룸페에 따르면 인간의 법률을 '신적인 법률', 즉 '세계원리로서의 로고스'와의 관여를 통해 정당화함으로써 '잘못된 법률'의 비판 가능성을 처음으로 사유한 이는 헤라클레이토스이다. Gerhard Plumpe, Zum Artikel *Gesetz* in *Historisches Wörterbuch der Philosophie*, Bd. 3, p. 494. 그러나 프로타고라스처럼 '자연법을 인간 본성으로부터 연역'함으로써 형이상학적으로 정당화된 현행 '법 연관들을' 비판할 수도 있다. Alexander Ulfig, Zum Artikel *Naturrecht* in *Lexikon der philosophischen Begriffe*, p. 281.

39 Cicero, *De inventione* II, 65.

40 Anton Hügli, Zum Artikel *Naturrecht* in *Historisches Wörterbuch der Philosophie*, Bd. 6, p. 591. 한스 벨첼, 박은정 옮김, 『자연법과 실질적 정의』, 205~08쪽. 법(Recht)은 **보통** '법률들의 총괄'(Inbegriff der Gesetze)로 이해된다. 문제는 이 '법률들 외부에도 여전히 법을' 사유할 수 있는 여지가 있는가이다. 이 물음의 긍정 여부에 따라 자연법 이론이나 실증주의가 파생된다. Maximilian Herberger, Zum Artikel *Recht* in *Historisches Wörterbuch der Philosophie*, Bd. 8, p. 224.

을 자연 상태 내 사법(私法)으로서의 자연적인 법과 공법(公法)으로서의 시민적인 법으로 나누고 인격 "각자가 자신의 권리에 참여할 수 있는" 후자 상태로의 이행의 필요성을 "단지 **사유될 수만**" 있는 "근원적 계약"(der ursprüngliche Kontrak)의 필요성으로 설명한다. 이때 공법은 실정법을 말하는 것이 아니며, 단지 인격들 모두의 자유의 공존이 가능하도록 각자의 "타고난 외적 자유"의 포기를 내용으로 하는 "법률적 의존" 상태를 의미한다. 이 상태의 창출은 바로 국가의 입법원리가 된다. 이렇게 해서 제정되는 실정법은 칸트에 따르면 결코 불복종의 대상이 되어서는 **안 된다**. 공적으로 안정된 법의 상태는 실정법 내지 이를 실행하는 통치자를 통해서만 보장되기에 민족은 저 법이 "인간에 의해서가 아니라" 마치 "아무 흠결 없는 최고 입법자에 의해" 제정되는 것처럼 생각하고 복종해야 한다 (MR, A168-169, 173-175).[41]

그러나 자연법의 비판적 기능은 피히테와 헤겔에게서는 계속 이어지고 있다. 먼저 피히테에 따르면 국가의 실정법은 "실현된 자연법" 이외의 다른 것이 아니다. 그러나 문제는 늘 현행 법률이 "자유를 위한 법칙"을 내용으로 하는 자연법을 진정으로 실현하고 있는가이다. 피히테는 "국가시민계약"(Staatsbürgervertrag) 체결 이후에도 실정법 또는 이를 실현할 주권자의 자연법 준수 여부를 **검사할** 수 있는 권한을 각자에게 보장한다. "민선 행정 감독관제"(Ephorat)로 구체화되는 이 권한은 합법적 시민저항권을 근거짓는다고 할 수 있다(GN, 147, 150, 161).[42] 셸링의 『자연권의 새

---

41 남기호, 「칸트의 자연법 이론과 국가 기초의 문제」, 『가톨릭 철학』 제14호, 182~86쪽 참조. 그럼에도 칸트는 입법 과정에서의 '소극적 저항'이나 '소극적인 도덕적 불복종'을 긍정하기도 한다. 김석수, 「칸트의 저항권론에 대한 반성적 고찰」, 『철학』 제52집, 233~37쪽 참조.

42 반면에 피히테의 『폐쇄된 상업국가』(1800)는 국가주의적 특징을 보이고 있다. 남기호, 「피히테의 자연법 이론과 국가 기초의 문제: 『학문론 원리들에 따른 자연법의 토대』를 중심으로」, 『시대와 철학』 제25권 제1호, 73~80쪽 참조.

로운 연역』은 예외이다. 이 초기 저서의 결말은 각자의 무제한적 자연권의 보장으로 조성되는 홉스적 자연 상태의 자아철학적 묘사로 끝나고 말기 때문이다.[43] 따라서 셸링에게는 이른바 새로운 학문으로 정초될 자연법이나 이에 기초할 실정법에 대한 논의가 없다. 노년의 셸링은 아예 이를 포기한 것으로 보인다. 어느 한 강의에서 그는 "국가와 헌법 같은" "일상의 어느 한쪽 편 마음에 들려는 것"은 자신의 일이 "아니라" 말하고 있기 때문이다(PM, 539). 반면에 자신의 법철학을 일종의 사회적 존재론으로 제시하고자 했던 헤겔은 자유의지의 현존을 의미하는 "그 자체로 법인 바"(Was an sich Recht ist)의 것이 "객관적 현존 속에서" "의식에 **대해**(für) **정립되어** 있는 것을 "법률"(Gesetz) 또는 "실정법"이라고 정의한다. 왕정복고의 삼엄한 분위기 속에서 출판된 그의 『법철학 개요』는 법률의 원천으로서의 철학적 법 인식이 늘 민족의 교양과 삶에 보조를 맞추어야 한다는 식으로 간접적으로만 저항권을 정당화한다. 이로부터만 실정법은 그 타당성을 획득할 수 있다(GPR, §§211, 272, 274).[44] 그러나 법철학 강의 **현장**에서의 그의 목소리는 좀더 직접적이다. 1817/18년 강의에 따르면 민족의 법철학적 "정신의 발전"에 실정적 "제도의 균형 있는 발전"이 뒤따르지 않는다면 이는 "불만족의 원천일 뿐만 아니라 혁명의 원천이 되기도 한다"(VNS, §146).[45] 법은 법률로 현실화되어야 하지만, 법률은 늘 민족의 인

---

43 남기호, 「개인주의 도덕과 자연권의 자기파괴: 셸링의 『자연권의 새로운 연역』(1796/97)을 중심으로」, 『시대와 철학』 제28권 제2호, 110~11쪽.

44 남기호, 『헤겔과 그 적들』, 사월의책, 2019, 141~46쪽 참조. 별도의 논의가 있어야겠지만 베를린 시기 헤겔을 왕정복고에 순응한 것으로 잘못 평가하는 일팅은 또한 헤겔에게서 '법의 척도'는 실정적인 '세계사'라고 잘못 설명한다. Karl-Heinz Ilting, Zum Artikel *Naturrecht* in *Geschichtliche Grundbegriffe*, Bd. 4, pp. 304~09 참조. 이에 대한 반론으로는 남기호, 「헤겔 법철학에서의 군주의 역할: 헤겔은 과연 왕정복고 철학자인가」, 『사회와 철학』 제23집, 112~40쪽 참조.

45 따라서 헤겔의 '인륜적 자연'을 자유로운 주체에 선소여적(先所與的)인 '자연 상태'로 해석하는 것은 무리가 있다. Rudolf Ružička, Zum Artikel *Naturrecht* in *Historisches Wörterbuch der Philosophie*, Bd. 6, p. 601. 헤겔은 청년기부

륜적 삶 속에서 요구되고 있는 법의 철학적 인식에 **근거해야** 한다는 것이다.

4. 자연법 이론의 쇠퇴

그러나 독일 고전철학의 황혼과 더불어 자연법 이론은 서양의 그 유구한 전통을 상실하고 쇠퇴의 길에 접어들게 된다. 그 이유는 물론 다양하다. 크게 두 가지만 언급하면 무엇보다 **우선** 시대사적으로 혁명과 반동의 격변기에 자연법 이론은 너무 철학적 논의에 **치우쳐** 있었다는 점을 들 수 있다. 칸트나 피히테, 그리고 헤겔이 시의성을 지니는 논쟁에 수차례 참여한 적은 있다. 이를테면 칸트의 계몽 논문(1784)이나 영구평화론(1795), 피히테의 『프랑스혁명에 대한 대중의 판단 교정을 위한 기고문』(1793), 헤겔의 『뷔르템베르크 왕국 신분의회 심의들』(1817) 등이 그렇다. 그럼에도 별도로 작성된 이들의 자연법 이론은 한결같이 그러한 현안문제들과는 거리를 두며 그 해결의 시대 초월적인 **철학적** 기초를 간접적으로 제공하는 데에 집중하고 있다. 이후 여러 혁명가들이나 복고주의자들조차 자연법 이론을 수용하지 않게 되는 이유가 바로 여기에 있다.

이는 **두 번째** 이유와도 이어진다. 이성법으로 이해되는 자연법 이론은 한마디로 철학적 법론 내지 법**철학**이라 할 수 있다. 이러한 철학적 기초에 의거해 실제 삶에 통용되는 다양한 실정법이 제정되어야 한다는 식이

터 늘 자연법의 타당성을 위해 자연 상태를 허구적으로 구상하는 해석을 비판한다. Paul Cruysberghs, Zum Artikel *Naturrecht* in *Hegel-Lexikon*, p. 335. 1831년 마지막 법철학 강의에서도 헤겔은 "자유"의 규정으로서의 "법률"(Geseze)의 어원적 의미를 "네메인"(νεμειν)과 "레게레"(legere)에서 찾으며, "정립되어 있음"(Gesetzseyn)과 그냥 "있음"(Seyn)의 대립이 항존할 수 있음을 강조한다(VR4, p. 920).

다. 문제는 철학자들마다 이론적 편차가 너무 커서 입법자 내지 법학자의 지침으로 쓰이기가 매우 어렵다는 데에 있다. 같은 개념을 내걸고서도 이론가들마다 근대적 개혁과 진보의 성향을 지닐 수도, 봉건적 복고와 보수의 성향을 보일 수도 있을 정도이다.[46] 여기에 소개되지는 않았으나 예컨대 카를 L. 할러(Carl L. Haller, 1768~1854) 같은 복고주의자는 신이 부여한 자연적 탁월함의 차이로 인해 강자 지배의 법칙이 성스럽게 관철되는 상태를 자연 상태로 규정하고 이로부터 봉건적 위계질서를 합리화하고자 한다.[47] 앞서 살펴본 시민저항권만 해도 개혁적 이론가들 내에서조차 다양한 편차를 확인할 수 있다. 이와 같은 편차는 법학자들로 하여금 철학 **으로부터의** 독립성과 법학 고유의 원리를 모색하도록 자극하게 된다. 이른바 법학과 철학의 투쟁이 이 시기에 첨예화된 것이다. 역사법학의 창시자 프리드리히 카를 폰 사비니(Friedrich Carl von Savigny, 1779~1861)는 이미 청년기에 이렇게 말한 바 있다. '법학자에게 철학은 예비지식으로도 결코 필요하지 않다.'[48] 당시 법학이 선택한 고유의 원리는 역사 속에서의 '민족들(Völker)과 헌제들(Verfassungen)의 자연스러운(naturgemäße) 발전'이다. 이 발전의 초기에는 모두 '관습법'(Gewohnheitsrecht)의 형태로 나타나는

---

46 벨첼은 자연법을 '로고스'로서의 인간 본성에 기초하는 '이념적 자연법'(ideelles Naturrecht)과 의지, 감정, 충동, 현 상황 등에 의해 규정된 인간 본성에 기초하는 '실존적 자연법'(existentielles Naturrecht)으로 구분하고 그 각각의 비판적 기능과 이데올로기적 기능을 논의한다. 한스 벨첼, 박은정 옮김, 『자연법과 실질적 정의』, 20~21, 332~54쪽 참조.

47 무엇보다 왕정복고 세력의 정치적 승리가 자연법 이론 쇠퇴의 주요 원인이라 할 수 있겠다. 남기호, 「프로이센 왕정복고와 헤겔의 정치 법학적 입장 II: 할러와의 대결을 중심으로」, 『철학연구』 제100집, 134~40쪽 참조. 이는 자신이 원하는 가치를 자연 개념에 미리 설정해놓고 이로부터 국가 이론을 전개한다는 이데올로기적 순환논리 비판으로도 이어진다. Kritian Kühl, Zum Artikel *Naturrecht* in *Historisches Wörterbuch der Philosophie*, Bd. 6, p. 616 참조.

48 Friedrich Carl von Savigny, *Juristische Methodenlehre*, p. 50. 에리크 볼프는 자연법 몰락 시점을 1860년으로 본다. Erik Wolf, Zum Artikel *Naturrecht* in *Historisches Wörterbuch der Philosophie*, Bd. 6, p. 562.

역사 속의 법은 언제나 그 민족의 유기적 삶을 반영하고 있었다.[49] 사비니에 따르면 **법학**의 소명은 역사 속의 법과 민족의 **바로** 이 유기적 연관을 해석하고 학문적으로 가공하는 일이다. 이를 위해 법학이 탐구할 수 있는 일차적 소재는 과거 민족들의 관습법으로부터 **기록되고** 통용된 실정법들이라 할 수 있다. 이러한 의미에서 역사 속의 법은 실정법이며 이 실정법은 그 시대 법학자들에 의해 민족의 유기적 삶을 구현한 것이기에 법학이 탐구해야 할 유일한 대상이다.[50] 이로부터 법실증주의의 새로운 전통이 발전한다. 그런데 여기서 주의해야 할 점이 두 가지 있다. **먼저** 우리말 실증(實證)은 실제 사실로(實) 증명함(證)을 의미한다. 이때 증거로 쓰이는 사실은 결코 자연과학에서의 자연 사실을 의미하는 것이 아니다. 법실증주의의 실증은 다시금 'ponere'에 어원을 지니는 인간에 의해 정립된 것(positum)으로서의 사실, 즉 **실제로 정립된** 사실로 이해되어야 한다. **둘째로** 법학에게 이와 같은 사실은 무엇보다 실정법이겠지만, 정작 법실증주의의 주요 시각은 실정법이 아니라 바로 이 법이 구현하고 있는 각 시대 민족들의 역사적 삶과 보편적 의식에 초점을 둔다. 다시 말해 법실증주의에도 실정법은 역사적으로 발전하는 민족의 삶을 그때마다 반영하는 우

---

49 Friedrich Carl von Savigny, *Vom Berufe unserer Zeit für Gesetzgebung und Rechtswissenschaft*, 4, p. 14.

50 남기호, 「프로이센 왕정복고와 헤겔의 정치 법학적 입장 III: 사비뉘와의 대결을 중심으로」, 『사회와 철학』 제25집, 50~53쪽 참조. 물론 사비니는 민족의 유기적 삶과의 연관 없이 인위적으로 제정되는 실정법에 대해 비판적이었다. 그럼에도 법학이 과거 역사 속에서 탐구 대상으로 삼을 수 있는 것은 민족의 '언어, 풍습, 헌제' 등이 기록된 법의 해석이다. 사비니는 이것들을 '자연**적인** 법'(natürliches Recht)이라 부른다. 그러나 이것은 자연법과 같은 것이 아니다. Rudolf Ružička, Zum Artikel *Naturrecht* in *Historisches Wörterbuch der Philosophie*, Bd. 6, p. 604. 후에 율리우스 슈탈(Julius Stahl, 1802~61)은 사비니의 역사적 실정법을 역사적 관점에서 발전하는 신의 명령으로 전개하며 법과 실정법을 그 자체로 동일시한다. 남기호, 「프로이센 왕정복고와 헤겔의 정치 신학적 입장: 슈바르트와의 논쟁 및 슈탈의 비판을 중심으로」, 『헤겔연구』 제34호, 49~62쪽 참조.

연한 결정의 산물일 뿐이다. 법실증주의에서 중요한 것은 오히려 그 민족이 공동체 속에 **정립한** 사실, 즉 사회 공동체적 사실인 셈이다.[51]

그렇다면 철학으로부터 벗어나려는 당시 법학자들의 요구와는 달리 법실증주의의 대두는 이미 오랜 **철학적** 전통을 지닌다고 보아야 한다. 그 대표적인 개념으로 'Völkerrecht'를 들 수 있겠다. 칸트에게는 '국제법'[52]으로 번역되는 이 말은 원래 로마법학자 가이우스(Gaius)의 정의대로 '민족들의 법'(ius gentium), 즉 모든 인간 공동체들에 공통되는 만민법을 의미했다. 이 개념은 로마 시기 다른 민족들과의 정당한 교류의 필요성 때문에 생긴 것으로[53] 앞서 말한 인간법칙(lex humana)의 실정법적 차원에 해당하는 말이다. 즉 인간법칙은 인간에게 그 본성으로 정립된 법칙을 의미할 **수도**, 모든 인간이 따라야 할, 또는 따르고 **있는** 법칙을 의미할 **수도**

---

51 여기서 상론할 수 없지만 법실증주의의 통일된 법 개념은 사실상 없다. 다만 법학이 인간에 의해 정립된 사회 공동체적 사실로서 실정법**에만** 주목할 경우에 역사법학파와 구분되는 엄격한 의미의 법실증주의가 언급될 수 있다. 이는 20세기 전후 신칸트학파에 의해 대변되었다. 반면에 역사법학파는 법 원천의 정립된 사실로서 '민족의 법의식이나 민족정신' 등을 인정한다. Rolf Grawert, *Zum Artikel Recht, positives; Rechtspositivismus* in *Historisches Wörterbuch der Philosophie*, Bd. 8, pp. 233~40, 특히 p. 236. Rudolf Ružička, *Zum Artikel Naturrecht* in 같은 책 Bd. 6, p. 606. 안젤름 포이어바흐의 '죄형법정주의'(nulla poena sine lege)에서 이미 실증주의의 맹아를 보는 견해도 있다. 아르투어 카우프만, 허일태 옮김, 『법철학입문』, 동아대학교출판부, 2003, 142~44쪽 참조. 역사법학파와 법실증주의에 대한 비판은 레오 스트라우스, 홍원표 옮김, 『자연**권**과 역사』, 인간사랑, 2001, 21~48쪽 참조.

52 예를 들어 ZeF (1796), B59, 63, 103; 이한구 옮김, 『영원한 평화를 위하여』, 50, 52, 80쪽.

53 그 대신에 실정법으로서의 국제법에 해당하는 용어는 그로티우스까지만 해도 '전쟁과 평화의 법'(ius belli et pacis)으로 표현되었으며, 오늘날 국제법의 의미로 'Völkerrecht'를 처음 사용한 것은 에머리히 폰 파텔(Emmerich von Vattel, 1714~67)로 알려진다. Walter Jaeschke, *Die klassische deutsche Philosophie vor dem Völkerrecht* in *Zwischen Konfrontation und Integration*, pp. 217~19. 또한 Gérard Verbeke, *Zum Artikel Gesetz, natürliches* in *Historisches Wörterbuch der Philosophie*, Bd. 3, p. 527.

있었다. 푸펜도르프의 『자연법과 인간법』(De iure naturae et gentium, 1672)
은 그 두 측면들을 구분해 고찰하려는 야심 찬 저서이다. 이성적 자연법
이 속 시원한 해결책을 제시할 수 없게 되었을 때 법실증주의는 후자의
측면에, 즉 모든 인간의 법에서 드러나는, 역사적으로 발전하는 공동체적
사실에 주목한 셈이다. 이는 다시금 서양어 자연(natura) 개념의 의의성과
도 연관될 것이다.

　법실증주의에 제기되는 중요 물음들 중 하나는 그럼 사회 공동체적 사
실들 중 어떤 것을 실정법으로 제정하게 되는 필연적 계기나 근거는 무엇
인가 하는 것이다. 근본적으로 보면 자연법 이론적 물음이라 할 수 있는
이 물음을 법실증주의는 그러나 단지 '정치'의 문제로 간주한다.[54] 이는
법학의 문제가 아니라 사회적 필요에 의한 **정치적 결단**의 문제라는 것이
다. 법실증주의자는 주의주의적(主意主義的) 실정법론자이다. 그러므로 입
법에 대해 법학자는 침묵한다. 법학의 이러한 정치적 침묵은 훗날 독일 국
가사회주의의 합법적 권력 획득에 **간접적으로** 일조했다.[55] 이런 측면에서

54　이는 한스 켈젠(Hans Kelsen)의 대표적인 관점이다. 헤겔이 걱정했던 것처럼 다른
　　한편에는 직접적인 자연방식으로 현존하는 '구체적 질서', '혈통', '대지의 양분', '동
　　등한 성품의 내면성' 등을 국가사회주의의 불문(不文) 자연법으로 간주한 카를 슈
　　미트(Carl Schmitt)나 에른스트 루돌프 후버(Ernst Rudolf Huber), 한스-헬무트
　　디체(Hans-Helmut Dietze) 같은 이들도 있었다. Kritian Kühl, Zum Artikel
　　Naturrecht in 같은 책 Bd. 6, pp. 611, 614; Werner Krawietz, Zum Artikel
　　Gesetz in 같은 책 Bd. 3, p. 491; Fritz Loos und H.-L. Schreiber, Zum Artikel
　　Recht, Gerechtigkeit in *Geschichtliche Grundbegriffe*, Bd. 5, pp. 304, 306. 크리
　　티안 퀼(Kritian Kühl)은 그 비판적이고 혁명적인 기능 때문에 자연법을 거부한
　　슈미트의 구체적 질서 개념을 '자연법적 사유로 특징지을 수 없다'라고 본다.
55　법실증주의가 국가사회주의적 입법을 촉진한 직접적 증거는 없다. 다만 국법
　　이 정치 도덕적 논쟁에 '중립적일 수 있다는 희망'이 너무 낙관적이었던 것이다.
　　Matthias Kaufmann, *Rechtsphilosophie*, pp. 207~08. 즉 '입법자는 결코 극악한
　　법률을 제정하지 않는다는 관점'이 법실증주의의 출발점이었던 것이다. 아르투어
　　카우프만, 허일태 옮김, 『법철학입문』, 153쪽. 이에 대한 생생한 증언으로는 구스타
　　브 라드브루흐, 최종고 옮김, 「법률적 불법과 초법률적 법(1946)」, 『법철학』, 삼영
　　사, 2011, 284~94쪽 참조.

법실증주의는 중세 후기부터 영원법칙이나 신의 법칙으로부터 분리되어 온 자연법의 세속화 과정의 완결이라[56] 하겠다. 양차 대전 이후 이 파괴적 과정의 경험을 바탕으로 이성적 자연법 이론의 재활이 시도되었다. 그러나 이보다는 자연법의 존재론적 기반과 법실증주의의 형식주의를 걷어내고 제3의 길을 모색하려는 논의가 더 활발해 보인다.[57] 그렇다고 자연법의 주체인 **인간**에 대한 존재론적 연구가 사라진 것은 아니다. 오늘날 철학적 인간학의 부각[58]이 이를 말해준다.

---

56 '사법(司法)의 인본주의화'(Humanisierung der Rechtspflege)라고 표현할 수도 있겠다. Johannes Hoffmeister (Hg.), Zum Artikel *Naturrecht* in *Wörterbuch der philosophischen Begriffe*, p. 426.

57 Fritz Loos und H.-L. Schreiber, Zum Artikel *Recht, Gerechtigkeit* in *Geschichtliche Grundbegriffe*, Bd. 5, p. 307; Karl-Heinz Ilting, Zum Artikel *Naturrecht* in 같은 책 Bd. 4, p. 313; Kritian Kühl, Zum Artikel *Naturrecht* in *Historisches Wörterbuch der Philosophie*, Bd. 6, pp. 609~21; Arthur Kaufmann, *Grundprobleme der Rechtsphilosophie*, pp. 31~52 참조.

58 박은정 또한 다양한 자연법의 공통점으로서 입법자의 의지를 제한하는 객관적 '비자의성'과 법의 '역사적 가변성'의 매개를 '철학적 인간학'의 대두에서 전망한다. 박은정, 『자연법의 문제들』, 21~27쪽.

제2장

칸트

근대 이후 자연법 이론은 사회계약 체결의 필연성을 설명하기 위해 자연 상태를 묘사하거나 이 상태 내의 인간 본성을 설명하는 이론적 장치로 쓰이게 된다. 이로 인해 근대에 이르러 자연법 이론은 사회계약 이론과 거의 완전히 하나가 된다. 그러나 이 이론은 자연 상태의 허구성이나 사회계약의 불충분한 필연성 등 많은 이론적 결점을 지니기도 한다. 가장 큰 결점은 무엇보다 자연 상태라는 표현에서의 **무질서한** 자연 개념과 본성의 법을 함의하는 자연법이라는 표현에서의 **법칙적** 자연 개념이 서로 혼동되어 쓰이고 있다는 점일 것이다. 이를 극복하기 위해서는 좀더 일관된 자연과 법의 개념이 필요해진다.

일찍이 칸트는 『순수이성비판』(1781)에서 자연 개념의 두 의미를 주의 깊게 구별해 사용한 바 있다. 그에 따르면 "질료적 관점에서 본 자연"(natura materialiter spectata)은 "모든 현상들의 총괄"이며 "형식적 관점에서 본 자연"(natura formaliter spectata)은 "시공 내 현상들의 합법칙성"으로서의 "자연 일반"이다(KrV, B163, 165). 전자가 전통적인 자연 상태 개념에 들어맞는다면 후자는 자연의 법 개념에 잘 어울린다. 따라서 이러한 구별을 지키려는 칸트에게 좀더 세련된 자연법 이론을 기대할 수 있다.

칸트의 자연법 이론은 『도덕 형이상학』과 국제정치 및 역사에 관련된 몇몇 논문들에서 전개되고 있다. 특히 『도덕 형이상학』은 칸트가 『순수이성비판』의 선험적 방법론 장에서 건축학적으로 계획한 "순수이성 철학"의 체계적 부분을 비로소 완성하는 저서이다. 여기서 칸트는 "순수이성의 철학"을 한편으로는 비판적 예비학, 즉 『순수이성비판』으로, 그리고 다른 한편으로는 "순수이성의 체계"로 나누고, 다시 이 후자를 "자연의 형이상학"과 "도덕의 형이상학"으로 구분한다(KrV, A841/B869). 자연 형이상학에 해당하는 『자연학의 형이상학적 시원근거들』이 1786년에 출판되었음을 고려한다면 『순수이성비판』의 재판(1787) 이후 10년이 지나서야 완성된 도덕 형이상학이 칸트에게는 그만큼 우여곡절이 많은 영역이었음을 대조적으로 보여준다. 그럼에도 73세 노(老)철학자의 이 도덕 형이상학이 그의 실천철학의 만족스러운 완결판인지에 대해서는 논란의 여지가 있다. 특히 그의 자연법 이론의 구성 요소들과 관련하여 이성의 법정은 여전히 소란스럽다.

이 장에서는 『도덕 형이상학』에서 전개된 칸트의 자연법 이론이 어떠한 난점들을 지니는지를 중점적으로 살펴본다. 그의 자연법 이론은 크게 자연 상태와 시민사회 상태로 나누어 단계적으로 고찰할 수 있다. 그러나 이 두 단계를 구성하는 많은 철학소(哲學素)들이 여기서 모두 상론될 수는 없다. 이 장의 중심 물음은 칸트가 그럼에도 과연 일관된 자연 개념에 의거해 별 무리 없이 국가 이론의 기초를 제공했는가 하는 것이다. 우선 칸트가 구별한 자연 개념의 이의성(二義性)에서 시작하자.

1. 이의적(二義的) 자연 개념

우리에게 알려진 『도덕 형이상학』은 사실 칸트 자신에 의해서는 두 권의 책으로 분리되어 같은 해에 출판되었다.[1] 자연법 이론이 전개되는 것은 그 중 첫 권으로 나온 『법론의 형이상학적 시원근거들』(1797)이다. 그러나 자연 개념의 의미는 여기서 주목받지 않으며 오히려 독자에게 이미 익숙한 용어로 사용되고 있을 뿐이다. 이 법론에 따르면 "자연법"은 "제정되지 않은" 법으로서 "모든 인간의 이성에 의해 선차적으로(a priori) 인식 가능한 법"을 의미한다(MR, AB139-140). 이성의 "선차적 인식"은 『순수이성비판』에 의하면 경험에 앞서 "단적으로 모든 경험으로부터 독립하여" 이성에 의해 파악되는 인식을 의미한다(KrV, B2-3). 따라서 자연법은 자연 및 이 자연의 법에 대한 모든 경험이 철저히 배제된 채 오직 이성적으로만 인식되는 자연의 법이다. 물론 법 자체는 경험적으로 인식될 수 있는 그런 것이 아니다. 그렇다면 자연 자체는 어떠한가? 그것은 경험의 직접적 대상인가? 자연 사물들은 경험될 수 있지만 경험되는 자연 사물들의 **본성**(Natur)은 직접 경험되지 않는다. 여기서 자연 개념은 분화한다.[2]

칸트는 이미 『순수이성비판』을 보충하는 『프롤레고메나』(1783)에서 자연의 두 가지 의미에 대해 주목하고 있다. 이에 따르면 자연은 "질료적 의미"와 "형식적 의미"를 지닌다. 전자의 의미에서의 자연은 "직관에 따른" 자연으로서 "우리의 감성의 성질을 매개로 하여" 경험적 "감각 일반의 대상"이 되는 "현상들의 총괄"이다. 반면에 "형식적 의미의 자연은 모든 현상들이 그 아래에 놓여 있는 규칙들의 총괄"을 의미한다. 이러한 자연은 "단지 우리 오성의 성질을 매개로 해서만 가능하다". 이때 우리의 오성의 성질이란 "규칙들을 통해" 사유하는 "우리의 사유의 고유한 방식"과 "이 규칙들을 매개로 경험이" "가능하게 되는" 오성의 성질을 말한다(Prol, 77-78). 『순수이성비판』에 의하면 오성은 감성의 선차적 형식을 통해 수용된 현상들의 다양이 순수 오성 개념들을 통해 하나의 통일 아래 정립되는

---

1 Bernd Ludwig, *Einleitung* zu MR, pp. XXI~XXII; *Einleitung* zu MT, pp. XIII~XV.

2 사실 칸트 자신은 저서마다 다양한 자연 개념을 제시 또는 사용하고 있다. 그의 저서 전반에 나타나는 자연 개념의 변형과 발전에 대해서는 맹주만, 「칸트와 헤겔의 자연 개념」, 『칸트연구』 6, 187~207쪽 참조.

"규칙들의 능력"이다(KrV, A127). 판단력은 오성의 이 규칙들 중 하나로 다양한 어떤 것을 포섭하고(KrV, A132), 이를 통해 다양한 것으로 현상하는 자연 사물은 하나의 규칙 속에 있는 것으로 경험된다. 따라서 규칙은 자연 사물의 직관된 "어떤 다양이 그에 따라" "일양적인 방식으로" "정립될 수 있는 보편적 조건의 표상"으로서 오성이 지닌 능력이다. 그리고 그 다양이 반드시 그런 방식으로 "그렇게 정립되어야만 한다면" 그 다양이 놓여 있는 규칙은 "법칙"이 된다(KrV, A113). 간단히 말해 자연 사물의 규칙 내지 법칙은 오성이 선험적으로 지닌 능력으로서의 규칙 내지 법칙이라고 할 수 있다. 자연 사물은 경험 가능하지만, 자연 사물의 법칙은 경험되는 것이 아니라 자연 사물의 경험 가능성으로서 오성이 지닌 선험적 능력에 놓여 있는 것이다. 『프롤레고메나』는 그래서 "경험 일반의 가능성은 동시에 자연의 보편적 법칙이며 경험 일반의 원칙들은 자체가 자연의 법칙들"이라고 설명한다(Prol, 78).

자연의 이러한 의미 구분은 자연 개념의 어원적 이의성을 칸트 나름의 방식으로 반영하고 있다. 앞서 살펴보았듯이 자연이라는 말은 동사원형 그리스어 퓌에인(φυειν) 또는 라틴어 나스키(nasci)로부터 파생된 것(퓌지스 φυσις 또는 나투라natura)으로서 '출생' '발생' '생성' 등을 의미했다.[3] 생겨난 것은 단순한 현상으로서는 직접적으로 주어진 것, 그래서 무질서해 보이는 것이다. 그러나 생겨난 것은 언제나 그것의 본성에 따라서만 생겨나기에 그렇게 현상할 수 있다. 소에서 망아지가 태어날 수는 없기 때문이다. 제멋대로 뛰노는 망아지라 하더라도 그것의 말 본성(馬性)에 따라서만 뛰논다. 이러한 의미의 자연은 그 본성 또는 본질에 따라 생겨난 것을 뜻한다 하겠다. 전자의 의미에서 자연이 칸트에게서 질료적 의미의 자연에 상응한다면 후자의 의미에서 자연은 규칙이나 법칙, 본성, 본질 등의 형식

---

3 Friedrich Kluge, Zum Artikel *Natur* u. *Physis* in *Etymologisches Wörterbuch*, pp. 583, 630.

적 의미를 지닌다. 『자연학의 형이상학적 시원근거들』에서 칸트는 자연의 이 형식적 의미를 "사물의 현존에 속하는 모든 것의 내적인 최초 원리"라고 정의한다. 칸트는 여기서 "우리 감관의 대상일 수 있는 한에서의 모든 사물들의 총괄"을 뜻하는 질료적 의미의 자연에 주목하기보다 바로 전자의 자연 의미에 초점을 맞추고 있다(MN, AIII-IV). 칸트의 관심사가 질료적으로 현상하는 자연 경험에 있지 않고 이 경험 일반의 원칙들이자 자연의 법칙들에 있는 한, 형식적 의미의 자연 개념은 그의 『순수이성비판』이나 자연 형이상학에서뿐만 아니라 또한 도덕 형이상학에서도 기초 개념이 된다.

"이제 가장 보편적 의미의 자연은 법칙들 아래 있는 사물들의 실존이다." 이 자연 사물들에는 비정신적 순수 자연물뿐만 아니라 정신적 존재자인 인간도 속한다. 그런데 인간의 "감성적 본성"은 "경험적으로 제약된 법칙들 아래" 실존하는 것이다. 그러한 한 인간은 비정신적 순수 자연물과 마찬가지로 자신에 **외적인** 자연법칙에 따라 실존한다. 『실천이성비판』(1788)은 이성적 존재자인 인간의 이러한 "감성적 본성"을 그의 "이성에 대해 타율"이라 표현한다(KpV, A74). 타율은 자기활동의 원인을 자기 밖에 갖는 것이다. 순수 자연물에 적용해 말한다면 자기운동의 원인을 자기 밖에 갖는다는 것이다. 원인과 결과의 관계를 법칙이라 한다면 순수 자연물이나 감성적 인간 모두 외적 법칙에 따라 실존한다는 말이 된다. 이것은 언뜻 보면 자명해 보이지만, 자세히 보면 칸트가 구분한 자연 개념의 분리성을 엿보게 해준다. 그에게서 자연의 형식적 의미는 질료적 자연 사물에 내재적이지 **않다.** 생겨난 것은 언제나 그것의 본성 내지 법칙에 따라 생겨난 것일 테지만 정말로 그러한지는 정확히 말해 경험 가능하지 않다. 다시 말해 본성이나 법칙이 생겨난 것에 내재적인지는 인식될 수 없다. 칸트는 다만 본성이나 법칙이 순수 오성의 선험적 능력으로서 이성에 내재적이라고 연역해 놓았을 뿐이다. 이로부터 복잡한 두 가지 문제가 발생한다. 한편으로는 현상하는 자연 사물에 외적인 자연법칙이 과연 이성에 내재적인 법칙과 일치하는가의 문제이다. 간단히 말해 자연과 이성의 통일이 문제가 된다. 『실천이성비판』에서 칸트가 맞닥뜨린 이 문제가 바로 『판단력비판』(1793)의 주제가 된다. 이 문제는 자연법칙으로서 "자연의 근저에 놓여 있는 초감성적인 것"과 이성의 "자유 개념이 실천적으로 포함하는 것과의 통일의 근거"로 요약될 수 있다(KU, AXX). 지면상 여기서 상론할 수 없는 이 근거의 해명은 다른 한편으로 인간의 자유로운 행위 가능성을 기초짓는 것이기도 하다.

인간은 감성적 본성뿐만 아니라 바로 이성적 본성 또한 지니고 있다. 물론 인간은 감성적으로든 이성적으로든 간에 자유롭게 의지할 수 있다. 그러나 칸트에 따르면 감성적인 것을 의지하는 것은 이 감성적인 것을 지배하는 외적 법칙의 지배 아래 놓이는 것이다. 왜냐하면 감성적인 것은 그의 의지 밖에 있는 외적 원인이기 때문이다. 반면에 진정 자유로운 의지는 자신의 원인을 자기 안에 지닌다. 자유의지는 자신을 원인으로 하여 행위하려는 의지이다. 의지 자신이 원인이라면 이 원인으로 인해 착수된 감성적 행위는 결과라 할 수 있다. 따라서 의지와 그 행위 간에는 원인과 결과의 법칙성이 성립한다. 그리고 이러한 법칙은 의지하는 인간의 이성에 의해 정초될 수 있다. 오성은 "감성적 표상들을 규칙들 아래로 가져감"으로써 "하나의 의식 속에 합일시키는 데에" 소용되는 개념들만 산출하지만, 이성은 오성의 이 모든 개념들을 넘어서 "이념의 이름 아래에" 순수하게 자발적으로 오성 개념들을 사용하여 "오직 이성" 자신 "안에만 근거지어져 있는 법칙들"을 형성할 수 있다(GMS, AB108). 그래서 이성적 "의지는 모든 행위에서 자기 자신에게 법칙이다". 『도덕 형이상학의 기초』(1785)는 이성이 자신을 보편적인 것으로 의지하여 정초한 이 법칙을 바로 "도덕법칙"으로 설명한다. 도덕법칙은 자신을 보편적인 것으로 의지하는 이성의 자율적인 법칙이다. 칸트에 따르면 이러한 법칙만 의지의 참다운 자유를 보장한다. 『도덕 형이상학의 기초』의 근본문제들 중 하나는 어떻게 감성적 인간이 자발적으로 이러한 도덕법칙을 의지할 수 있는가 하는 것이다. 이것은 『순수이성비판』이 내세에서의 "약속이나 위협"으로 잘 못 설명한 것을 바로잡으려는 시도라 할 수 있다(KrV, B857f). 이른바 도 덕법칙의 감성적 동기화 문제라 할 수 있을 이 난제는 『실천이성비판』에 서 간단히 "인간 이성에는 풀릴 수 **없는** 문제"로 결말지어지고 만다(KpV, A128).[4]

지금까지의 설명에서 칸트의 자연법 개념이 다음처럼 요약될 수 있다. 칸트에게 중요한 자연은 본성이나 법칙 등의 형식적 의미에서의 자연이며, 자연에 속하는 인간 또한 감성적 본성으로서의 인간이 아니라 **이성적** 본 성으로서의 인간이어야 한다는 것이다. 그런데 인간에게 "이성적 본성은 목적 그 자체로서 실존한다"(GMS, AB66). 다시 말해 인간은 자신의 이성 본성이 지니는 법칙을 바로 자신의 이성을 통해 인식할 수 있고 자신의 목적으로 의지할 수 있다. 이에 따라 형식적 의미의 자연은 이성적 존재 자로서의 인간에게는 자신의 이성 본성의 법칙에 따라 스스로 입법한 목 적론적 자연이 될 수 있다. 그리고 인간의 이성 본성의 법칙이 바로 자연 법이다. 물론 자연**법**(Naturrecht)은 자연**법칙**(Naturgesetz)을 의미하지 않 는다. 그러나 자연법은 적어도 자연 사물의 법칙처럼 인간의 이성적 본성 (Natur)에 대해 선차적으로 인식 가능한 법을 의미한다. 『법론의 형이상 학적 시원근거들』에 따르면 인간의 이성적 본성은 또한 모든 인간의 이성 에 의해 인식 가능한 것이기도 하다. 자신의 이성적 본성에 대한 이성적 인간의 선차적 자기인식이 바로 칸트의 자연법이다.[5] 이 자연법이 올바로

---

4 오늘날까지도 논란거리가 되고 있는 감성적 인간 내 도덕법칙의 추동력 문제에 대해 래리 헤레라는 흥미로운 대안을 제시하고 있다. 그에 따르면 '지성주의적 추동력'이 아니라 '정감적 추동력'(affective Triebfeder)만이 도덕적 동기화의 힘을 지니며 이 러한 '선(先)개념적인' '도덕적 감수성'은 '발전되고 강화되어야 한다'. 이쯤 되면 아 리스토텔레스의 헥시스(ἕξις)나 헤겔의 성품(Gesinnung) 개념을 살릴 수 있을 것 이다. Larry Herrera, *Kant on the Moral Triebfeder* in *Kant-Studien* 91/4, pp. 395~410.
5 이렇게 '방법적 합리주의' 차원에서 칸트의 형식주의가 비워놓은 '법의 경험적 공백'

이해된다면 이에 따라 시민사회와 국가의 기초가 마련될 수 있다는 것이 바로 법론에서의 칸트의 기본 생각이다.

2. 자연 상태 내의 자연법: 사법(私法)

인간의 이성적 본성의 선차적 자기인식으로서의 자연법은 한마디로 '이성으로부터만 순수 선차적으로 기획되는' '이성법'(Vernunftrecht)이라 할 수 있다.[6] 물론 칸트가 이 용어를 사용한 적은 없지만[7] 자연법이 "순전한 선차적 원리들에 의거하는"(MR, AB44) 법으로서 인격들 간의 "소통적 정의"(iustitia commutativa)"뿐만 아니라 "분배적 정의"(iustitia distributiva)까지 포함한다는 점에서 그렇다. 이러한 정의는 이성의 "선차적 법칙들에 따라 인식"되어야 한다(MR, AB139-140). 그리고 무엇보다 칸트에게 "법(Recht)은 자유의 보편적 법칙에 따라" 모두의 "자의가 함께 합일될 수 있는 조건들의 총괄"이라는 점에서도 그렇다(MR, AB33).[8] 칸트에 따르면 인

을 '윤리적 합리주의' 차원에서 칸트가 역설한 인간 '자유의 근본성과 법의 독자성'을 통해 채우려는 시도가 바로 역사법학의 출발점이었다고 보는 논의도 있다. 임미원, 「칸트와 역사법학」, 『법사학연구』 제38호, 60~68쪽; 「칸트 법철학의 실천적 의의」, 『칸트연구』 제14집, 265~71쪽 참조. 이미 헤겔은 칸트의 형식주의 자연법 이론에서 '은밀한 실증주의' 요소를 간파한 바 있다. 김준수, 「헤겔 「자연법」 논문에서 근대 자연법론에 대한 비판」, 『사회와 철학』 제2호, 291쪽.

6 Walter Jaeschke, *Zur Begründung der Menschenrechte in der frühen Neuzeit* in *Menschenrechte: Rechte und Pflichten in Ost und West*, pp. 207~08; 김석수, 「칸트 법철학의 형성 과정에 대한 반성적 고찰」, 『칸트연구』 5/1, 363, 376~77쪽.

7 칸트보다 1년 먼저 『자연법의 토대』(1796)를 발표한 피히테는 훗날 칸트와 유사하게 사용된 자신의 자연법이라는 표현을 스스로 교정한다. 올바로 이해된 자연법에 따라 건립된 "국가는 자체가 인간의 자연 상황(Naturstand)이 된다. 그리고 국가의 법률들은 실현된 자연법 외에 다른 어떤 것도 아니어야 한다"(GN, 1477). 반면에 1812년 그의 『법론의 체계』에서는 "자연법, 다시 말해 이성법, 그리고 그것은 그렇게 불렸어야 했다"(SR, 498)라고 한다.

간의 이성적 본성은 자유이다. 선차적으로 인식된 인간의 이성적 본성 (Natur)의 법(Recht)이 자연법이며, 이 법은 자유의 보편적 법칙을 선차적 내용으로 지닌다.

자연법이라는 표현에서 순전히 이성적 본성이라는 형식적 의미에서만 사용되는 자연 개념은 또한 칸트의 자연 상태 개념에서도 드러난다. 칸트 에게 자연 상태는 예전의 자연법 이론가들에게서처럼 사회 상태에 대립 된 것이 아니다. 자연 상태에는 오히려 "시민사회 상태가 대립되어" 있는 데, 왜냐하면 자연 상태에서도 "사회는 있을 수 있지만 그러나 시민사회 는 있을 수 없기 때문이다". 칸트는 시민사회를 "공적 법률들에 의해 나 의 것과 너의 것이 보장되는" 사회로 보고 이것이 마련되지 않은 자연 상 태에서의 법을 "사법"(私法, Privatrecht)으로 고찰한다. 결국 칸트의 자연 법(Naturrecht)은 자연 상태 내 사법으로서의 자연적인 법(das natürliche Recht)과 시민사회 상태 내 "공법"(公法, das öffentliche Recht)으로서의 시 민적인 법(das bürgerliche Recht)으로 나누어지는 셈이다(MR, AB52).[9] 이 러한 구분에 따라 『법론의 형이상학적 시원근거들』은 사법과 공법의 형이 상학적 시원근거로서의 자연법을 단계적으로 서술한다.

칸트가 규정한 자연 상태는 크게 두 가지 특징을 지닌다. **먼저 자연** 상 태는 이미 언급했듯이 공법이 아직 제정되어 있지 않은 **사회** 상태이다. 이 것은 자연 상태가 자연의 형식적 의미에서 인간의 **본성적** 상태를 의미하 기 때문에 도출되는 규정이다. 인간의 이성적 본성은 자신의 행위를 책 임질 수 있는 주체로서의 인간을 특징짓는다. 이렇게 자신의 행위에 대 해 귀책(歸責)능력이 있는 주체는, 칸트에 따르면 바로 "인격"(Person)이다

---

8   또한 1793년 『속언』(俗言)에 따르면 "법은 모두의 자유의 조화 조건이 보편적 법칙 에 따라 가능한 한에서 이 조건으로의 각자의 자유의 제한이다"(Gs, A234).
9   따라서 칸트에게서는 상위 개념으로서의 자연법(das Naturrecht)과 이에 부속하는 사법으로서의 자연**적인** 법(das natürliche Recht)이 용어상 구분되어야 한다.

(MR, AB22). 자유로운 인격은 이성적으로 행위를 의지하고 자신의 행위에 책임을 진다. 인격의 행위는 외적인 것으로서 사물에 영향을 끼칠 수도 있지만 하나의 사실로서 다른 인격에 영향을 끼칠 수도 있다. 이렇게 인격의 행위는 "사실들(Facta)로서 서로에게 영향을 끼칠 수 있기에" 인격은 다른 인격과의 "실천적 연관" 속에 있게 된다. 자신의 행위에 대한 인격의 책임이 문제시되는 것은 바로 인격 상호간의 이 실천적 연관이다. 인격 **상호간**의 실천적 연관은 사회적 연관을 의미한다. 사회 속에서 자유로운 인격의 의지와 그 행위는 다른 인격의 의지 및 행위와 공존할 수 있어야 한다. 이때 공존은 자유로운 인격이 지닌 개별적 의지의 보편화와 이에 따른 행위를 통해서만 성취될 수 있다. 이 "자유의 보편적 법칙에 따른" 공존의 "조건들의 총괄"이 칸트에 따르면 바로 "법"이다. 이러한 "법의 개념"은 법의 "도덕적 개념"이라 할 수 있다(MR, AB32-33). 이러한 의미에서의 법은 "자유의 법칙들 아래에 있는 의지의 순수 실천적 이성 개념"이며(MR, AB62), 이 개념은 칸트의 도덕 개념과 다른 것이 아니기 때문이다. 법과 도덕의 차이점은 법이 자유의 법칙에 대한 외적 행위의 "합법칙성"(Gesetzmäßigkeit)에만 주목하는 반면에 도덕은 "행위의 규정근거"로서의 자유의 법칙을 문제시한다는 것에 있다. 합법칙성 내지 "적법성"(Legalität)에서는 "외적으로 사용된 자유"와 이에 따른 외적 행위의 자유법칙과의 일치조건만 문제시되며 이것이 칸트의 법론의 주제이다. 반면에 의지의 자유가 "외적으로나 내적으로 사용"될 때에 자신의 행위에 대한 의지의 자발적 규정조건을 다루는 것이 바로 같은 해 분리되어 출판된 『덕론의 형이상학적 시원근거들』(1797)의 주제라 할 수 있다(MR, AB6-7).

칸트의 자연 상태는 법이 아직 공적으로 제정되어 있지 않다는 점에서만 시민사회 상태와 구별되며 본질적으로는 이 두 상태들 모두 사회 상태이다. 자연 상태가 뜻하는 공법 없는 사회 상태는 사법만이 타당한 사회 상태이다. 사회는 인격들의 상호 연관을 의미하기에 자연 상태에서는 일차적으로 인격들 간의 외적 소통관계가 중요시된다. 다시 말해 자연법이 함축하는 앞서 언급한 두 정의들 중 "상호 소통 속에 있는(in ihrem wechselseitigen Verkehr) 인격들 간의" "정의"(Gerechtigkeit)가 자연 상태 내 자연법의 일차적 의미가 된다(MR, A140). 자연 상태의 이 **두 번째** 특징은 칸트의 법론에서 두 가지 난점을 초래한다. 자연법이 **무엇보다** 인격들 간의 **외적 관계** 개념으로 이해됨으로써 칸트의 법 개념은 근본적으로 다른 인격의 자유를 침해하지 못하도록 **강제**하는 권한과 연결된다. 법은 사회 속에서 외적 행위들을 통해 영향을 주고받는 인격들이 서로의 자유를 침해하지 않도록 강제하는 권한이다. 법은 모두의 자유의 실현조건이기에 "동시에" 이 "법을 침해한 자를 강제할 권한"이기도 하다(MR, AB35). 모두의 자유의 상호 실현조건은 모두의 자유 침해의 상호 강제조건이다. "법과 강제의 권한은 그래서 한 종류(einerlei)"이다(MR, AB37). 자유의 실현조건은 자유에 반하는 조건, 즉 강제이다. 칸트는 법과 강제의 이러한 결합 명제를 법에 불가피한 "모순 명제"라고 본다. 자유의 어떤 개별적 사용이 "보편적 법칙에 따른 자유에 장애"가 된다면 이러한 사용에 대립하는 "강제는 그 자유의 장애의 저지로서 보편적 법칙에 따른 자유와 합치한다"는 것이다(MR, AB35). 그러나 이러한 강제 개념은 법이 오직 자유로운 인격들의 외적 **상호** 관계로 이해될 때에만 도출 가능하다. 외적 상호 관계 속에서 법 내지 강제로서의 자유의 보편적 실현조건은 각자의 자유의 개별적 실현조건과 개념적으로 분리되어 있으며 칸트에게서 분리된 채로만 머무른다.

이성적 능력을 지닌 자유로운 인격은 개념상 다른 인격과 관계하는 것뿐만 아니라 자기 자신과도 관계할 수 있다. 자유로운 인격의 자기관계는 자신의 의지와 자신의 행위 간의 관계일 수도 있고, 자신의 행위와 이 행위의 대상 간의 관계로 전개될 수도 있다. 어떻든 간에 자유로운 인격의 자기관계는 그의 외적 현존의 조건이기도 하다. 자유로운 자기관계 속의 인격의 활동성이 없다면 인격은 자유롭게 현존하는 것이 아니다. 이 자기

관계 내 자유로운 인격의 현존 자체가 법의 일차적 개념으로 규정된다면 굳이 **처음부터** 법 개념에 강제 개념을 끌어들일 필요가 없을 것이다. 물론 인격의 자기관계는 자신의 개별 의지를 보편화하는 이성적 자기관계가 될 것이다. 이러한 이성적 자기관계는 칸트의 표현에 따른다면 자신의 개별 의지를 보편적인 것이 되도록 스스로 강제하는 "자기강제"라 할 수 있다. 그러나 칸트는 이러한 자기강제를 덕론에서만 다루고(MT, A3), 법론에서는 외적 상호 관계 내 인격들에게 외적으로만 부과되는 또는 그들의 행위를 외적으로만 조건짓는 강제로서 법을 규정하고 있다. 칸트의 "법 개념은 그 때문에 언제나 단지 실천법칙을 통한 행위의 직접적 규정을 배제하는 **하나의** 관점일 뿐이다".[10] 그렇기에 **또한** 자연 상태 내 자연법은 아무리 사법으로 규정된다고 할지라도 사법의 온전한 의미를 잘 드러내지 **못한다.** 자연 상태가 무엇보다 사회 상태인 것과 마찬가지로 사법 또한 칸트에게는 인격들의 외적 관계 개념으로만 고찰된다. 사법(私法)은 자유로운 인격의 사적(私的) 관계의 법이다. 자유로운 인격은 다른 인격뿐만 아니라 자기 자신과도 사적으로 관계할 수 있다. 이를테면 자신의 현존을 위해 외적인 사물을 자신의 것으로 가지는 행위에서처럼 말이다. 나는 먹고 살기 위해 무엇보다 먼저 외적인 사물을 내 것으로 가지고 소모해야 한다. 내가 나의 생존을 위해 외적 사물과 맺는 관계 속에 다른 인격이 개입하게 될 때 나의 이 외적 사물을 가짐은 비로소 인격들 간의 관계가 된다. 그러나 칸트는 전자의 의미에서 소유 개념을 도외시하고 소유(Besitz)를 오직 후자의 측면에서 사물의 **배타적** "사용 가능성 일반의 주관적 조건"으로서만 정의한다. 이에 따르면 나는 단지 사용 가능성의 관점에서 나의 소유물과 결합되어 있을 뿐이다. 즉 만약 타인이 나의 소유물을 "나의 허가 없이 사용할" 경우 그의 "사용은 나를 침해하는" 것이다. "법적

---

10 Dietmar Von der Pfordten, *Kants Rechtsbegriff* in *Kant-Studien* 98/4, p. 437.

으로 나의 것"(das Rechtlich-Meine)은 이것의 사용이 배타적으로 나에게만 속하는 대상이다. 그런데 타인은 나의 것이지만 내가 지금 물리적으로 소유하고 있지 않은 사물을 사용함으로써 나에게 피해를 입힐 수도 있다. 내가 나의 모든 소유물을 시야에 두고 살 수 없는 한 이것은 가능하다. 이렇게 되면 나의 소유물이란 그 사용 가능성이 나에게만 속하기에 타인이 이것을 사용함으로써 내가 피해를 입어서는 안 되는 것인 동시에 내가 물리적으로 지배하고 있지 않는 사이에 타인이 사용함으로써 내가 피해를 입을 수도 있는 그런 것이 된다. 칸트에 따르면 "그래서 외적인 어떤 것을 자신의 것으로 가진다는 것은 그 자체로 모순된다".

칸트가 말하는 소유의 모순은 외적 대상의 사용 가능성의 소유와 물리적 소유 간의 모순이라 할 수 있다. 이러한 모순은 물론 소유 자체에 외적이다. 이 모순은 소유물의 물적 특성이나 소유 행위의 배타적 특성에서 비롯되는 것이 아니기 때문이다.[11] 여하튼 내가 물리적으로 소유하고 있지 않다고 해서 나의 소유물이 타인의 사용을 통해 나에게 피해를 줄 수 있는 것이어서는 안 된다. 이러한 소유의 모순을 피하기 위해 칸트는 소유를 "감성적" "물리적" "경험적" 소유와 "순수 법적"(bloßrechtlicher), "예지적"(intelligibler), "이성소유"(Vernunftbesitz)로 구별하고 이 후자의 측면에서 실제적 "점유 없는 소유"(Besitz ohne Inhabung)를 나의 소유물의 배타적 사용 가능성을 담지하는 것으로 고찰한다. 따라서 소유란 물리적 소유 행위를 전제할 필요 없이 내가 사용 가능한 모든 대상이 된다. 자유로운 이성의 예지적 이념에 따라 말한다면 나는 내가 사용할 수 있는 모든

---

11 반면에 헤겔에서 소유의 모순은 소유물과 소유 행위에 내적이다. 즉 한편으로 소유물은 사물의 보편적 외적 본성과 이런 사물의 개별 소유자로의 귀속 간의 모순이며, 다른 한편으로 소유 행위는 물건 속에 자유의지의 대자적 자기 정립과 이 개별 물건으로의 자유의지의 제한 간의 모순이다. 남기호, 「헤겔 법철학에서의 범죄와 형벌의 근거」, 『헤겔연구』 25, 88~89쪽; JSI, 309쪽; JSIII, 216쪽; GPR, §71 참조.

외적 대상을 나의 것으로 가질 수 있다. 나의 외부의 모든 외적 대상은 내가 사용할 수 있기에 객관적으로 가능한 나의 소유물이다. 이렇게 사용 가능성의 측면에서 본다면 모든 외적 대상은 나의 "예지적 소유물"이다. 사용하려는 "나의 의지의 모든 외적 대상을 나의 것으로 가지는 것은 가능하다". 따라서 "나의 의지의 대상이 그 자체로(an sich)""주인 없는 것이 된다"는 것은 "법에 반하는 것이다(rechtswidrig)"(MR, AB55-57). 소유의 자연법이 사용 가능한 모든 외적 대상에 대한 권리(Recht)를 의미하는 한 그렇다. 그런데 모든 외적 대상은 나뿐만 아니라 타인도 나와 마찬가지로 그것의 사용을 의지할 수 있으며, 따라서 객관적으로 가능한 타인의 소유물이기도 하다. 이로부터 내가 사용하려는 대상이 객관적으로 가능한 나의 것인지 아니면 너의 것인지 하는 문제가 발생한다. 전자인 경우에는 별문제 없겠지만, 만약 후자라면 나의 그 대상 사용은 나의 불법이 될 것이다. 자연 상태 내 자연법은 그래서 사법의 가능한 대상과 이 대상의 법적 사용이 인격들 간의 소통관계에서 어떻게 결정되고 어떻게 배분되어야 하는가를 다룬다. 다시 말해 실천이성에 의해 인격들 상호간 보편적으로 허용되는 사법이 자연 상태 내 자연법의 주제이다.

소유(所有)란 가지고 있음 또는 가지고 있는 것이다. 외적 대상의 감성적·직접적 소유가 무한정 가능할 수 없다고 해서 이 계기가 인격의 법적 소유에 상관적일 수 없는 것은 아니다. 무엇보다 인격은 감성적 소유의 계기를 통해서만 객관적으로 현존한다. 인격의 객관적 존립을 조건짓는 한, 감성적 소유는 그 자체가 인격의 법적 **계기**로서 고찰되어야 한다. 이것은 비단 생존의 수단에만 해당되는 것이 아니다. 다른 그 무엇보다 바로 인격의 육체가 인격의 객관적 현존의 계기이다. 그러한 한에서 육체는 법적 능력을 지닌 인격과 하나이며, 그 자체가 결코 침해될 수 없는 인격으로 취급되어야 한다. 인격과 한 몸으로서의 이 감성적 소유의 도외시로 인해 칸트의 소유 개념은 **주관적** 인격 **외부**에 있는 사용 가능한 모든 대상으로 확장된다. 이러한 소유 대상에는 그래서 "내 외부의 물건"뿐만 아니라 "이행"을 약속한 "타인의 의지"와 나의 법적 인격에 의존적 관계 속에 있는 나의 "아내, 자식, 하인"까지도 포함된다(MR, AB59-61). 나의 주관적 인격 밖에 있는 이 대상들은 제한적이든 무제한적이든 간에 모두 내가 사물적인 방식으로 사용할 수 있는 것들이다. 특히 둘째와 셋째 종류의 소유 대상에서 오직 예지계의 구성원만 목적 자체로 취급하는[12] 칸트 실천철학의 심각한 **난점**이 드러난다. 인격의 기본권이라 할 수 있는 생존권이 나중에 공법 부분에서 취약하게 근거지어지는 요인도 여기에 있다. 인격의 실재적 존립의 필수 요소라고 해도 감성적 소유 대상은 칸트에 따르면 모두의 예지적 소유 대상으로서 아직 공법을 통해 소유권이 확정된 것이 아니기에 인격에 기본적으로 속하는 것이 아니다. 즉 생존권은 소유권이 확정된 국법 차원에서만 보장된다. 빈민이나 고아의 보호제도는 주로 국가 공동체의 존속을 위해 생존능력이 없는 "구성원들을 유지할" 필요에 의해서 근거지어진다(MR, A186-188/B216-218).

물론 칸트에게서도 소유의 일차적 행위는 점유(Besitznahme, apprehensio)이다. 자연 상태 내 "자연법의 원칙"은 "최초의 점유"가 "취득(Erwerbung)의 법적 근거"라는 것이다. 이 최초의 물리적 점유는 순수 법적·예지적 소유가 수반되지 않으면 앞서 보았듯이 내가 직접 지배하고 있지 않을 때 언제나 타인의 침해를 받을 수 있다. 그러나 예지적인 비물리적 소유는 "결코 그 자체로 증명될 수 있는 것이 아니라" "이성의 사실(Faktum)로서의" "이성의 실천법칙들로부터" "사유될 수 있을 뿐이다". 이성의 사실은

---

12 "목적들의 왕국의 구성원"인 모든 이성적 존재자는 "자기 자신과 다른 모든 [이성적] 존재자들을 결코 단순히 수단으로서가 아니라 언제나 동시에 목적 그 자체로서 다루어야 한다"(GMS, BA74-75). 그러나 법론에서의 인격에 대한 이러한 사물적 관점은 인격들 간의 관계를 인격들의 사물화된 구성 부분들의 관계로 환원하게 된다. 예를 들어 칸트에게 "혼인"은 서로의 성(性) 기관 및 속성들의 "상호적 사용"을 위해 "법률에 따라" 체결한 계약이며, 계약을 통해 "하인"이 된 자는 주인의 질료적 재산이 아니지만 형식상 주인의 "물권" 대상이기에 "도망갈" 수 없다(MR, AB106-108, 116-117).

경험적 소유의 이론적 원리들이 의거하는 "자유의 개념"을 말한다. 모든 이성적 인격은 자신의 의지의 모든 외적 대상을 자유롭게 자신의 것으로 가질 수 있다. 이때 "가짐"(Haben)은 외적 대상의 경험적 소유를 의미하는 것이 아니라 "모든 시·공간적 조건들로부터 추상하는 개념"이다. 이 개념이 사유될 수 있기 위해서는 **순전히** 이성 내에" **본성**적으로 "있는" **자연**법적 "법 개념"(Rechtsbegriff)이 경험적인 외적 대상에 직접 적용되는 것이 아니라 "소유물 일반의 순수 오성 개념에 적용되어야" 한다. 즉 소유물이 경험적 개념이 아니라 순수 오성 개념으로서 "법 개념 아래 포섭될 수 있을" 때에 가짐의 순수 법적·예지적 소유는 가능해진다. 간단히 말해 예지적 소유는 이런저런 경험 대상이 아니라 "단지 나와 구별될 뿐인" 어떤 소유 대상에 법 개념이 적용될 수 있을 때 가능하다는 것이다. 그런데 칸트의 이러한 설명은 일종의 순환론인 것처럼 보인다. 나의 의지의 외적 대상을 경험적으로가 아니라 순수 오성적으로 사유하는 것이 가능하다 해도 이러한 대상에 적용되는 법 개념이 어디서 비롯되는 것인가가 불분명하다. 이 법 개념은 무엇보다 사용 가능한 모든 외적 대상을 자기 것으로 가질 수 있다는 점에서 사법으로서의 **자연적인** 법 개념일 것이다. 그렇다면 오성 개념으로서의 소유 대상에 법 개념을 적용한다는 것은 자연적인 법 대상에 자연법 개념을 적용한다는 말과 같다. 그렇지 **않다면** 법 개념은 사법으로서의 자연적인 법 의미 이외에 또한 인격들 **간의** 법적 타당성이라는 의미를 지녀야 한다. 그래야만 순전히 자연법적으로, 따라서 임의적으로 소유되는 대상에 법적으로 타당한 법 개념이 적용됨으로써 예지적 소유가 가능해진다고 할 수 있다. 칸트는 "**보편**타당한 입법으로서의" 예지적 소유의 "타당성 근거"가 "오성 개념들에 따라 소유를" 사유하는 것에 있다고 함으로써 사실상 이 후자의 법 개념에 의미를 부가하고 있다(MR, AB66-69). 그런 다음 "예지적 소유의 가능성"은 예지적 소유가 가능해야 한다는 "실천이성의 요청으로부터 추론되어야 한다"라고 말할 뿐이다. 물론 칸트는 이것의 증명을 "추후에" "분석적인 방식으로" 수행할 것을 약속하고 있기는 하다(MR, AB72).[13] 그러나 이 분석적 증명은 어느 편집자의 주석대로 공법을 요청하는 것 외에 달리 수행되고 있지 않다.[14]

결국 칸트에게는 그 자체만으로는 모순인 감성적 소유의 가능성 근거가 예지적 소유에 있는 셈이며, 이 예지적 소유의 가능성은 보편타당한 법적 소유에 있는 셈이다. 다시 말해 사법의 최종 근거는 공법에 있게 된다. 사법의 자연 상태에서는 **순전히**(bloß) 법적으로 타당한 예지적 소유가 사유될 수 있을 뿐이며, 법적으로 **보편**타당한 예지적 소유는 공법의 시민 사회 상태에서만 궁극적으로 마련될 수 있다. 칸트는 그래서 전자의 예지적 소유를 "임시적인 법적 소유"(provisorisch-rechtlicher Besitz)라고 부르면서 후자인 "확정적 소유"(peremtorischer Besitz)와 구분한다(MR, AB74-75). 예지적으로 소유의 대상이 될 수 있는 것은 주지하다시피 사용 가능한 모든 외적 대상이다. 이러한 대상은 지구상의 전체 토지와 그 위의 모든 사물들 및 타인의 의지까지 아우른다. 근원적으로는 모두의 "공통 소유물"(MR, AB83-84)인 토지가 어떻게 특정 인격의 확정적 소유물로 분배될 수 있는가, 그리고 이 확정적 소유물에 대한 계약을 통해 또는 용역계약을 통해 어떻게 한 인격이 다른 인격의 의지마저 정당하게 소유할 수 있는가 하는 것은 자연법의 소통적 정의뿐만 아니라 궁극적으로는 분배적 정의에 달린 문제이다. 이러한 정의를 실현하는 "분배법칙"은 모든 인격들의 "근원적이고 선차적으로 합일된 의지"로부터만 출현할 수 있다. 칸트에 따르면 이렇게 합일된 의지의 상태가 바로 "시민적 상태"이다(MR, AB91).

---

13 이충진은 이러한 난점을 근원적 취득 행위의 세 계기들, 즉 점유와 '권리표명', '권리확보' 가운데 권리확보의 '보편타당성'과 권리표명의 '특수성' 간의 '상호충돌'로 설명한다. 이충진, 『이성과 권리』, 철학과현실사, 2000, 118~27쪽.

14 Bernd Ludwig, *Anmerkungen* zu *Metaphysische Anfangsgründe der Rechtslehre*, p. 210.

3. 시민사회 내의 자연법: 공법(公法)

따라서 자연 상태 내 사법으로서의 자연적인 법은 시민사회 상태 내 공법으로서의 시민적인 법에서 궁극적으로 기초지어진다. 자연적인 법이 시민적인 법에, 사법이 공법에 의거하는 것이다. 이것은 언뜻 보기에는 근대의 전통적 자연법 이론에서의 근거 관계와 반대인 것처럼 보인다. 근대 자연법은 시민법 내지 국법의 근거로서 주장되어 왔기 때문이다. 그러나 칸트가 말하는 공법으로서의 시민적인 법은 사법으로서의 자연적인 법에 전혀 새로운 내용을 보태는 것이 아니며, 자연법 다음의 실정법 단계를 의미하는 것도 아니다. 앞서 보았듯이 칸트는 자연법을 상위의 법 개념으로 설정하고 이것을 다시 사법으로서의 자연적인 법과 공법으로서의 시민적인 법으로 구분했다. 따라서 공법으로서의 시민적인 법이 칸트에게는 여전히 상위 자연법 개념의 부분 개념으로 설정되고 있다. "공법" 또는 "국법"이라는 제목 아래 논의되는 법론의 두 번째 부분은 사실상 공적인 법률 제정의 필연성과 실정적으로 제정되어야 할 법률의 종류들을 여전히 자연법 이론적으로 전개하고 있다. 그렇다면 문제는 사법과 공법의 내용적 유사성에도 불구하고 자연 상태로부터 시민 상태로 이행해야 하는 필연성은 어디에 있는가 하는 점이다. 이 문제의 해결에 공적 권력을 통해 제정된 법으로서의 국법과 법의 공적 권력으로서의 국가의 기초가 달려 있다.

칸트에 따르면 자연 상태에서나 시민사회 상태에서 "사법의 질료는" "동일한 것"이며, 공법이라고 해서 자연 상태에서 "사유될 수 있는 것보다 더 많거나 다른 의무들을 포함하는 것이 아니다". 그럼에도 불구하고 양자 간의 차이는 있다. 자연 상태는 무엇보다 그 **자체가** 법적인 상태는 아니다. 자연 상태에서는 오직 인격들 간의 소통적 사법 관계만 타당하며, 그러나 아직 각자의 사법적 권리가 정당하게 분배되어 있지는 않다. 이렇게 "어떠한 분배적 정의도 없는" "비법적(非法的) 상태"가 바로 "자연 상태"(status naturalis)이다. 물론 자연 상태가 혼인이나 부모와 자식, 주인과 하인 등의 인격들 간 사법의 상태인 한 여기서도 "합법적인(rechtsmäßige) **사회들**이 있을 수는 있다". 다만 이러한 사회들에는 꼭 자연 상태에 들어 서야만 이러한 사회들이 가능하다는 식의 "선차적 법칙이 타당하지 않을" 뿐이다. 다시 말해 법적인 상태와 관련해서는 법적 관계 내 모두의 공존을 위해 반드시 이러한 법적 상태에 들어서야 한다는 선차적 법칙이 유효하지만, 자연 상태에는 사법에 대해 이와 유사한 필연성 근거가 없다는 것이다. 따라서 자연 상태는 사법에 **외적인** 상태이다. 자연 상태는 인격들의 소통적 관계 내 사법의 상태이며 **비법적인 사회** 상태이다. 이 자연 상태에는 "분배적 정의 아래 있는 사회의 시민 상태(status civilis)가 대립되어 있다". 시민사회 상태에는 기본적인 분배 정의뿐만 아니라 소유물의 안정을 보장하는 "보호의 정의"와 소유물의 "상호 취득의 정의"를 포함해 모든 "공적 정의"가 궁극적으로 실현되어 있다. 법적 시민사회 상태는 이렇게 "각자가 자신의 권리에 참여할 수 있는" 조건들이 갖추어진 상태이다. 이 조건들은 "공존(Beisammensein)의 법적 형식", 즉 "헌법"(Verfassung)만이 충족시킬 수 있다는 것이 칸트의 생각이다(MR, AB154-156).

따라서 공존의 법적 형식을 갖춘 공법의 상태로 이행해야 한다. 칸트는 이 이행의 필연성을 "공법의 요청"으로 부르고 있다. 공법의 요청은 "자연 상태 내 사법으로부터 비롯된다". 즉 불가피하게 타인들과 병존해 살지 않을 수 없는 사정이라면 이 상태를 벗어나 "분배적 정의의" "법적 상태로 이행해 가야 한다". 왜냐하면 법이 단지 사적으로 인격 자신에만 속할 뿐 이 사법이 인격들 간 서로에게 타당하지 않은 외적인 것으로만 머무르는 상태에서는 "아무도 타인의 소유물을 침범하지 말아야 하는 책임을 지고 있지 않기" 때문이다(MR, A157). 결국에는 소유의 안정 보장이 공법 요청의 핵심 근거가 된다. 물론 자연 상태 속에 남는다고 해서 이 상태가 곧바로 "부정의의 상태"가 되는 것은 아니다. 그러나 법적 분쟁이 발생할 때 이것을 법적으로 판결하고 분쟁 사안을 정의롭게 배분할 수 있는 재판관이 없으므로 이러한 "무법(Rechtlosigkeit)의 상태"에서는 소유가 안정적으로 보장될 수 없다. 안정적으로 보장될 수 없는 소유는 "단지 임시적 소유"일 뿐이다. '임시적 소유는 부정되어야' 하므로 이행은 필연적이다.[15] 따라서 각자는 "강제력을 동원해서라도"(mit Gewalt) 서로에게 법적 상태로 이행할 것을 종용해야 한다(MR, A163-164). 이 상태에서만 각자의 소유물은 확정적일 수 있다.

칸트의 논증력을 강화하기 위해 공법 요청의 몇 가지 근거들이 더 거론될 수 있을 것이다. 가장 중요한 근거로는 앞서 논의한 예지적 소유의 법적 보편타당성이 오직 공법의 상태에서만 궁극적으로 가능하다는 점을 들 수 있겠다. 그 밖에도 사법 대상이 되는 혼인, 출산과 교육, 상속, 각종 계약 등이 사실상 구속력 있는 법의 기반 위에서만 가능하다는 점을 고려할 때 공법 상태로의 이행은 필연적인 것으로 보인다. 그러나 이러한 이행의 필연성 논증은 심각한 취약점들을 안고 있다. **가장** 눈에 띄는 것은 무엇보다 **자연** 상태의 이의성이다. 자연 상태는 처음에 자연의 형식적 의미를 지니는 인간의 본성적 상태로서 도입되었다. 이 때문에 자연 상태는 사법이 자연법적으로 사유되는 선차적 사회 상태로 간주된 것이다. 그런데 이제는 자연 상태가 침해와 폭력이 난무할 수 있는 무법의 상태로 규정된다. 자연 상태는 한편으로는 사법이 타당한 사회 상태이면서, 다른 한편으로는 법이 없는 비법적(nicht-rechtlich) 상태이다. 자연 상태에는 법이 없다고 했을 때 칸트가 정확히 어떠한 법을 염두에 두고 있는지가 분명하지 않다. 그가 공법을 염두에 둔 것이라면 이것은 동어반복에 지나지 않

---

15 H.-G. 데가우에 따르면 '자연 상태 개념이' 법론에서 '사실상' 처음으로 도입되는 곳은 임시적 소유와 확정적 소유를 구분하는 사법의 §15절이다. 그에 따르면 소유의 임시성은 소유의 확정성의 필요를 위해 부정되어야 할 것을 미리 도입해 놓은 개념 장치일 뿐이다. 따라서 시민 상태로의 이행은 전적으로 부정되기 위해 전제된 이 '임시적 소유에 의거한다'. H.-G. Deggau, *Die Aporien der Rechtslehre Kants*, pp. 153~54.

는다. 그의 정의에 따르면 자연 상태는 공법이 없는 상태여서 말이다. 여기에는 그럼에도 자연법적 사법은 **있다**. 차라리 비법적 사회 상태로서의 자연 상태는 '형용모순'(contradictio in adiecto)[16]이라고 부르는 게 낫다. 바로 이 대목에서 칸트는 근대 자연법 이론가들의 실수를 선험론적 차원에서 되풀이하고 있다.

이러한 자연 상태의 이의성은 **더 나아가** 자연법적 사법의 의미까지 애매하게 만든다. 자연 상태에서의 무법 가능성을 설명하기 위해 칸트는 질료적 의미의 자연 개념을 별 구분 없이 **갑자기** 인간에 대해 사용하기 때문이다. 인간은 일반적으로 "다른 사람들에 대해 주인 노릇을 하려는 성향"을 지닌다. 이 때문에 각자는 서로에게 소유의 안전 보장을 기대할 수도 약속할 수도 없으며 "침해를 받고" 나서야만 비로소 "영리해진다". 이렇게 서로가 반목만 하는 상태에서는 사실 각자가 서로에게 "불법을 행하는 것도 아니다". 법이 없다면 불법도 없다. 각자는 "이미 그의 **본성상** 자신에게 위협이 되는" 사람에 대해 강제할 권한을 지닌다". 적대감이 현실적인 것으로 되기까지 기다릴 필요도 없다. 이러한 "슬픈 경험을 통해" 깨닫기 전에 각자는 이미 "본성에 따른" "인간 일반의 그 성향"을 "충분히 인지할" 수 있다. 이런 사실을 알면서도 자신의 소유물이 "폭력으로부터 안전하지 않은" 비법적 상태에 머문다는 것 자체가 "최대의 불법"이다 (MR, AB157-158). 따라서 구속력 있는 소유의 안전 보장이 가능한 공법의 상태로 이행해야 한다. 여기서 인간은 분명 본성적 사악함을 지니는 경험적 대상으로 묘사되고 있는 것처럼 보인다. 그러나 인간은 그런 슬픈 경험을 하기 전에 이미 이 모든 사태를 생각해 볼 수도 있다. 아무리 가장 선한 의도를 갖더라도 타인과 독립적으로 추구되는 각자의 사적 권리 (Privatrecht)는 타인의 것과 충돌할 수 있다. 바로 각자가 지닌 이런 '이성

---

16 같은 책, p. 150.

자체의 유한성'으로 인해 자연 상태는 비법적 상태로 머문다.[17] 이렇게 되면 비법적 자연 상태는 하나의 선차적인 상태로 고찰 가능해진다. 그러나 사법적 충돌 가능성을 이렇게 선차적으로 또는 반성적으로 사유하는 인간은 더 이상 사적이지 않다. 사법 상태를 벗어나야 할 필연성을 인식하는 의지는 더 이상 '사적 자의'가 아니라 '자체가 이미 보편적'이다.[18] 한편으로는 충돌을 빚는 사법적(私法的) 자의가 있고, 다른 한편으로는 이것을 반성하는 보편화된 의지가 있다. 그러나 자연 상태 내 동일한 주체에게 이 양자가 어떻게 매개되는지 불분명하다. 오히려 그러한 선차적 반성의 주체는 자연 상태 내 사법의 담지자가 아니라 바로 칸트 자신인 것처럼 보인다. 사법을 지닌 주체의 의식 내재적 공법의 계기가 전혀 없기 때문이다.

다른 무엇보다 중요한 **세 번째** 문제점이 있다. 자연 상태 내 자연법이 외적 관계 속에만 머무르는 인격들의 사법으로 고찰됨으로써 자연 상태를 떠난 공법의 상태는 인격들의 이 외적 관계 **자체**를 구속하는 자연법이 된다. 쉽게 말해 자연법적 사법을 지닌 인격들이 서로 외적으로 관계하게 될 때 이 외적 관계 속에서 각자의 사법은 충돌하게 되고 따라서 이 출동하는 사법을 관계 맺고 있는 각 인격에게 정당하게 분배하는 것이 자연법적 공법이라는 것이다. A로부터 B로의 이행 근거가 A에게는 없는 것이 B에게 있다는 식이다. 예지적 소유가 보편타당한 법적 소유에 있었듯이 사법의 궁극적 가능성은 공법에 의존한다. 그리고 공법은 인격들의 외적 관계를 정당하게 구속하기 위해 공공 법률로 제정되는 "외적 강제"의 법이다.[19] **자유로운** 인격의 사적인 법은 궁극적으로 **강제력**(Zwang)을 지닌 공

---

17 김석수, 「칸트의 私法(das private Recht) 이론에 대한 고찰」, 『철학연구』 40/1, 71~72쪽.

18 H.-G. Deggau, *Die Aporien der Rechtslehre Kants*, pp. 237~39. 그러나 데가우의 비판처럼 칸트의 자연 상태가 꼭 '역사적 실재성'을 갖는 것으로 간주될 필요는 없다(p. 242).

적인 법에 의존한다. 칸트의 법론에서는 결국 자유의 가능 근거는 강제가 된다. 이렇게 "공공 법률적인 외적 강제"의 상태에서만 무엇이 각자의 소유물로 "인정되어야 하는가가 법률적으로 규정"될 수 있으며 "충분한" "외적" "권력을 통해 분배"될 수 있다. 따라서 각자는 이러한 상태에 진입하기로 다른 모든 인격들과 "합의를 맺어야" 한다(MR, A163). 이러한 합의의 행위를 칸트는 근대 자연법 이론의 전통에 따라[20] "근원적 계약"이라고 부른다. 물론 이 근원적 계약은 실제로 체결된다기보다 "본래는" "국가"의 "이념"이 그 "합법성에 따라" "단지 사유될 수 있도록" 하는 선차적 계약일 뿐이다.[21] 각자는 모두 근원적 계약을 통해 무법 상태에서의 자신의 "타고난 외적 자유를" "전적으로 포기하고" "법률적 **의존**" 상태로 진입함으로써 한 "국가"의 "구성원"으로서 자신의 자유를 "감소되지 않은 채" 온전히 "다시 찾아야" 한다(MR, A168-169). 앞서 사법으로부터 공법의 요청이 사유될 수 있다면 공법으로의 이행에서는 근원적 계약 또한 적어도 이렇게 생각되어야 한다. 그러나 선차적 행위로서의 사회계약에 대한 이 설명은 공법 상태에서 타당하게 간주되는 '보편의지 자체의 규정일 뿐' 이 계약이 어떠한 방식으로 체결되는가에 대한 설명은 아니다.[22] 다시 말해 공법의 필연성을 위해 요청으로서 사유된 것일 뿐이다.

---

19 『속언』에 따르면 "공법"은 모두의 자유의 "철저한 조화를 가능하게 하는 외적 법률들의 총체"이며, "시민 헌법"은 "자유로운" "그럼에도 강제의 법률 아래 있는" "인간들의 연관"이다(Gs, A234).

20 칸트 사회계약의 근대 자연법 이론과의 공통점과 차이점에 대해서는 이충진, 『이성과 권리』, 142~64쪽 참조.

21 사회계약 개념을 처음으로 정의한 『속언』에 따르면 "근원적 계약"은 "결코 사실(Faktum)로서 전제될 필요가 없으며" "모든 입법자로 하여금 법률들을 마치 이것들이 전체 민족의 합일된 의지로부터 기원할 수 있었던 것처럼 제정하도록 책임지우는", 그리고 "시민이 되고자 하는 한에서 모든 신민을 마치 그가 그러한 의지에 모두 함께 동의했던 것처럼 간주하는" "이성의 단순한 이념"일 뿐이다(Gs, A249-250). 이런 의미에서 '칸트는 사회계약의 역사적 성격을 명확히 부정한 최초의 사상가이다'. 박채욱, 「칸트의 정치론과 시민의 저항권」, 『칸트연구』 10, 147쪽.

결국 각 인격은 법률적 의존성 속에서만 자신의 자유를 실현할 수 있다. 칸트는 각 인격이 의존할 수 있는 공적인 법의 담지자를 바로 국가로 규정한다. "국가란 법의 법칙들(Rechtsgesetze) 아래서의 다수 인간들의 합일이다." 법의 법칙들은 "외적인 법 일반의 개념들로부터" 선차적 필연성을 가지고 도출되는 법칙들로서 바로 국가에 의해 입법원리로 사용된다. 이 법의 법칙들에 따라 국가가 제정하는 법률은 각자 자의의 자유로운 사용을 보장하는 실정법이 될 것이다. 따라서 국가 자체는 외적인 법의 형식을 지닌다. 외적인 법의 형식은 "순수한 법의 원리들에 따라 국가가 어떻게 해야 하는가 하는 이념에서의 국가"이다. 국가의 이 이념은 모든 현실적 공동체 형성에 "규범으로 소용된다"(MR, A164-165). 이러한 측면에서 칸트는 국가를 결코 과대평가하지 않으며 자연 상태 탈출을 위해 '부차적으로' '필요한 것'으로 간주할 뿐이다. 그러나 외적인 법의 형식이란 강제력 이외에 다른 것이 아니다. 이미 세 번째 문제점으로 지적한 국가의 이 강제적 특징은 칸트의 법론에서 몇 가지 추가적인 쟁점들을 야기한다. 다른 무엇보다 **우선** 칸트에게는 사법과 공법 또는 인격의 자유와 법의 강제력 간의 의존성 관계가 너무 일방적으로만 규정되고 있다. 사법의 가능성 또는 인격의 자유의 실현은 외적 공법 내지 이 법의 강제력에 근거할 뿐 결코 그 반대는 아니다. 물론 '나에게 물리적 폭력을 가한 타인에 대해 방어할' 수 있는 기본적 생명권이 한편에서는 법의 법칙에 따라 보장된다.[23] 그러나 다른 한편에서 이러한 보장은 국가의 강제력을 통해서만 가능하다. 이렇게 법의 모순 명제는 이념상의 국가에서도 해결되지 못한 채 존립한다. 법의 법칙에 의해 보장되는 인권이 국가 강제력의 '일단계적 제한'이므

---

22 H.-G. Deggau, *Die Aporien der Rechtslehre Kants*, p. 155.

23 이것마저 공법 상태 이전의 사물적인 방식의 인격권에 대해서는 적용되기 힘들다. 남편과 아내, 부모와 자식, 주인과 하인 등 가족 구성원들의 '지배관계'는 자연 상태에서도 '이미' 국가의 것이 아니라 인격들 간에 성립하는 '강제를 전제'하기 때문이다(같은 책, p. 227).

로 법의 모순은 그럼에도 긍정적으로 해결될 수 있다고 변론될 수 있을지 모른다.[24] 그러나 이념상으로만 정당화하고 **실재적으로는**(realiter) 폭력을 휘두르는 국가의 강제력을 제어하기엔 너무 취약한 논증이다. 개념적이든 실재적이든 간에 모순은 해결하라고 있는 것이다. 예컨대 문제는 법 일반이 인격의 자유 개념 **자체**로 파악되지 못한다는 데에 있다. 그래서 공동체 내 각 인격의 자유의 실현은 오직 법의 강제력을 지닌 국가에 **의존해서만** 가능하게 된다. 그리고 국가만이 강제력 있는 법을 제정할 수 있기에 '국가의 성립이 논리적으로 법의 존재에 선행한다'.[25] 반대로 국가의 법적 강제력은 **결코** 강제될 수 없는 인격의 자유의 법 자체에 근원한다는 논의가 없다. 이러한 법 개념은 사법 단계에서부터 칸트에게 있을 수 없었다. 국가의 입법은 인격들의 **외적** 관계를 규제하고 강제하는 법률 제정일 뿐이다. 이렇게 되면 법 자체가 인격의 자유에 외적인 것이 된다. 왜냐하면 자유란 국가 내에서만 실현 가능하므로 자유롭기 전에 각 인격에게 국가 형성에 합의하도록 먼저 강제가 행해지기 때문이다. 아니 "강제력을 동원해서라도"(mit Gewalt) 시민국가 상태에 진입하도록 할 필연성이 있다. 이렇게 이행은 자체가 '강제의 특징'을 지닌다. 그런데 이 강제는 자연 상태 내에서만 이루어질 수 있다. 그러나 자연 상태에서 누가 이 강제를 행하는가? 사법을 지닌 개별자일 수밖에 없다. 그가 아무리 보편화된 의지를 지닌다 하더라도 이행의 강제에서는 결국 '개별자가 보편의 집행자'가 되는 셈이다(MR, A163).[26] 그게 아니라면 위에서처럼 선차적 사유 차원에서

---

24 Otfried Höffe, *Kategorische Rechtsprinzipien*, pp. 138~40.

25 맹주만, 「원초적 계약과 정의 원리」, 『칸트연구』 9, 80쪽.

26 H.-G. Deggau, *Die Aporien der Rechtslehre Kants*, pp. 232~35, 243~45. 반면에 H. 미카엘 호프하이머는 헤겔의 『정신현상학』을 그의 법 이론의 가장 완전한 발전을 서술하는 것으로 평가하고, 특히 개인 간의 인정투쟁 과정에서 어떠한 역할도 할 수 없는 법이란 용어가 의도적으로 사용되고 있지 않음에 주목한다. H. Michael Hoffheimer, *Hegel's Criticism of Law* in *Hegel Studien* 27, pp. 27~52.

이미 필요한 것으로 간주된 국가권력이 강제해야 한다. 그렇다면 선결문제가 발생한다. 이로부터는 아무리 정의롭다 해도 국가 공권력의 선차적 정당화를 위해 자연 상태가 의미하는 모든 것이 선차적으로 미리 사유된 것일 뿐이라는 결론이 나온다.

더욱 심각한 것은 국가의 "최상 권력의 기원"이 "민족에게는" "탐구 불가능한" 것으로 남는다는 점이다(MR, A173). "보편적으로 합일된 민족의 지만이 입법적"일 수 있지만, 정작 민족 **자신**은 최상 권력의 기원에 대해 이렇게 저렇게 따져보아서는 안 된다(MR, A166). 따지는 행위 자체가 이미 타당한 것으로 형성된 국가권력의 "권위에 저항하는" 것이다. "한순간만이라도" 국법의 효력을 "정지시키는" 이런 행위는 그 자체로 처벌받아야 할 만큼 국법은 "신성한" 것이다. 그렇다면 국가권력의 기원은 누가 탐구하는가? 더구나 그 근거가 자신에게 정당하게 밝혀지지 않으면서 각 인격은 이러한 정치 공동체에 들어서도록 강요까지 받는다. 물론 칸트에게 국가권력은 정당한 선차적 기원을 가진다. 그리고 이 기원을 탐구하는 자는 바로 **칸트 자신**이다. 또는 칸트와 같은 계몽철학자들이 이에 대해 탐구할 수 있을 것이다. 여기에 바로 계몽철학의 근본적인 한계가 있다. 근대 국가에서 살아가야 할 민족이 계몽의 대상이라면 이 대상은 동시에 결코 계몽의 자기의식적 주체가 되지 못한다.[27] 민족은 "모든 권능이 신으로부터" 오듯이 마치 저 신성한 법률이 "인간에 의해서가 아니라" "아무 흠결 없는 최고 입법자에 의해" 제정되는 것처럼 생각하고 그저 "복종해야만 한다". 계몽철학자에 의해 기원이 밝혀진 국가에 대해 민족에게는 시민저항권마저 허용되지 않음은 말할 것도 없다. 설사 통치자가 헌법을

---

27 계몽이든 개혁이든 혁명이든 간에 칸트에게는 '법적 규범'에 대한 '행위 주체들의 내적인 태도' 또는 법 규범이 내재할 수 있는 인륜적 성품(Gesinnung)이 소홀히 다루어지고 있다. 이것은 분명 '합법성과 도덕성의 분리'까지 소급 가능하다. 나종석, 「칸트 『도덕 형이상학』에서의 실천이성, 법 그리고 국가의 상호 연관성」, 『칸트연구』 9, 65~67쪽.

위반했다 하더라도 "그에 대해 저항해서는" 안 된다. "왜냐하면 오직 그의 보편 입법적 의지에 대한 복종을 통해서만 법적 상태가 가능하기 때문이다." 따라서 민족은 통치자의 권력 남용을 "인내해야 할" "의무"가 있다. 반면에 통치자는 자신의 신민들에 대해 "순전히 권리만 가지며 어떠한 (강제의) 의무도 지니지 않는다". 그래야만 법적 상태가 가능하다. 그러나 법적 상태의 이 가능성은 여기서 동시에 권력이 휘두를지 모르는 실재적 불법의 정당화에 일조할 수 있다. 왜냐하면 칸트는 통치자의 '물리적 실재성'을 '법의 선차적 위상'과 구별하지 않고 이 후자를 '통치자의 위상과 동일시'하기 때문이다.[28] 또한 잘못된 국헌이라도 "민족에 의한" "혁명을 통해서가 아니라" "주권자에 의한" "개혁을 통해" 개선되어야 한다 (MR, A174-180). '위로부터의' '점진적 개혁'만이 가능하다.[29] 그리고 주권자가 개혁의지를 지니기 위해서는 계몽철학자에 의해 계몽되어야 할 것이다. 아니면 계몽가가 스스로 그런 주권자가 되어야 할 것이다. 자기 자신을 계몽하는 계몽 통치가 말이다. 칸트는 실제로 1795년 영구평화를 위한 논문에서 '개혁의 의무를 자신의 원칙으로 삼는' "도덕적 정치가"에 대해 말하고 있다(ZeF, A71 이하).[30] 순수실천이성의 자기비판 내지 자기계몽은 이렇게 **지배하는** 이성으로서만 타당하다. 이러한 이성이 수많은 사람들을 단두대로 보내며 시행착오를 거듭할지라도 끝내는 그 스스로를 계몽하리라 믿으며 민족은 이 모든 것을 기꺼이 감내해야 할 것이다. 이러한 의무는 그래도 혁명이 일어나 성공한 경우에도 마찬가지로 적용된다.

28 C. Ernst-Jan Wit, *Kant and the Limits of Civil Obedience* in *Kant-Studien* 90/3, p. 291.

29 김석수, 「칸트의 저항권론에 대한 반성적 고찰」, 『철학』 52/1, 233~37쪽. 반면에 칸트는 '입법권'을 통한 '소극적 저항'이나 '소극적인 도덕적 불복종'을 긍정한다(227~28쪽). 또한 박채옥, 「칸트의 정치론과 시민의 저항권」, 『칸트연구』 10, 154~55쪽.

30 Bernd Ludwig, *Will die Natur unwiderstehlich die Republik?* in *Kant-Studien* 88/2, p. 226.

이때에도 민족은 성공한 혁명이 수반하는 "불법성"을 따라야 할 의무가 있다(MR, A181). 이것은 분명 혁명조차 민족이 그 주체가 될 수는 없기에 가능한 의무일 것이다.

이 모든 조건들을 받아들인다 해도 **여전히** 국가의 법적 상태를 위협하는 요인이 남아 있다. 이 요인은 바로 "지속적인 전쟁 속에 있는 것으로 고찰되는" 국가들 간의 관계이다. 국제관계는 "국가가 도덕적 인격으로서 다른 국가에 대해 자연적 자유의 상태 속에", 다시 말해 자연 상태 속에 있는 관계이다. 인격들 간의 자연 상태에서처럼 국제관계에서 자유로운 국가는 불법에 대한, 즉 "전쟁에 대한 권리"를 지닌다. 법이 없는 상태에서는 불법도 없기에 국제법이 없는 국제관계에서의 전쟁은 불법이 아니다. 그러므로 다른 국가와의 상호관계를 벗어날 수 없는 한, 국가는 그 구성원들의 법적 상태의 최후 보루가 될 수 없다. 이로부터 "근원적 사회계약의 이념에 따른 국제연맹(Völkerbund)"의 필연성이 도출된다. 결국 한 국가의 내적인 법적 상태는 국제적 평화 상태의 보장에 최종적으로 **의존**하게 된다. 칸트가 법론에서 공법의 마지막 장을 "세계시민법"으로 고찰한 이유가 여기에 있다. 물론 그는 국가들의 결합이 "어떠한 주권적 권력도" 형성할 수 없으며, 일단 "동맹관계"(Föderalität)만 형성할 수 있음을 직시했다(MR, A215-217). 국가들 간의 "영구평화"는 단번에 "성취 불가능한 이념"이며 "지속적인 접근"만 허용한다(MR, A227). 이렇게 접근만이라도 하기 위해서는 각 국가는 **마치** 영구평화가 있는 것처럼 서로 관계를 **맺어야** 한다. "우리는 아마 있지 않은 것이라 해도 마치(als ob)" 그런 것이 "있는 것처럼 행위해야 한다"(MR, A233). 여기서 아무런 현실성을 확정할 수 없는 실천이성의 당위 명법이 법적 상태의 최종 근거로 밝혀진다. 칸트의 영구평화 논문에 따른다면 영원한 평화를 "보증해주는 것은" 한편으로는 도덕적 정치가이며, 다른 한편으로는 "위대한 예술가인 자연"이다. 칸트의 역사철학에서 종종 신의 "섭리" 또는 "운명" 등과 동일시되는 이 초감성적 자연 개념이 결국 법적 상태의 마지막 근거라 할 수 있다(ZeF, AB47).

이 근거의 정당화를 위해 결국 칸트는 '원칙적·도덕적 논증에서 역사적·정치적 논증으로' '기반이동'(Metabasis)을 하게 된다.[31]

4. 전통적 한계와 전망

지금까지 거론한 쟁점들은 좀더 특화된 별도의 논의가 필요하다. 이때 물론 칸트가 중심에 두고자 했던 인격의 존엄과 자유의 존중이 소홀히 다루어져선 안 되겠다. 무엇보다 자유가 "이성의 **사실**"(KpV, A9, 73; MR, AB67)로 파악되고, 이 사실이 다른 '모든 법의 원리'가 됨으로써 인간의 자유는 부가적 조건 없이 그 자체로 정당한 것이 된다. 칸트의 이러한 '혁명적 통찰'에 의해 비로소 인간의 자유권은 근원적으로 정초 가능하게 된다.[32] 또한 그의 시민저항권의 불허는 소극적 저항을 보장하는 "민족 대의제"의 "참된 공화국" 구상을 통해 보완되고 있고(MR, A213), 그의 영구평화 이론은 전쟁 없는 국제사회 건설을 위해 "영속적인 국제의회"의 필요성을 역설하기도 한다(MR, A227). 더구나 칸트가 주장한 국가 공동체 내 법의 강제력이나 자기계몽적인 도덕적 정치가, 무분별한 시민저항의 제어, 영구평화의 제도적 구상 등의 필요성이 부인되어서도 안 되겠다. 다만 이 모든 것을 이론적으로 기초짓는 칸트의 자연법 논의는 여전히 많은 취약점들을 지니고 있다는 것이다.

---

31 Otfried Höffe, *Kategorische Rechtsprinzipien*, p. 274. 흥미로운 것은 헤겔 또한 마찬가지라는 것이다. 비록 기반이동은 아니지만 그의 법철학은 국제법 다음에 세계사를 포함하고 있다.

32 Walter Jaeschke, *Zur Begründung der Menschenrechte in der frühen Neuzeit* in *Menschenrechte: Rechte und Pflichten in Ost und West*, p. 209. 그러나 발터 예슈케에 따르면 칸트는 자유를 다른 한편으로 '**타고난** 법 내지 권리'(angeborenes Recht)로 이해함으로써 자유는 단지 사실로만 남고 법 자체로 전개되지 못한다 (p. 211).

칸트의 자연법 이론은 이 이론이 구상되어온 근대적 전통의 도식을 벗어나지 못하고 있다. 그래서 현실 상황과의 연관이 의식적으로 배제된 자연 상태는 아무리 선차적으로만 사유되는 것이라 해도 개념적 애매성을 극복하지 못한다. 또한 오로지 선차적으로만 사유되는 근원적 사회계약은 이론가가 주입한 공허한 필연성으로만 남는다. 아무리 요청의 형식이라 해도 이것을 받아들이지 않으면 안 되는 **현실** 속의 민족에게는 이른바 불가피한 폭력의 감내와 실정법에 대해 순종만 강요할 수 있는 순전한 사유의 필연성 말이다. 극도로 세련되게 정당화된 이념이라 해도 이런 이념의 이름 아래 실제로는 폭력이 자행되었던 인류 역사는 무수히 많다. 물론 이것은 모든 이론에 해당되는 사실일 것이다. 그러나 적어도 인간에 관한 이론이라면 그 이론은 이론 대상이 동시에 그 이론의 주체일 수 있는 그런 이론이어야 한다. 그러나 칸트의 자연법 이론에서는 인간 대상에 관한 이론 내용이 그 대상과 분리되어 있다. 예컨대 사법을 지닌 인간은 공법으로의 이행 주체가 될 만한 내재적 계기가 없다. 공법의 강제력은 결코 강제 불가능한 불가침의 인권에 기초하지 못한다. 오히려 이론 대상은 이론가가 사전에 주입한 내용 요소들에 맞춰져 서술될 뿐이다. 여기에는 분명 칸트의 이원론적 세계관도 한몫을 하고 있다. 감성적 인간은 오로지 타율적이기만 한 반면에 자유로운 인간이란 자신의 의지를 이성적으로 **보편화할 줄 아는** 예지적 인간일 뿐이다. 그러나 감성적 인간이 어떻게 동시에 예지적일 수 있는가? 어떻게 이성법칙은 감성적 인간에 의해 자발적으로 의지될 수 있는가? 이런 난제는 해결되지 않은 채 칸트의 자연법 이론은 다음을 말할 뿐이다. 주로 감성적 삶을 영위하는 민족은 국가권력의 기원에 대해 탐구할 수 없으며 오직 이론가가 내민 사회계약서에 서명해야 한다.

그러나 사회계약 이론이 창안된 이래 실재로(realiter) 사회계약서에 서명한 사람은 없다. 실재적 연관이 없는 이론 요소는 지배하는 이성의 폭력에 일조할 수 있다. 좀더 좋은 자연법 이론을 구상하려 한다면 차라리 비실재적 이론 요소들을 모두 배제하는 편이 나을 것이다. 그래서 사회계약이나 자연 상태 같은 개념들은 **실재론적** 설명력이 없는 한 포기하는 것이 좋을지 모른다. 자연 개념도 법을 수식하는 한에서는 일의적으로 쓰여야 한다. 그러나 이 모든 여건들을 갖춘 자연법 이론은 매우 드물다. 앞으로 살펴보겠지만 자연법을 철저히 이성법으로 구상하려 했던 피히테마저 자연 상태 개념은 극복했지만 "국가시민계약" 개념은 포기하지 못했다(GN, 185 이하). 셸링은 한때 자연법을 "모든 법을 지양하는" "강제법"으로 연역하려 했지만, 더 이상 이 이론에 천착하지 않았다(NDN, 174).[33] 유일하게 헤겔만이 자연 상태와 사회계약을 의식적으로 배제하려 한 것처럼 보인다. 헤겔에게 자연법이라는 표현에서 자연은 '법의 본성, 다시 말해 법의 개념적 본질'[34]을 가리키며, 법은 무엇보다 "자유의지의 현존"으로 규정된다(GPR, §29). 이때 인간의 자유는 결코 강제될 수 없는 **존재론적** 특징을 지닌다.[35] 그러나 그의 자연법 이론이 얼마나 성공적이었는지는 또 다른 문제로 남는다. 허구적 이론 요소가 없는 자연법 이론은 근대 이전에도 다양하게 논의되었기 때문이다. 본래 근대 자연법 이론에서 자연 상태나 사회계약의 도입은 '근대 시민정신'의 해방과 궤를 같이한다.[36] 이제 해방된 시민정신은 허구적 이론 요소에 삶을 맡기기보다는 다시금 실재 삶의 존재론적 이론 기반 위에 설 필요가 있다.

---

33 G. Wilhelm Jacobs, *Editorischer Bericht* zu NDN, p. 128.

34 Herbert Schnädelbach, *Hegel und die Vertragslehre* in *Hegel Studien* 22, p. 114.

35 BN, pp. 447~49 참조.

36 김석수, 「칸트의 私法(das private Recht) 이론에 대한 고찰」, 『철학연구』 40/1, 61~62쪽.

제3장

피히테

서양 근대 자연법 이론의 고질적인 문제는 허구적 자연 상태와 가상적 사회계약이라는 이론적 허구에 기초하고 있다는 점일 것이다. 여전히 이를 비판적으로 수용하고 있기는 하지만 독일 고전철학자들에게서도 사정은 마찬가지이다. 흥미로운 점은 최초의 개선 시도가 이들 중 노숙한 칸트에 의해서가 아니라 오히려 막 장년기에 접어든 피히테에 의해 이루어졌다는 것이다. 칸트 비판철학의 완성자이고자 했던 피히테는 이미 칸트의 『단순한 이성의 한계 내에서의 종교』(1793)보다 앞서 자신의 처녀작 『모든 계시 비판의 시도』(1792)를 저술한 바 있다. 칸트가 주선해 주었지만 출판사의 착오로 익명으로 출판된 이 종교철학 저서는, 그러나 당대인들에게는 고대하던 칸트의 종교철학 저서로 오인될 만큼 칸트적이었다. 이에 반해 칸트 철학에 기초해 『전체 학문론의 토대』(1794)를 마련한 이후 출판된 『학문론 원리들에 따른 자연법의 토대』는 이제 본격적으로 피히테가 칸트와 멀어지게 되는 저서로 평가된다. 이 저서 이전에 이미 그는 칸트의 영구평화론 비평(1796)을 통해 "칸트의 원리들과는 독립적인 원리들로부터" 자연법을 연구하고 있노라고 밝힌 바 있다(RzeF, 429-430). 여기서 개진된 칸트와의 암시적인 거리두기는 『자연법의 토대』 서론에서 자신의 법법칙(Rechtsgesetz) 연역이 칸트의 영구평화론(1795)에서 예상될 수 있는 연역과 일치할 것이라고 장담하면서도 그의 권력분립 이론에 대해서는 분명하게 반대하는 입장으로 표출된다(GN, 12-13).[1] 피히테는 『자연법의 토대』를 출판사의 사정으로 인해 우선 서론을 포함한 제1부만 1796년 3월에 출판했다. 이로부터 9개월 넘게 흘러 1797년 1월 칸트의 『도덕 형이상학』의 법론 부분이 출판되며, 같은 해 8월에야 덕론(德論) 부분이 나오게 된다.[2] 이 저술들을 접한 피히테는 자신과 칸트의 차이점들을 뚜렷하게 확인하게 되며, 같은 해 9월 『자연법의 토대』 제2부에 해당하는 적용 또는 "응용 자연법"(Angewandtes Naturrecht) 부분을 세상에 내놓게 된다(GN, 11).[3] 그리고 1년 후 『학문론 원리들에 따른 윤리론의 체계』(1798)를 출간함으로써 칸트처럼 법과 도덕의 실천철학 체계를 완결하게 된다.

피히테가 정말 칸트를 넘어섰는지는 여전히 논쟁 중이다. 피히테는 말년까지 자신의 자연법 이론을 다듬은 것으로 알려진다. 그러나 이 모든 것이 한꺼번에 다루어지기는 힘들 것이다. 그렇기에 이 장에서는 우선 『자연법의 토대』를 중심으로 피히테가 구상한 법 공동체와 국가의 의미 및 그 한계에 주목하고자 한다. 다행히 이후에도 그는 『자연법의 토대』에서 크게 일탈하지 않은 것으로 여겨진다. 이 저서는 또한 헤겔보다 앞서 근현대 인정 이론에 관한 최초의 구상을 담고 있기도 하다. 그 때문인지 아쉽게도 국내에는 이에 대한 연구가 상호 인정관계와 법 개념의 연역에 국한해 간헐적으로만 이루어져 왔다. 그러나 여기서 피히테는 사회계약과 짝을 이룬 자연법 이론이 얼마나 복잡한 학문적 허구를 필요로 하는지

---

1 이에 대해 영구평화론 비평에서는 단지 회의적인 입장만 제시되고 있다. RzeF, pp. 431~33과 비교.

2 Bernd Ludwig, *Einleitung* zu *Metaphysische Anfangsgründe der Rechtslehre*, p. XXII.

3 Jean-Christophe Merle, *Einführung* in *Grundlage des Naturrechts*, pp. 6~7, 12~13. 장-크리스토프 메를레는 여기서 칸트 법론의 출판 시기를 1796년 가을로 잘못 소개한다. 이 저서에서 칸트가 '자연법이란 용어'를 전혀 사용하지 않는다는 그의 설명도 잘못된 것이다(p. 1).

극명하게 노출하기도 한다. 특히 그가 거론하는 너무나도 많은 계약들이 그렇다. 그러나 무엇보다도 이 저서의 특징은 프랑스혁명 독재자 로베스피에르처럼 야누스적인 면모를 갖추고 있다는 데에 있을 것이다. 이로 인해 혹자는 피히테를 민주적 사회주의자로 보기도 하고, 혹자는 반민주적 전체주의자로 보기도 한다. 바로 이 점을 진단하기 위해 이 장도 우선 그의 법 개념 연역으로부터 출발할 수밖에 없다.

1. 법 개념: 자기의식의 조건

이 저서의 정확한 제목은 이미 언급했듯이 『학문론 원리들에 따른 자연법의 토대』이다. 이 제목이 보여주듯이 피히테는 자신의 이전 학문론에서처럼 여기서도 정리(定理), 증명, 보충문(corollaria), 귀결명제(Folgesatz) 등의 표현들을 써가며 논리적으로 자연법을 서술한다. 이때 이 논리적 서술의 출발점이 되는 학문론 원리들은 여러 가지 언급될 수 있겠지만, 무엇보다 주목해야 할 것은 여기서 피히테가 법 개념을 자기의식의 조건으로 연역한다는 사실이다.

피히테는 이미 1794년 『학문론의 개념에 대하여』 소개하면서 "학문론"(Wissenschaftslehre)을 학문 자체의 가능성을 탐구하는 "학문 일반의 학문"(die Wissenschaft von der Wissenschaft überhaupt)으로 정의한 바 있다. 이에 따르면 학문론은 확실성을 담보할 수 있는 "원칙들 일반의 가능성을 근거짓고" "가능한 모든 학문들의 원칙들을 입증하는" 두 가지 과제를 지닌다. 이 과제를 다루는 학문론은 원칙들을 적용하기만 하고 자신 내에 입증할 수는 없는 여타 가능한 학문들과는 별도로 그 자체가 또한 "하나의 학문"이기도 하다. 그런데 어떤 학문이든 그것이 인간 정신의 한 체계적 산물이라면, 학문 일반의 학문은 모든 학문들을 산출하는 "인간 정신" 자체의 "체계"를 "절대적으로 확실하고 오류 불가능한 것"

으로 서술한다고 할 수 있다. 어떤 학문에서든 인간 정신은 이미 학적으로 활동하고 있다. 그렇다면 그 학문의 가능성은 그렇게 활동하는 인간 정신의 필연적 측면에 주목하면 밝혀질 수 있을 것이다. 따라서 학문론을 서술하는 "우리" 철학자는 "인간 정신의 입법자가 아니라 역사편찬자(Historiographen)"이다. 이 말은 인간 정신이 이미 해놓은 학문적 이야기(Historie)를 "신문기자"(Zeitungsschreiber)처럼 보고하는 것이 아니라 그 이야기 속에 생동하게 활동하는 인간 정신의 원칙적 도식(Graph)을 간파하는 "교훈적인 역사서술가"(pragmatische Geschichtsschreiber)가 되어야 한다는 것을 의미한다(BW, 43, 45, 77; GW, 222).

주지하다시피 『전체 학문론의 토대』에서 피히테는 인간 정신의 제1원칙을 활동적 정립함과 존재함이 일치하는 자아의 "사행"(Tathandlung)에서 포착하고, 이것이 학문을 하는 누구나 인정할 수밖에 없는 동일률(A＝A)의 가능 근거임을 밝힌다. 그런데 "자기 자신을 존재하는 것으로 정립"함으로써 단적으로 존재하는 "절대적 주체로서의 자아"는 자신의 존재 정립에 앞서 정립되어야 할 자신을 대상으로 가져야 할 것이다. 자신에 대해 자신이 대상이 되는 자아는 "자기의식"이다. 따라서 정립함을 통한 자아의 존재는 자기의식을 조건으로 한다. 이렇게 자신을 의식하는 자아는 자신을 존재하는 것으로 정립하며 단순히 이를 통해 존재한다. "자아는 자기 자신을 의식하는 정도로만, 단지 그러한 한에서만 있다." 그러나 이때 자기의식이라는 조건은 아직 이 자기의식에 도달하지 못한 자아가 비로소 갖추어야 할 어떤 것으로 이해되어서는 안 된다. 여기서의 자아는 "자신을 정립하는 바대로 있으며, 자신이 있는 바대로 스스로를 정립하는" 절대적 주체이기 때문이다. 절대적 주체에게 자기의식은 "반성의 객체"로서 비로소 도달해야 할 "의식의 기체(Substrat)" 같은 것이 아니다. 그것이 만약 의식의 기체 같은 것이라면 이 기체는 절대적 주체로부터 추상한 결과일 것이다. 이 기체를 대상으로 직관하고 획득해야만 절대적 주체가 자기의식에 도달한다는 식이다. 그런데 이 기체를 직관하는 것 자체가 이미 자기의식을 지닌 절대적 주체이다. 자기의식에 도달하기 이전의 자아가 무엇인지, 의식 대상으로서의 자기가 무엇인지, 또는 의식의 기체로서의 자아가 무엇인지 묻는 것은 이 물음 속에 이미 그런 기체를 직관하고 있는 절대적 주체를 부지불식간에 함께 생각해 넣는(mit hinzudenken) 것이다. 그 성립 가능성을 설명하기 위해 추상한 절대적 주체를 이 주체로부터 추상된 요소를 묻는 와중에 이미 덧붙여 생각하고 있는 셈이다. 따라서 절대적 주체에게 자기의식이라는 조건은 그 자아의 사행(事行, Tathandlung) 속에 이미 충족되는 선험론적(transzendental) 구조를 의미한다. 즉 "자아가 단지 자신을 정립하는 한에서만 있다면 이 자아는 또한 단지 정립하는 자신에 대해서만(für das setzende) 있는 것이며, 그리고 단지 존재하는 자신에 대해서만(für das seyende) 정립하는 것이다"(GW, 96~97).『전체 학문론의 토대』는 그래서 자기의식의 가능성을 더 이상 묻지 않고⁴ 학문론의 원칙들을 전개해 나간다.

그런데 문제는 구체적으로 활동하는 인간 정신에게 자기의식이 어떻게 발생하는가 하는 점이다. 절대적 주체로서의 자아는 인간 정신이 산출하는 학문의 가능성을 철학자의 관점에서 선험론적으로 연역한 조건일 뿐이지 그 자체가 현실적으로 활동하는 인간 정신을 뜻하지는 않는다. 한마디로 유한한 인간 정신은 절대적 주체가 아니다. 더구나 절대적 주체에

---

4 물론『전체 학문론의 토대』에서 피히테는 "표상의 연역"을 논의하면서 "경험적 의식"에게 가능한 "모든 자기의식의 원천"을 "절대적 추상능력"으로서의 "이성"의 활동을 통해 **간단히** 설명하고 있기는 하다. 헤겔의『정신현상학』에서의 의식의 도야 구조를 연상시키는 이 설명은, 그러나 여전히 절대적 자아의 관점에 머물고 있으며 경험적 의식이 어떻게 추상능력을 발동시키는지 분석하지는 않는다. 또한 "신(神)의 자기의식" 해명 불가능성을 논의하는 곳도 있다. GW, pp. 243~45, 274~75. 학문론의 영역에서 자기의식이 처음 집중적으로 논의되는 곳은 바로『학문론의 두 번째 서론』(1797)이다. 여기서 피히테는 자기의식 없는 감성적 직관 가능성을 논박하면서 "아직 현실적 의식이 발생한 것은 아니지만" "단지 철학자에 의해서만" 도출될 수 있는 자아의 근원적 대자화(對自化)에서의 자기의식 구조를 언급하고 있다 (ZEW, pp. 455~91, 특히 pp. 459, 473~76; GN, pp. 31~32).

게 자기의식은 아직 실재적이라 말할 수 없다. 절대적일 수 없는 유한한 인간 정신은 어떻게 자기 자신을 정립할 수 있는가. 분명 그의 비매개적인 순수한 자기이해 속에서는 아니다. 자기 자신을 정립할 수 있다는 것은 먼저 자기의식을 지닌다는 말이다. 그리고 자기정립할 수 있는 자기의식이 유한한 인간 정신에게 실재한다는 말은 절대적 주체 능력의 유한하지만 실재적인 실현을 의미한다. 그렇다면 물음은 이렇다. 어떻게 유한한 인간 정신은 실재적인 자기의식을 지니면서 절대적 주체의 단적으로 자유로운 자기정립을 유한한 방식으로나마 세계 내에 현실화하는가. 간단히 말해 자유는 어떻게 실현되는가.[5] 이것이 바로 『자연법의 토대』의 출발점이다.

여기서 피히테는 우선 **"유한한 이성적 존재"**의 자기정립 가능성을 연역한다. 그에게 연역이란 'Y가 없다면 X도 없다'(kein X, ohne Y)는 식으로 Y가 X의 필요조건임을 밝히는 절차이다.[6] 자기정립은 자유로운 활동성이기에 "유한한 이성적 존재는 자신에게 자유로운 작용성(Wirksamkeit)을 부여하지 않고서는 자기 자신을 정립할 수 없다"(제1정리). 이때 자유로운 작용성은 그 근거가 이성존재(Vernunftwesen) 안에 있는 것이다. 이를 위해서는 이성존재가 객체와의 관계에서 되돌아와 이 관계 속에 있는 자신을 반성하고 자기 자신을 활동성으로 규정해야 한다. 이성존재는 이렇게 "자기 자신으로 복귀하는 활동성 일반"을 특징으로 지닌다. 바로 이 자기복귀 활동성을 통해 이성존재는 자신을 대상으로 지니는 자기의식을 갖게 된다. 그렇다면 일단 이 자기복귀 활동성이 자기의식의 조건이라 할 수 있다. 이것은 이제 세 가지 측면에서 좀더 살펴볼 수 있다. **첫째,** 자기복귀하는 이성존재는 복귀하기 전의 객체와의 관계 속에 있는 자신을 자신의

---

5 Hansjürgen Verweyen, *Recht und Sittlichkeit in J. G. Fichtes Gesellschaftslehre*, pp. 81~85 참조.

6 Jean-Christophe Merle, *Einführung* in *Grundlage des Naturrechts*, pp. 5~8; Frederick Neuhouser, *The Efficacy of the Rational Being* in *Grundlage des Naturrechts*, pp. 39~40.

반성 대상으로 지니게 된다. 그런데 이 반성 대상은 **유한한** 존재로서 그 객체와의 관계에 의해 "제한된"(ein Begrenztes) 이성존재일 수밖에 없다 (GN, 17-18). 더구나 객체와의 관계 속에서 이성존재의 활동성은 이를테면 표상하고 직관하는 활동성, 즉 그 객체에 얽매인 활동성이다. 따라서 이로부터 반(反)정립적으로 자기복귀하는 활동성은 한편으로는 직관 활동성에 의해 제한된 것인 동시에, 다른 한편으로는 이 제한성에서 벗어나 자유로운 자기정립을 가능케 하는 것이어야 한다. 이것은 이성존재가 반성 대상으로서는 제한된 자신을 그 반성을 통해 지양하고 규정적 자기로 정립함을 통해서만 이루어질 수 있다. 예를 들어 나는 붉은 장미를 직관하는 나를 반성하고 나의 직관된 내용을 그 붉은 장미의 아름다움을 간직하기 위한 그림 활동으로 정립할 수 있다. 그렇다면 **둘째,** "이성존재는 자신의 자유로운 작용성 능력의 이러한 정립함을 통해 자기 밖의 감성계를 정립하고 규정하"는 셈이다(귀결명제). 객체와의 관계로부터 자기복귀한 이성존재는 비록 그 관계 속의 제한된 자신을 지양할 수 있지만 이를 통해 무한한 작용성을 정립할 수 있는 것은 아니며, 유한한 존재로서 언제나 유한한 작용성만을 정립할 수 있다. 붉은 장미에 얽매인 나를 지양했다고 해서 그 장미를 둘러싼 세계가 지양되는 것도 아니며, 그것을 한 폭의 그림으로 옮긴다고 해서 우주가 창조되는 것도 아니다. 나는 항상 유한한 활동성만 새롭게 정립할 수 있을 뿐이다. 이것은 나의 실천적 활동성의 경계를 정립한다는 말과 같다. 즉 유한한 이성존재는 자신의 유한한 작용성 및 그 경계의 정립을 통해 동시에 "자신 밖의 세계를 정립"하며, 또 그렇게 정립해야 한다. 그렇지 않으면 딴청 팔다가 그림을 완성하지도 못할 것이다. 이때 자기 밖의 세계를 **정립**한다는 것은 자아가 어떤 세계를 창조한다는 말이 아니다. 자신의 유한하지만 자유로운 작용성의 정립을 통해 동시에 이 작용성을 경계짓고 제한하는, "자아로부터 **독립적으로**" "현존하는" 세계를 자기 앞에 설정한다는 것이다(GN, 24-25). 자신의 목적들을 규정하는 실천적 자아 또한 이 세계로부터 **독립적으로** 현존한다.

그런데 **마지막으로** 이성존재는 제한된 자신으로부터 복귀해 자기 안에 가만히 머물면 됐지, 왜 또는 무엇에 의해 다시금 제한된 자신을 반성하고 스스로에게 작용성을 부여하는가. 더구나 결코 무한해질 수 없는 경계 설정과 함께 말이다. 사실 유한한 이성존재가 자기복귀해 제한된 자신을 반성한다는 것은 이미 자기의식의 구조를 암시한다. 그래서 제한된 자신을 반성 대상으로서 지양하고 이에 자유로운 작용성을 부여할 수 있는 것이다. 그렇다면 자기복귀 활동성을 통해 제한된 반성 대상으로서의 자신을 동시에 자유로운 활동성으로 자기규정할 수 있게 하는 것은 무엇인가. 장미가 그림을 그려달라고 말하지는 않는다. 엄밀히 말해 저기 저 꽃이 자신을 장미라고 불러달라고 한 적도 없다. 자기복귀 활동성과 자유로운 작용성의 자기부여는 이미 주체가 그렇게 스스로를 규정하게끔 규정되어 있어야 가능하다. 이 "주체의 자기규정으로의 피규정태"(ein Bestimmtsein des Subjekts zur Selbstbestimmung)는 "작용하도록 **결단**하라는 주체에 대한 요구(Aufforderung)"와 다름없다.[7] 이런 요구는 "외적인 충격"(einen äußeren Anstoß)을 주지만 동시에 "자기규정에 대한 완전한 자유"를 허용

---

7 이 요구(Aufforderung) 개념과 『전체 학문론의 토대』에서의 충격(Anstoß) 개념과의 연관에 대해서는 백훈승, 『피히테의 자아론: 피히테 철학 입문』, 신아출판사, 2004, 212~18쪽: Robert R. Williams, *Recognition Fichte und Hegel on the Other*, pp. 57~60 참조. 로버트 R. 윌리엄스는 이 개념들에서 피히테의 실재론적 측면을 본다. 또한 Frederick Neuhouser, *The Efficacy of the Rational Being* in *Grundlage des Naturrechts*, pp. 42~43 참조. 악셀 호네트는 타자의 요구를 전제한 인정 이론의 이 전개 부분을 피히테 선험론 철학의 '폭파' 지점으로 본다. Axel Honneth, *Die Transzendentale Notwendigkeit von Intersubjektivität* in *Grundlage des Naturrechts*, pp. 63, 76~77. 이 개념들은 『윤리론의 체계』에서 피히테가 "철학자의 관점"에서 자기의식의 조건으로 "충동"(Trieb) 개념을 도입하는 것과도 관련 있다. SS, pp. 40~59, 149; Günter Zöller, *Fichte's Transzendental Philosophy*, pp. 66~67, 101~05; 소병일, 「예나 시기 헤겔의 욕망과 인정 개념: 피히테와 헤겔의 차이를 중심으로」, 『철학』 제98집, 139~48쪽 참조. 프레데릭 C. 바이저에 따르면 피히테의 충격 개념은 표상 이론을 전개한 카를 레온하르트 라인홀트(Karl Leonhard Reinhold)의 '객관적 내용' 개념을 계승한 것이다. Frederick C. Beiser, *The Fate of Reason*, pp. 260~62.

하는 존재, 즉 다른 이성존재로부터만 제시될 수 있다. 그래서 "유한한 이성존재는 감성계 내의 자유로운 작용성을 또 다른 이성존재들에게 부여하지 않고서는, 따라서 자기 밖의 유한한 이성존재들을 가정하지 않고서는 이 작용성을 자기 자신에게 부여할 수 없다"(제2정리). 나는 다른 이성존재에 의해 "작용하도록 요구받은 어떤 것"으로 나 자신을 발견하는 만큼 나 자신으로 복귀해 반성적으로 작용성을 정립하기도 하고 또는 정립하지 않기도 한다(GN, 30, 33-34).

이때 주의해야 할 점이 세 가지가 있다. 무엇보다 **우선** 작용성의 자기부여를 위해 타자의 요구가 꼭 명시적이거나 동시적일 필요는 없다. 언젠가 아름다운 장미 그림을 향유하는 타자의 모습에 외적인 충격을 받은 적이 있다면 지금 그림 그리도록 요구받은 나를 발견하기에 충분하다. **다음으로** 철학자의 관점에서 보자면 타자의 요구는 근본적으로 말해 이미 객체와의 관계 속에서 직관하는 나에게도 포함되어 있는 것이다. 인간의 직관이 객체에 대한 "구속성 상태 속에서도 자유로운 활동성"인 한에서는 그렇다. 객체를 직관하면서 나는 직관하는 나 자신을 그때마다 새롭게 정립하고 방향지을 수 있다. 장미의 꽃잎을, 그 가시를 직관하다 그 너머 수선화로 고개를 돌리는 것은 물론 동물처럼 아주 자의적인 움직임일 수 있는 반면에 아름다움과 같은 어떤 관심에 따른 의식적 움직임이라면 여기에는 분명 언젠가 타자로부터 비롯된 자기규정으로의 피규정태가 나의 자기의식의 활동 대상으로 정립되어 있는 것이다. 이렇게 "의지함"이 없이는 어떠한 직관도 표상도 인간에게는 없다는 것이 피히테의 기본관점이다. "의지함이 이성의 본래적인 본질적 특징이다." 그러나 학문론에서나 논의되는 이러한 철학적 관점은 아직 유한한 이성존재에게 "알려진 것이 아니다"(GN, 18-19, 21-23). **마지막으로** 가장 중요한 점은 유한한 이성존재가 자신에게 부여하는 자유로운 작용성은 결국 유한한 이성존재들 간의 "자유로운 **상호**작용성"이라는 것이다. 타자가 있기에 나는 나 자신으로 복귀해 스스로에게 자유로운 작용성을 부여하고 그 실현 주체로서 자신을 정립한다. 비록 현실적으로 행위하지 않는다고 해도 나는 타자로부터 요구받은 나의 작용성 개념을 갖고 자유롭게 그렇게 정립한 것이다. 바로 타자 때문에 나는 나 자신으로 단순히 복귀하는 것이 아니라 이 복귀 이전의 나를 다시금 자유롭게 규정할 수 있는 것이다. 나의 타자의식은 나의 자기의식의 조건이다. 또는 "인간은" "오직 인간들 중에서만 한 인간이 된다"(Der Mensch wird nur unter Menschen ein Mensch). 자유로운 활동성 능력이 있는 인간들이 있다는 것은 "몇몇"(mehrere) 인간들이 있다는 것이며, 이는 그런 능력을 갖춘 "인간 개념으로부터 엄밀하게 입증"된 "진리"이다(GN, 34, 39). 그리고 상호작용하는 몇몇 인간들은 언제나 특정한 연관 속에 공존하는 인간들이다.

따라서 "유한한 이성존재는 자신을 또 다른 이성존재들과 함께 특정한 연관 속에 있는 것으로 정립하지 않고는 자기 밖의 다른 이 이성존재들을 가정할 수 없다. 이때 그 특정한 연관은 법 연관이라 부른다"(제3정리). 결국 사물들도 포함하지만 근본적으로 보면 **타자들**과의 "법 연관" 속에 공존하는 "세계의 실재성"이 바로 "자기의식의 조건"이라 할 수 있다. 한마디로 그런 연관을 특징짓는 "법 개념"이 바로 "자기의식의 조건"이다. '법의 조건(Condition iuris)은 인간의 조건(condition humana) 자체이다.'[8] 매우 특이해 보이는[9] 피히테의 이 법 개념 연역은 두 가지 주목할 만한 결

---

8 Alain Renaut, *Deduktion des Rechts* in *Grundlage des Naturrechts*, p. 86.
9 이 자기의식은 칸트의 『순수이성비판』에서 개별자의 모든 인식에 수반되어야 하는 선험론적 통각보다는 헤겔의 『정신현상학』에서 타자와의 인정관계를 통해 도달하는 자기의식에 더 가깝다. 그러나 피히테는 철학자의 관점에서 이 자기의식의 조건으로 법 개념을 **연역**하는데 반해, 헤겔은 철학자가 관찰하는 의식 **자체**의 관점에서 자기의식적 주체들의 인정투쟁을 통해 법 상태에 도달하는 것으로 **서술**한다. 윌리엄스는 『자연법의 토대』에서 피히테가 칸트의 '선험론적 주체'를 '역사 속에 구체화함으로써' '상호주관성'을 부각한 것으로 평가한다. 그러나 이는 과도한 평가이다. 피히테는 이 저서에서 역사라는 용어를 단 한 번도 사용하지 않는다. Robert R. Williams, *Recognition Fichte und Hegel on the Other*, pp. 54~55.

과를 지닌다. **먼저** 공존하는 이성존재들의 법 연관이 자기의식적 활동성의 근거라면 이 근거는 "형식상" 내 밖의 타자 속에 있으면서 동시에 내 안에도 있는 것이다. 또한 "질료상" 나의 행위 자체는 타자의 행위와 그 산물을 통해 제약되어 있다. 장미를 잘 가꾸어 그 아름다움을 향유하는 타자의 활동성은 자기 자신으로 복귀해 그 장미의 아름다움을 그리려는 나의 활동성의 형식적 근거이기도 하다. 그러나 나의 그림 그리는 활동성은 타자의 원예 활동과 그 산물에 질료적으로 제약되어 있다. 그림 그리려는 나는 이때 나의 이 활동성의 경계와 범위를 타자와 나 사이의 영역 속에서 선택해야 한다. 그 타자가 자신의 정원을 폐쇄해 혼자만 향유하려는지, 아름다움의 공적 향유를 더 선호하는가에 따라 나는 나의 여러 가능한 자유로운 활동성들 중에서 선택할 수밖에 없다. 이때 나의 선택은 타자의 선택과 상호작용할 수밖에 없다. 피히테는 이렇게 선택하는 주체를 "개인"이라 부른다. 나누어질 수 없는 개인(In-dividuum)이란 "다른 이성적 존재와의 대면을 통해 규정된 이성존재"로서 "배타적으로 자신에게만 속하는 자유의 특정한 표출"로 특징지어진다. 따라서 피히테에게 개인이란 법적 연관 **속에서** 배타적으로 **선택**하는 주체로서 일종의 "상호 개념"(Wechselbegriff)인 셈이다. 그러나 **무엇보다** 주목해야 할 것은 바로 피히테의 법 개념이 도덕법칙(Sittengesetz)과 전혀 무관하게 연역되었다는 점이다. "도덕법칙은 의무를 정언적으로 명령하지만, 법법칙(Rechtsgesetz)은 단지 허용할 뿐이지 결코 명령하지 않는다." 이것은 자기의식의 조건으로서 연역된 그의 법 개념이 상호연관 속의 개인의 선택 개념에 귀착함으로써 생긴 결과라 할 수 있다. 따라서 법을 지켜야 할 구속성은 도덕법칙으로 설명되지 않으며 선택하는 개인들 간의 "물리적 강제력"(Phyische Gewalt)에 관한 "사유법칙"을 통해서만 근거지어질 수 있다. "자연법의 영역에서 선의지는 아무 상관이 없다"(GN, 40-42, 47, 49-50, 52-54).[10] 그렇다면 무슨 이유 때문에 법을 지켜야 하는가. 좀더 근본적으로, 법 공동체 자체를 형성할 필요성은 어디에 있는가. 고독한 이성존재의 자기의식적 자유의 실현을 위해서? 자기의식의 조건으로서의 법 개념의 통찰과 법법칙에 대한 복종 사이에는 '실천적 부정합(Hiatus)'이 가로 놓여 있다.[11] 그리고 바로 이 점에서 피히테는 칸트와 선명하게 작별한다.

---

10 피히테는 "허용법칙"(lex permissiva)으로서의 법법칙을 설명하기 위해 칸트의 영구평화론을 끌어들이기도 한다. 그의 칸트 해석에 따르면, "타당성 양(量)"이 제한될 수밖에 없는 법법칙은 허용법칙이며, 이에 반해 무제한적으로 타당해야 하는 "도덕법칙"은 명령 내지 금지법칙이라는 것이다. GN, p. 90 각주 참조. 이로 인해 그는 이미 영구평화론 비평에서 "도덕법칙"의 "정언명령은 자연법의 원천일 수 없다"라고 결론지은 바 있다. RzeF, p. 429; BBU(1793), p. 83 참조. 영구평화론에서 칸트는 정작 다음처럼 말한다. 순수이성의 "명령이나 금지 이외에 허용법칙이 있을 수 있는지" 고민할 수 있다. 왜냐하면 명령이나 금지는 "객관적·실천적 필연성의 근거"를 갖춘 반면에 허용법칙은 강요할 수 없는 "행위에 대한 강요"라는 "실천적 우연성의 근거"를 지니기 때문이다. 자연법 이론가는 자립적인 금지법칙에 허용을 "제한적인 조건"으로 도입해서는 안 되며, "예외" 규칙들의 형태로만 제시해야 한다(ZeF, AA15-17). 여기서 칸트는 명령 및 금지와 허용을 각각 도덕법칙과 법법칙에 할당하라고 말하지 않는다. 『도덕 형이상학』에서 칸트는 "실천적 필연성"에 따르는 도덕법칙이 또한 "강요"(Nötigung)를 포함하는 한에서 "명령법칙이나 금지법칙"일 수 있다고 설명한다. 이 명령이나 금지가 "외적 강제"로 표현된 것이 법법칙이요, "자유로운 자기강제"로 표현된 것이 도덕법칙이다. 이 도덕법칙이 외적 행위에만 관계하는 법법칙에 내용적으로 개입해서는 안 되겠지만, 법법칙의 측면에서 보면 강제적 복종만 가능하기에 법에 대한 **자발적** 복종은 궁극적으로 도덕법칙에 근거해야 한다는 것이 칸트의 생각이다. 그래서 명령 내지 금지의 예외로서만 가능한 허용법칙은 법의 관점에서는 "도덕적으로 무관심한" 것일 수 있지만, 도덕의 관점에서는 꼭 그렇지 않다는 것이다(MR, AB21-22; MT, A8-9). 따라서 피히테의 해석은 오해일 수 있다. Wolfgang Kersting, *Die Unabhängigkeit des Rechts von der Moral* in *Grundlage des Naturrechts*, pp. 30~36 참조.

11 Wolfgang Kersting, *Die Unabhängigkeit des Rechts von der Moral* in *Grundlage des Naturrechts*, p. 26.

2. 법 개념의 적용 가능성: 상호인정과 상호제한

자기의식 가능성의 선험론적 조건을 탐구하는 피히테 법철학은 흔히 그 조건에 대한 연구로 기획되던 '순수 주체철학의 자리'를 대체한다.[12] 여기서 주체는 오히려 타자들과의 상호작용 속에서 배타적으로 선택하는 개인이다. 그리고 각 개인에게 자유의 영역은 "자유로운 존재들의 상호연관"에 의해 규정된다. 이 연관은 "지성과 자유를 통한 상호작용 연관"과 다름없다. 즉 나의 타자인식(a')은 타자가 나를 자유로운 존재로 대우하는 것(b')에 제약되어 있다. 나에 대한 타자의 이 대우(b')는 다시금 그에 대한 나의 행위와 인식(a'')을 통해 제약된다. 이 상호제약은 무한히 지속될 것이다($a' \leftarrow b' \leftarrow a'' \leftarrow b'' \leftarrow \cdots$). 중요한 것은 그때마다 이루어지는 이 상호제약 전체가 이성적 존재로서의 상호인정에 기초한다는 점이다. 나는 타자를 이성적 존재로 대우하는 한에서만 이 타자에게 나 또한 이성적 존재로 인정해 주길 요구할 수 있다. 이 관계는 나와 모든 이성적 존재들과의 연관에 해당한다. 이때 서로 이성적 존재로 인정한다는 것은 서로에게 침해 불가능한 자유의 영역을 확보해 준다는 의미를 지닌다. 그런데 타자는 내가 그를 이성적 존재로 대우한다는 것을 어떻게 확신하는가. 분명 그에 대한 나의 관념적 인정만으로는 부족하다. 오히려 그것은 무엇보다 "감성계 내에서 내가 현실적으로 행위"함으로써만 입증될 수 있는 것이다(GN, 43-45). 이로부터 이성적 존재 각자에게 자유의 영역이 확보될 수 있는 감성적 행위의 최소 조건들이 도출될 수 있을 것이다. 이 조건들은 곧 법 개념의 적용 가능성을 의미한다.

누구든 말로만 타자를 인정할 수 있다. 그러나 이러한 관념적 인정은 내가 정말 그를 그렇게 대우하는가에 대한 타자의 확신에 불충분할뿐더

---

12 Alain Renaut, *Deduktion des Rechts* in *Grundlage des Naturrechts*, p. 84.

러 내 자유의 현실적 영역의 확보에도 충분하지 못하다. 이 확보는 타자의 나에 대한 대우에 달려 있기 때문이다. 따라서 나는 현실적으로 감성적 행위를 통해, 이를테면 장미를 그리면서도 이것을 가꾼 타자의 이 소유물을 해치지 않는다는 것을 보여주어야 한다. 매번 경험적으로 이루어지는 이러한 행위의 최소 조건을 선험론적으로 제시한다면 이는 곧 법 개념이 적용 가능한 조건이 된다는 것이 피히테의 생각이다. 그렇다면 이성적 존재로서 나는 어떻게 감성적으로 행위할 수 있는가. 물론 질료적 신체를 갖고서일 것이다. 즉 "이성적 존재는 스스로에게 질료적 신체를 부여하고 이를 통해 이 신체를 **규정**하지 않고서는 자신을 작용하는 개인으로 정립할 수 없다"(제4정리). 자신에게 신체의 활용 가능성을 무한히 부여하는 것이 아니라 나에 대한 타자의 현실적 확신을 고려해 규정적으로 부여하는 것은 단순히 선택하는 개인의 행위가 아니라 이성적 판단능력을 갖고서 선택하는 개인의 행위이다. 피히테는 이러한 이성적 개인을 이제 "인격"(Person)으로 부르고자 한다. 그렇지만 여기서 인격 개념이 개인 개념과 선명하게 구별되고 있진 않다. 분명한 것은 개인이 다른 이성적 존재와의 법적 **연관** 속에서 자신의 배타적 자유의 영역을 선택하는 존재라면 인격은 이성적 자기규정을 통해 이 선택을 오직 자신에게 가능한 자유의 영역 **내에서만** 행한다는 것이다. 말하자면 개인은 타자와의 법적 연관 속에서 이 타자의 자유 영역을 침해하는 배타적 선택을 할 수 있다. 이 경우에 그 개인은 범죄자가 될 것이다. 반면에 인격은 자신에게 배타적으로 속하는, 가능한 자신의 자유로운 행위들의 영역을 "세계의 한 부분"으로 직관하고, 이 연장된 세계 부분 속에서 가능한 자신의 활동성을 타자의 자유로운 활동성 영역과의 "선긋기"를 통해 확보하며, 자신의 육체(Körper)를 통해 실행한다. 이때 그어지는 선은 법과 불법의 경계라 할 수 있다. 이런 경계선을 그을 수 있는 "인격은 자유롭다". 인격이 자유롭다는 것은 우선 "목적 개념을 기획함(Entwerfen)으로써" "이 개념에 정확히 상응하는 객체의 원인"이 될 수 있다는 것이다. 어떤 목적을 개념적으로 기확하는 것은 "의지함"이다. 그리고 의지함을 통해 의지된 대상을 야기할 수 있는 것은 오직 의지를 지닌 육체 내에서만 가능하다. 육체야말로 인격의 자유로운 모든 행위들을 가능적으로 포함한다. 그래서 "인격은" "육체 내"에서만 "절대적으로 자유로운" 원인, "다시 말해 직접적으로 의지를 통해 작용하는 원인"일 수 있다. 이 말은 어찌 보면 모순처럼 들릴 수 있다. 마치 인격의 절대적 자유는 제한된 육체에 의존하는 것처럼 들리기 때문이다. 이 육체가 "인격의 가능한 모든 자유로운 행위들의 범위"를 의미한다고 해도 그렇다. 그러나 이것은 인격이 지닌 이념으로서의 절대적 자유가 실현되기 위해 불가피하게 전제될 수밖에 없는 유한한 조건으로 이해되어야 한다. 나의 절대적 자유는 자유의지에 따른 나의 육체의 지속적 활동을 통해서만 점진적으로 실현 가능하다. 이때 나의 인격의 지속과 동일성에 연결되어 있는 나의 분절된 전체 육체를 피히테는 "신체"(Leib)라고 부른다(GN, 56-59, 61). 그렇다면 내 신체의 가동성 조건은 이성적 개인으로서의 나의 자유의 실현조건이라 할 수 있다.

그런데 "인격은 자신의 신체를 자기 외부의 인격의 영향 **아래** 있는 것으로 정립하지 않고서는, 그리고 이를 통해 자신의 신체를 계속 **규정**하지 않고서는 스스로에게 이 신체를 부여할 수 없다"(제5정리). 이때 내 인격의 신체적 활동성은 한편으로 타자의 영향을 통해 지양된 것이면서도, 동시에 내 인격의 결코 지양될 수 없는 자유로운 표출이어야 한다. 피히테는 이것이 어떻게 가능한지를 설명하기 위해 이 대목에서 장황하게 지각 이론까지 끌어들이고 있다. 여기서 상론할 수는 없겠으나 간단히 말하자면 각자는 자신의 신체가 타자의 영향을 받고 있다는 것을 일상적 감관(Sinn) 같은 "하급 기관"(das niedere Organ)을 통해 지각하며, 이 영향이 어떤 사물이 아니라 바로 다른 인격으로부터 비롯된다는 것을 "공기"(Luft)나 "빛"(Licht)과 같은 "순수미세 질료"(eine feinere und subtilere Materie)를 매개로 하는 "고급 기관"(das höhere Organ)을 통해 인식한다(GN, 61-65, 69-70).[13] 이를 통해 나는 타자의 나의 신체에 대한 영향을 그 타자의 **인격의** 산물로서, 그리고 동시에 나의 인격에 대한 **요구**로서 인식하고 내 신체의 자유로운 활동성 영역을 계속 규정한다는 것이다. 이렇게 도입된 지각 이론의 설득력이나 논증력을 별도로 한다면 피히테의 요점은 이렇다. 각자에게 "자기의식의 가능성 조건"은 법 개념으로 요약되는 "자유로운 존재들의 필연적 공동체"였다. 이제 자유로운 이성존재들의 자기(의식적) 실현은 각자의 신체를 통해서만 가능하다. 따라서 이 신체 및 신체의 연장 가능한 활동 영역으로서의 감성계에 대한 규정은, 다시 말해 각자에게 보장되는 가능한 모든 자유 행위들의 영역은 서로 신체적으로 영향을 끼치며 인격적으로 상호 요구하는 바로 이 "자유로운 존재들의 필연적 공동체"로부터 추론되는 것이다(GN, 72-73). 그리고 이렇게 추론된 내용은 공동체를 유지하는 법 개념의 적용 내용이 될 것이다. 한마디로 자기의식, 자기의식적 자유 및 이 자유의 감성적 실현조건들은 모두 "자유로운 존재들의 공동체 자체가 어떻게 가능한가"에 달려 있다고 할 수 있다.

자유로운 존재들의 공동체 가능성은 법 개념의 적용 가능성을 논의하는 "법학의 과제"이다. 법학은 "자유로운 존재들의 모든 자의적 상호작용" 근저에 놓여 있는 "근원적·필연적 상호작용"을 탐구한다. 이 후자의 상호작용은 무엇보다 자유로운 존재 각자가 "감성계 내의 자신의 단순한 현존을 통해" 다른 자유로운 존재로 하여금 자신을 "인격으로 인정하도록" 강요한다는 것이다. 감성계 내의 단순한 현존은 "특정한 현상"이지만, 이 현상은 미세 질료를 통해 전해지는 인격의 현상이다. 그래서 타자는 이 현상의 주체를 자유로운 인격으로 인정하는 "특정한 개념"을 제공한다(GN, 85). 이 작용은 상호적이다. 만약 상호적이지 않다면, 예를 들어

---

13 빛은 신체적 형태를 통한 인격의 직접적 가시화를 가능하게 하는 것으로, 공기는 음향적 형태를 통한 인격의 언어적 이해를 가능하게 하는 것으로 설명된다(GN, 75-78). Günter Zöller, *Leib, Materie und gemeinsames Wollen als Anwendungsbedingungen des Rechts* in *Grundlage des Naturrechts*, pp. 103~06.

각자가 타자의 감성적 현존 주체를 서로 간에 인격으로 인식하지 않는다면 동물들의 관계에 지나지 않을 것이며, 일방적으로 한쪽만 인격적 주체로서 타자의 신체를 전부 자신의 개념 아래에 포섭한다면 그 타자를 인격이 아니라 노예나 물건으로 취급하는 셈이 될 것이다. 비인격적인 노예나 물건으로부터 나의 인격성을 인정받을 수는 없다. 따라서 내가 자유로운 인격이고자 한다면 타자와의 연관을 통해 제한된 나의 작용성 전체 영역 내에서만 선택해야 하며, 나의 물리적 힘의 행사를 제한하고 법칙들로 설정해야 한다. 이것들 중 가장 근원적인 법칙은 앞서 말한 인격으로서의 상호인정이 될 것이다. 이 법칙으로부터 이제 법 개념을 체계적으로 적용하는 피히테의 법론이 본격적으로 전개된다. 그러나 이를 살펴보기에 앞서 지금까지 연역된 공동체의 몇 가지 특징들을 지적할 필요가 있다.

무엇보다 잊지 말아야 할 것은 자유로운 존재들의 공동체가 자기의식 가능성을 위해 필연적인 것으로 입증되었을 뿐이지 충분한 것으로 입증된 것은 아니라는 점이다. 더구나 이때의 필연성은 결코 정언적 필연성이 아니며 단지 가언적 필연성만을 의미할 뿐이다. 나는 왜 다른 사람들과 공동체를 형성해야 하는가. 더구나 굳이 자기의식이나 자유 같은 것을 원하지 않는다면 말이다. 피히테의 주장은 단지 나의 의지가 자유롭고자 한다면 이 자유의지는 자기의식적으로만 가능하기에 일관되게 자기의식의 가능성 조건으로서 타자들과 공동체를 형성해야 한다는 것이다. 다시 말해 인격으로서의 상호인정 법칙의 타당성은 "의지의 자유" 및 그 실현을 원하는 각자의 "일관성"(Konsequenz)에 달려 있다. 그러나 내가 꼭 자유로워야 하는 것이 아니라면 내가 왜 그렇게 일관되게 처신해야 하는지 "통찰할 수 없다". 마찬가지로 내가 "왜 일관되지 않게 처신해야 하는지 통찰할 수 없는 것처럼" 말이다. 자유**의지**가 없다면 일관성이나 비일관성에 대한 "절대적 근거"는 제시될 수 없다. 제시될 수 있는 것은 단지 자유롭게 자기실현하고자 한다면 인격들 간의 공동체가 먼저 형성되어야 한다는 것이며, 이 형성은 인격으로서의 상호인정에 기초해야 한다는 "가언적 근거"뿐이다.[14] 이로써 피히테의 자연법은 이미 언급했듯이 도덕성과 완전히 분리되며, 이를 통해 도덕이나 법률을 비롯해 공동체의 모든 규칙들을 근거지었던 근대 자연법 전통과도 결별한다.[15] 자연법이 말해줄 수 있는 것은 오직 네가 자유롭게 행위하고자 한다면 자기의식, 자기정립, 자유로운 작용성, 타자의 작용성, 법 연관, 신체를 통한 자기실현 및 타자에 의한 제한 등을 거쳐 인격으로서의 상호인정과 상호제한을 의미하는 공동체 형성에까지 이르러야 한다는 사고상의 필연적 일관성뿐이다. 이때 공동체 형성은 이러한 일관성을 견지할 수 있는 이성적 존재 각자의 "자유로운 **결단**"에 의거한다. 모두의 결단이 없다면 공동체는 존립할 수 없다. 그러나 일단 공동체를 만들기로 했으면 각자는 자신의 자유를 "타자 또한 이와 병존해 자유로울 수 있도록 제한해야" 한다. 모두의 이 "공통적인" "의지의 법칙"은 공동체의 기초가 되는 피히테 자연법의 원리라 할 수 있다. 피히테는 이 법칙을 "자유를 위한 법칙"으로서 "법법칙"(Rechtsgesetz)이라고 부른다. 그러나 이 법법칙과 이로부터 비롯되는 모든 공동체의 법들은 사실 "가언적 타당성"만 지니게 된다(GN, 85-89, 91).[16]

피히테는 자신이 구상한 법 공동체의 이 모든 특징들을 잘 알고 있었다. 이를 통해 그가 강조하려는 것은 바로 인간 **개인**이란 **공동체**를 떠나서는 자신의 자유를 실현할 수 없다는 통찰이다. 피히테의 이 공로는 그러나 인간의 자유와 그 실현의 **조건적** 정당화에 기초한다. >유한한 이성존재가 자유롭게 자기정립하고자 한다면<! 그에게서 모든 연역과 논증의

---

14 데이비드 제임스도 상호인정의 불충분한 동기화를 문제삼는다. David James, *Fichte's Social and Political Philosophy: Property and Virtue*, pp. 16~17.

15 Alain Renaut, *Deduktion des Rechts* in *Grundlage des Naturrechts*, p. 90.

16 피히테는 유고 『법론의 체계』(1812)에서 이 문제를 다음처럼 자각한다. "누구도 타인의 자유를 방해해선 안 된다면 모두가 자신들의 자연적 자유를 제한해야 한다. 단번에 모두가"(Alle in einem Schlage) 그렇게 해야 한다. 그러나 "누가 그 [법]법칙을 실행해야 하는지는 결코 통찰할 수 없다"(SR, 497).

출발점은 바로 이 조건문에 있다(제1정리 참조). 자유로운 자기정립을 본질로 하는 것은 그의 학문론에서 논의되는 절대적 주체로서의 자아이다. 그렇다면 이 조건문은 >유한한 이성존재가 무한한 절대적 이성존재이고자 한다면<으로 바꿀 수 있다. 이때 자유는 절대적으로 후자에게만 온전히 속한다. 그에게는 감성과 이성의 혼종으로서의 유한한 인간이 절대적 자유의 주체로 설정되지 않는다. 다시 말해 절대적 자유는 인간의 **존재론적** 본성으로 파악되지 못한다. 인간 자유의 선험론적 조건으로서 절대적 자아의 사행이 철학자의 학문론적 관점에서 분석되었을 뿐이다. 그의 자연법은 학문론에서 분석된 이 자아의 절대적 자유를 유한한 인간이 실현하고자 할 때 시작된다. 더구나 그의 논증은 엄밀히 보자면 두 가지 측면에서 취약하다. **먼저** 처음 세 정리들은 자유로운 자기정립 또는 자기의식적 자유의 조건으로서 자신의 자유로운 작용성(제1정리)과 이 작용성의 조건으로서 감성계 내의 다른 이성존재의 자유로운 작용성(제2정리), 그리고 유한한 이성존재들의 법 연관(제3정리)으로 추론해간다. 간단히 말해 자유로운 나의 자기의식적 정립은 타자**로부터** 비롯되는 자유로운 작용성에 있다는 말이다. 그러나 이때 나에게 자유로운 작용성을 전달하고 나의 자기규정을 요구하는 타자는 이미 상호인정과 상호제한의 자기의식적 주체여야 한다. 여기서 나의 자기의식은 타자의 자기의식을 암묵적으로 전제한다. 이것은 자기의식 가능성을 연역하는 것이 아니라 이미 현실적인 자기의식을 갖고 가능적 자기의식을 설명하는 것이다.[17] 그리고 넷째 정리와

---

17 피히테는 타자에 의한 "자유로운 자기활동성 요구"를 "교육"이라고 설명하기도 한다. 그렇다면 도덕성과 분리된 법 개념의 연역 시도가 과연 성공적이었는지는 문제시될 수 있다(GN, 39-40). 윌리엄스는 이 부분을 상호주관적 '타자의 우선성'을 '선험론적 사실'로 도입한 것이라 해석한다. 그렇다 해도 순환론에서 완전히 벗어난 것인지는 의문이다. Robert R. Williams, *Recognition Fichte und Hegel on the Other*, p. 60. 피히테는 『법론의 체계』에서 법법칙의 출발점을 "몇몇 자유로운 존재들이 모든 사람들의 작용성을 전파하는 공동체적 영역에 있다는 **사실**(Faktum)"로 설정한다(SR, 500). 김준수는 타자로부터 시작되는 요구에 인정관계가 '분석적

다섯째 정리는 나의 자유로운 작용성을 위해 내 **편에서** 갖추어야 하는 조건, 즉 나의 질료적 신체(제4정리)와 이 신체의 다른 인격의 영향 아래에서의 지속적 규정(제5정리)을 추론한다. 피히테는 분명 이것들이 "자기의식의 가능성 조건인 자유로운 존재들의 필연적 공동체로부터 도출된" 것들이라고 말한다(GN, 72). 이것들 또한 자기의식의 가능성 조건에 해당한다는 것이다. 그러나 내 자유의 실현 매체로서 나의 신체를 타자의 영향 아래에서 규정하고 제한하는 것은 이미 자기의식적 반성능력을 의미한다. 이것은 증명할 것을 전제하는 것이다.[18] 혹자는 이런 선결문제의 오류를 법 개념의 연역과 그 적용 가능성의 연역을 구분함으로써 오류 아닌 것으로 이해할 수도 있다. 즉 자기의식의 가능성은 처음 세 정리들에서 끝났고, 다음 두 정리들은 이미 연역된 자기의식의 자유로운 실현조건을 '사변적 관점에서' 다룬다는 것이다.[19] 그러나 그렇다 해도 더 큰 문제가 있다.

유한한 이성존재는 자신의 자유로운 작용성을 위해 어떻게 이 모든 조건들을 필연적으로 사유하는가. 피히테 논증의 **두 번째** 취약점은 바로 그 가언적 필연성을 사유하는 주체가 누구인가에 있다. 그 가언적 필연성은 유한한 '인간존재'와 이 존재의 '사유 형식들'을 반성하는 철학자의 '사유 필연성'이다.[20] 피히테는 앞서 첫째 정리의 증명 부분에서 "세계 직관에서

내포'로 포함되어 있는 것으로 보는 해석들을 소개하면서도 '개연적' 요구에서 '정언적' 법 인식으로의 이행 문제가 여전히 '불명확'한 것으로 평가한다. 김준수, 「피히테의 승인 이론의 구조」, 『헤겔연구』 제21호, 286~95쪽.

18 피히테는 1796년부터 1799년까지 행한 『새로운 방법에 따른 학문론』 강연에서 '상호인격성'을 학문론에 도입한다. Günter Zöller, *Fichte's Transzendental Philosophy*, pp. 92~93, 105~09; 권기환, 「피히테에 있어서 실천적 자기의식의 실재론적 진화」, 『철학과 현상학 연구』 제50권, 10~18, 21~23쪽; 백훈승, 『피히테의 자아론』, 235~39쪽. 또한 이 강연에서 자연법의 학적 위치가 '이론철학과 실천철학 사이'로 변경된다(254~57쪽).

19 Claude Piché, *Die Bestimmung der Sinnenwelt durch das vernünftige Wesen* in *Grundlage des Naturrechts*, p. 56.

20 Günter Zöller, *Leib, Materie und gemeinsames Wollen als Anwendungs-*

의 이성존재의 활동성"을 언급하며 "철학하는 우리가" "우리의 사변과 함께 자연법 설정에까지 나아간다면" "우리에게 알려짐이 틀림없지만, 여전히 우리가 철학하는" 대상인 유한한 "이성존재에게는 알려지지 않는" 것이라고 말하고 있다(GN, 18-19). 세계를 직관하는 활동성 자체에도 이미 자유로운 자기의식적 반성이 내재해 있지만 이것은 우리 철학자에게만 알려진다는 것이며, 자연법이 설정된 이후에도 철학하지 못하는 유한한 이성존재는 이론적으로 자각하지 못한다는 것이다. 자연법 설정과 직접적 연관이 없는 이 언급은 그럼에도 계몽철학의 한계를 되풀이한다는 점에서 중요하지 않을 수 있다. 더 근본적인 문제는 법 개념과 그 적용 가능성을 연역하면서 피히테는 줄곧 철학자의 관점과 그 대상인 유한한 이성존재의 관점을 암묵적으로 구분하고 있다는 것이다. 이때 그가 주목하는 것은 후자가 아니라 오직 전자일 뿐이다.[21] > 유한한 이성존재가 자유롭게 자기정립하고자 **한다면**< 이에 뒤따르는 모든 조건들은 철학자의 관점에서 도출되고 설정된다. 결론적으로 자유롭고자 한다면 인간은 **모두** 공동체를 형성하려는 자유로운 결단을 해야 한다는 것이다. 그러나 이것은 절대적 자유의 실재적 실현을 유한자 모두의 결단이라는 우연성에 의존하게 만든다. 자유롭고자 하는 의지 중심의 주의주의(Voluntarismus)는 철학자의 반성조건에 따르는 우연한 결단주의(Dezisionismus)에 귀착한다. 사실 피히테가 **처음부터** 물어야 했던 것은 왜 유한한 이성존재가 필연적으로 자기정립을 의지할 **수밖에 없는가** 하는 것이다. 그것은 분명 유한한

---

bedingungen des Rechts in *Grundlage des Naturrechts*, p. 110.

21 피히테는 이미 『학문론의 두 번째 서론』에서 "철학자가 관찰하는 자아"와 이 자아에 대한 "철학자의 관찰들"을 구분할 뿐 관찰되는 자아 자체의 관점은 간과하고 있다(ZEW, 454). 윌리엄스는 바로 여기서 '관찰하고 해석하는 철학자'에 의한 '일상의식'의 선(先) 결정 가능성을 정확히 보고 있다. Robert R. Williams, *Recognition Fichte und Hegel on the Other*, p. 38. 이로 인한 인식론적 문제에 대해서는 남기호, 「헤겔의 인식론」, 『헤겔연구』 제24호, 20~22쪽 참조.

이성존재조차 절대적 자아의 자유를 본질로 갖추고 있으며 유한한 방식으로나마 그것을 실현할 수 있기 때문일 것이다. 그러나 그에게는 이러한 존재론적 통찰이 없기에 자유의 실현조건들은 유한한 주체에 **내재적으로** 전개되지 못한다. 그에게서 '철학 이론과 생활 세계적 사유'는 '합일 불가능'하다.[22] 적어도 자연법 이론에서 피히테의 철학자는 인간정신의 역사편찬자가 아니라 그 입법자가 되는 것이다.

3. 법 개념의 체계적 적용: 근원법과 강제법 그리고 계약

그럼에도 처음 세 정리들을 통해 입증되었듯이 "**대체로** 이성이 감성계 내에 실현되어야 한다면" 이것이 자유로운 이성적 존재의 공동체 내에서만 가능하다는 피히테의 통찰은 매우 값진 것이다. 비록 나의 자유로운 자기규정을 촉발하는 감성계 내의 타자의 작용성은 이 타자의 자기의식 능력을 전제로 함에도 불구하고 말이다. 이러한 전제는 이성 자체의 사회성과 역사성을 통해서만 해명될 수 있을 것이다. 어떠한 인간도 홀로 이성 능력을 획득하지 못하며, 이전 세대의 성과 없이 실현하지도 못한다. 이에 대한 논의가 없다 해도 여하튼 자기의식 능력을 갖추고 이것의 자유로운 실현을 원하는 인간이라면 피히테처럼 철학자의 관점에서 그 조건이 되는 타자와의 공동체 내 모두의 "자유의 병립(Beisammenstehen)" 가능성을 모색할 것이다. 그래서 법 개념의 체계적 적용을 다루는 법론 부분은 피히테 자연법 이론의 백미라 할 수 있다.

---

22 Susanna Kahlefeld, *Standpunkt des Lebens und Standpunkt der Philosophie* in *Fichte-Studien*, Bd. 21, p. 128; Claude Piché, *Die Bestimmung der Sinnenwelt durch das vernünftige Wesen* in *Grundlage des Naturrechts*, pp. 60~61 참조.

피히테는 여기서 철저히 학문적 필연성의 측면에서 논의한다. 이것은 바꿔 말하면 자유로운 존재들의 공동체가 실재적으로는 앞서 말한 결단과 같은 우연적 요소에 의존한다는 것을 의미한다. 즉 일단 공동체를 형성하기로 결단했다면 이에 대한 필연적 사유에 따라 자유의 병립은 "오직 자유로운 존재 각자가 모든 다른 이들의 자유의 개념을 통해 자신의 자유를 제한하는 것을 자신의 법칙으로 만듦으로써만" 가능하다. 왜냐하면 자유로운 존재라면 누구나 타자의 자유를 방해할 물리적 능력을 갖고 있으며, 그럼에도 이러한 방해가 일어나지 않는 자유의 병립이 있다면 그것은 모두가 "자유로운 결단에 의해", 다시 말해 여러 선택들 중에서 자신의 자유를 제한하는 그런 법칙을 선택했기 때문이다. 따라서 그 법칙은 자유로운 존재들의 공동체에 적용되는 근원적인 법법칙이다. 이 법법칙은 상반되는 이중적 측면을 지닌다. 먼저 이 법칙은 수용된 후에 어떠한 예외도 허용하지 않고 "보편타당하고 정언적으로" 관철되어야 한다. 하나의 예외라도 있다면 공동체는 성립하지 않을 것이기 때문이다. 이러한 특성으로 말미암아 법법칙은 공동체 내 인격들의 자유를 보장하는 "근원법들"(Urrechte)의 근거가 된다. 그러나 이 법칙의 **정언적** 특성은 다른 한편으로 이 법칙을 받아들이기로 한 자유로운 결단의 **가언적** 조건에서 파생된 것이다. 자유로운 존재들의 공동체가 있어야 한다면 각자는 이 법칙을 스스로에게 부과해야 한다. 그리고 전자는 후자의 실재적인 자기입법에 의존한다. "철학자에게" "입법"의 "유일한 근거"는 바로 이러한 전제이다. 이 전제에 따라 공존 가능한 "단지 그만큼만" 자기입법이 이루어져야 하며, 스스로에게 이 법칙을 부여하지 않는 자는 자유로운 인격으로 존중받을 수 없다. 이런 사람은 공동체에 의해 "강제법"(Zwangsrecht)의 적용을 받을 것이다. 강제법은 법법칙을 스스로 부여하지 않고, 다른 인격의 근원법을 침해했을 경우에만 작용한다. 이때 "자신의 마음속에" 진정으로 법법칙을 받아들이지 않는 자에게 강제법은 "무한히" 적용될 것이지만, 마음속에 받아들이긴 하면서 타인의 근원법을 침해할 때에는 이

"몰법성(Gesetzlosigkeit)의 지속" 기간 동안만 강제법이 적용된다. 다시 말해 강제법의 경계는 법법칙을 진심으로 수용하는 "각자의 **양심**"에 있다고 할 수 있다. 그러나 여기서 다음과 같은 문제가 발생한다. 타인의 자유를 침해하는 자는 법법칙이 없는 자이다. 그러나 그가 이 법법칙을 진심으로 간직하지만 외적으로 잘못 행위했을 뿐이라고 주장하면 어떻게 하는가. 여하튼 그는 자신이 침해한 타인의 자유를 외적으로 보상해주고 법법칙의 자발적 수용을 입증해야 할 것이다. 그런데 이 입증 시점은 감성계 내에서 구체적으로 확정될 수 없다. 그 입증 근거가 오직 그 자체 감성적으로 현상할 수 없는 그의 "양심 속"에만 있기 때문이다. 유일하게 가능한 결정 근거는 단지 그가 타인의 침해된 자유를 보상하고 **지속적으로** 보장해주는 외적 행위에 있다. 이러한 그의 지속적인 외적 행위에 대한 "전체적인 미래의 경험"만이 가해자와 피해자의 법 연관을 회복해준다. 그러나 이런 경험은 누가 보장해줄 수 있는가. 현 시점에서 가해자의 후회나 약속만으로는 불충분하다. 그리고 미래의 이 행위에 대한 보장이 없다면 누구나 자신의 "무기를 내려놓지 않을" 것이다. 그 해결책은 "상호간의 자유부여(Freilassen)"의 "바로 그 순간에" "전체적인 미래의 저 경험"이 "현재화"될 수 있는 "외적 확신"의 "보장"이 있을 때뿐이다. 이로부터 피히테는 강제법을 실행하는 "제3자"에게 모든 물리적인 힘과 권리들을 "무조건적으로" 양도하는 "계약"의 필요성을 도출한다. 이때 제3자는 물론 "국가"를 말한다. "국가 밖에서", 그리고 이 국가의 "실정법이 없이는" 그 누구도 미래의 안전 보장을 확신할 수 없기에 "인격들 간의 법 연관에 관한 학문"도 불가능하다(GN, 92-101).

피히테의 법학은 이렇게 자유를 위한 법법칙을 확립하고 이 법법칙의 양면성에 따라 근원법과 강제법을 도출한 후에 이 법들을 계약을 통한 국가 성립 과정에 체계적으로 적용하는 방식으로 이루어진다. 여기서 무엇보다 **가장** 주목해야 할 것은 피히테에게 근원적인 법이 칸트에게서처럼 직접 "강제의 권한"(MR, AB35)[23]으로 정의되지 않고 오히려 강제법은 근원법에 의존적으로만 근거지어진다는 점이다. 근원**법들**(Urrechte)은 자유를 위해 공동체를 형성하는 모든 인격들의 결코 침해되거나 강제될 수 없는 근원적인 **권리들**(ursprüngliche Rechte)로 이해될 수 있다. 오늘날의 인권으로 해석 가능한 이 권리가 침해되었을 때에야 비로소 강제법은 발동한다. 이때 강제법(Zwangsrecht) 또한 피해자가 가해자를 강제할 수 있는 권리(Recht auf Zwang)로 간주될 수 있다.[24] 그러나 강제권의 발동과 정지는 개별자 차원에서 근원법의 복원과 지속적인 보장을 줄 수 없기에 국가 형성의 계약이 필요하게 된다. 그**다음으로** 흥미로운 것은 피히테가 이 계약 체결 이전의 상태를 결코 단 한 번도 자연 상태(Naturzustand)라고 언급하지 않는다는 점이다.[25] 이것은 이미 타자와의 관계를 통해 자기의식적 이성능력을 갖춘 개인들이 꼭 무질서한 자연 상태에 처하지는 않기 때문일 것이다. 『자연법의 토대』에서 비록 선명하게 자각하고 있지는 않았지만 피히테의 **자연**법은 자연 상태와 같은 어떠한 무질서한 자연 개념에도 기초하고 있지 않으며, 오로지 자유로운 이성존재에 대한 철학자의 사유 필연성에 따라 전개된다.[26] 따라서 계약 이전에 이미 이성적인 존

---

23 이러한 정의의 문제점에 대해서는 남기호, 「칸트의 자연법 이론과 국가 기초의 문제」, 『가톨릭 철학』 제14호, 172~74쪽 참조.

24 앞서 밝혔듯이 이 글에서는 'Recht'를 주로 '법'으로 번역하고 파생적으로만 '권리'로 옮긴다.

25 1793년 『프랑스혁명에 대한 대중의 판단 교정을 위한 기고문』에서 피히테는 "루소"처럼 "자연 상태"를 "현실 세계에선 만날 수 없지만" "현존했어야 하는" "유일하게 올바른 길"로 간주하며, "시민계약" 이후에도 "결코 지양되지 않는" 것으로 본다(BBU, 80, 82, 131). 그러나 1804년 『현시대의 근본경향들』이나 1812년 『법론의 체계』에서 자연 상태는 국가나 계약 당사자가 기본법을 보장하지 않았을 때 빠지게 되는 "상상된 무법적인" 상태로 비유적으로만 언급된다(GgZ, 209; SR, 523, 578, 595).

26 앞서 언급한 바 있듯이 피히테는 『법론의 체계』에서 "자연법, 다시 말해 **이성법**, 그리고 자연법은 그렇게 불렸어야 했다"라고 스스로 자연법 개념을 교정한다. 이에 따르면 "법법칙은 절대적 이성법칙"이며, "모든 법은 순수한 이성법이다"(SR, 498-499).

재들 각자는 계약 체결 이후에도 법법칙이 제대로 지켜지고 있는지 검사할 수 있어야 한다. 계약을 통해 비로소 가능해지는 "실정법들"은 그래서 피히테에 따르면 법법칙에 따라 "미래의 가능한 모든 법 판결들"의 "규범들"(Normen)로 정의된다. 다시 말해 실정법은 미래의 모든 판결이 법법칙을 실현하기 위해 내려지도록 정해 놓은 구체적 법률이라 할 수 있다. 피히테는 실정법의 기준이 된다는 의미에서 이 법법칙을 "법규칙"(Regel des Rechts)이라고 부르기도 한다(GN, 103. 또한 92, 254 참조).[27] 계약을 체결함으로써 나는 이 법규칙을 실정법을 통해 "특정한 객체들"에 적용하고 법판결을 통해 "특정한 인격들"에 적용할 수 있는 권한을 "확정된 불변적 의지"에 양도한다. 그러나 **마지막으로** 주의해야 할 점은 이 양도가 "어떠한 예외도 저지를 수 없는 필연적인 법률의지에만" 행해지는 것이지, 그 "결정에서 가변적인 자유로운 인간의지에" 행해지는 것은 아니라는 것이다. 이 때문에 나는 필연적 법률의지에 자발적으로 복종함으로써 나의 권리들을 상실하는 것이 아니라 오히려 이 법률의지에 기초한 권한들을 현실적으로 획득한다. 루소를 연상시키는[28] 이 양도는 따라서 주권자가 인간으로서 법률의지를 제대로 실현하고 있는지 검사할 수 있는 권한을 의미하기도 한다. 이 검사 권한은 합법적 저항권의 근거라 할 수 있다. 저항은 주권자에 의해 공존 가능성이 무너졌을 때 발생한다. 법법칙의 목적은 모두의 자유를 통해 각자의 자유를 제한함으로써 공생을 보장하는 데에 있다. 이를 위해서는 **모두**의 자유 제한 의지들을 수렴한 **하나**의 법률의지가 "가능한 자유의 총합을 균등하게 분배"해야 할 것이다(GN, 103-104, 106). 바로 이 점에서 피히테는 민주적 사회주의자로 등장한다. 이 법체계의 요소들을 좀더 살펴보자.

---

27 피히테는 곳곳에서 그냥 "규칙"(Regel)으로 언급하곤 한다.
28 장-자크 루소, 이태일 옮김, 『사회계약론』, 25~28쪽과 비교.

(1) 근원법

당혹스러운 것은 피히테가 애써 근원법을 도출해놓고는 이것을 "한갓된 허구"(eine Bloße Fiktion)라고 특징짓는다는 점이다. 법을 말할 때는 사실 이미 실재 공동체 내 상호제한의 관계 속에 있는 인격들의 법에 대해서만 말할 수 있다. 근원법은 공동체 성립 이전에 그 가능성 조건으로서만 추상된 법이다. 게다가 근원법은 모든 타인들의 자유를 통해 자신의 자유를 제한하는 법법칙의 자발적 결단 내지 의지의 측면에서 도출된 것이다. 일단 자기제한하기로 의지했다면 타자와의 관계를 고려할 것 없이 그 의지 주체에게 근원적으로 보장되어야 하는 법으로서 말이다. 그러나 근원법은 "관념적 가능성"만 지니며 "아무런 실재적 의미도 지니지 않는다." "근원법의 상황(Stand der Urrechte)이란 없으며, 인간의 근원법도 없다." 그럼에도 근원법은 법을 다루는 "학문을 **위해** 필연적으로 행해야만 하는" 허구라는 것이다. 바로 이 대목에서 계약 이론을 도입한 근대 자연법 전통의 허구적 기반이 공개적으로, 게다가 아주 첨예하게 선언되고 있는 셈이다. 근원법의 이 특징은 다시금 피히테 법법칙의 가언적 성격으로부터 비롯된 것이라고 할 수 있다. 법법칙은 자기제한을 의지하기로 했다면 정언적으로 보장되어야 하겠지만, 왜 꼭 그것을 의지해야 하는가는 각자의 결단에 의존하기 때문이다. 피히테가 보기에 "자유롭게 사유하고 의지하는 법이란 결코 있을 수 없으며", 있을 수 있는 법이란 이 자유를 감성계 내에 실현**하고자** 할 때 수반되는 "나의 신체 보존"과 같은 법들뿐이다. 그러나 이러한 파생법들을 근거지어야 하는 학문적 필요성 때문에 자발적으로 사유하고 의지하는 자유 개념으로부터 근원법 개념을 도출해야 한다. 자유는 이미 칸트가 말했듯이 원인을 자기 안에 갖는 것이다.[29] 따

---

29 GMS, BA97-99; KpV, A82-83 참조.

라서 감성계 내 자유의 실현조건으로서의 근원법은 "감성계 내에서" "결코 야기된 것이 아니라" "오직 원인이기만 할 수 있는 인격의 절대적 법"이다(GN, 110-112). 혹자는 이 근원법에 '유비적 가치'만 부여할지 모른다.[30] 그러나 공동체를 형성하려는 이성존재들에게 근원법은 무조건적으로 없어서는 안 될 것이다. 피히테는 그 개념 정의에 기초해 근원법을 "절대적 자유의 지속과 신체의 침해 불가능성에 대한 권리", 그리고 "전체 감성계 내로 우리의 자유로운 영향의 지속에 대한 권리"로 구분하고 있다. 여기서 혁신적인 것으로 주목해야 할 점은 바로 "재산권"(Eigentumsrecht)이다. 자유 실현을 위해 근원법은 공동체 내 모든 인격에게 "자신의 신체와 감성계 간의 지속적인 상호작용"을 보장할 것을 요구한다. 이 보장은 "나에게 알려진 그리고 내 목적에" "종속된 감성계의 부분은 근원적으로" "나의 재산"이라는 것을 통해서만 이루어질 수 있다. "모든 재산권의 근거"라 할 수 있는 이 근원법은 "결코 사회 속에서가 아니라" 사회 형성을 위해 그 이전에[31] 학문적 차원에서 보장되어야 하는 권리이다. 재산권은 따라서 또한 형성된 사회 속에서 모두의 자유를 통해 자신의 자유의 영역을 제한하는 인격들 상호간의 인정조건이기도 하다.[32] 별도의 논의가 있어야겠지만, 이 재산권은 후에 피히테가 "시민 입법"을 논하면서 이용권에 한정해서만 설정하고 "생존할 수 있는" 권리에 입각해 노동권 및 직업권, 그리고 빈민권을 논의하는 맥락과 연결된다. "누군가 자신의 노동으로 살 수 없게" 되면 그의 재산권이 부정되고 시민계약이 폐기된 것이며, "이

---

30 Rolf-Peter Horstmann, *Theorie des Urrechts* in *Grundlage des Naturrechts*, p. 115.

31 이를 위에서도 밝혔듯이 사회형성 이전의 시간적 선행 작업으로 이해해서는 안 된다. 김준수, 「살 수 있음의 권리에 대한 철학적 근거지음」, 『사회와 철학』 제36집, 74~75쪽과 비교.

32 Rolf-Peter Horstmann, *Theorie des Urrechts* in *Grundlage des Naturrechts*, p. 122.

순간부터" 그는 타인의 "재산을 인정할 어떠한 법적 책임도 더 이상 지니지 않는다"(GN, 206-209).[33] 여기서 '사회주의자'로서의 피히테의 면모를 보는 것은 그리 어렵지 않다.[34]

(2) 강제법

재산권은 근원법에 따른다면 상호인정의 조건이기도 하지만, 강제법의 필요성 측면에서는 상호인정의 대상이기도 하다. 자유의 실현으로서 근원법을 현실화한다는 것은 일차적으로 각자가 자신의 자유의 영역을 스스로 제한한다는 것을 의미한다. 누구에게나 근원법으로서 재산권이 보장되어야 하겠지만, 실재로 누가 얼마만큼 "자유의 양(量)"을 재산으로 가져야 하는가는 또 다른 문제일 것이다. 이 규정은 두 가지 측면에서 개연적이다. 즉 **우선** 이 자유양의 규정은 나의 타자인식과 이 인식을 통한 자발적인 자기제한 결정에 의존하며, 동시에 내 결정에 대한 그 타자의 인정에 의존한다. **또한** 이 결정은 먼저 "각자의 의식" 속에서만 이루어지기에 자기제한의 결과로서 어떠한 물건이 구체적으로 설정되었는지도 개연적일 수밖에 없다. 따라서 피히테는 재산 확립의 조건으로서 각자의 자유에 의

---

33 피히테가 이용권으로서만 재산권을 한정했다는 것은 물건에 대한 전면적 소유를 부정했다는 것을 의미한다. 예를 들어 농부는 농사짓기 위해 자신의 토지를 사용할 권리를 지니지만, 농한기에 같은 땅에서 타인이 방목하는 것을 방해할 권리는 없다(GN, 212-213). 한스위르겐 페르바이엔은 근원법으로 논의된 재산을 '개인주의적' '자유주의적 재산 개념'으로, 재산계약에서 논의된 재산을 '경제주의적 재산 개념'(ökonomistischer Eigentumsbegriff)으로 구분하고 이 후자를 통한 '이상주의적 연대(Solidarität)'의 '계획경제' 기획이 전자를 폐기하는 것으로 본다. Hansjürgen Verweyen, *Recht und Sittlichkeit in J. G. Fichtes Gesellschaftslehre*, pp. 102~07, 113~23, 특히 p. 114.

34 Jean-Christophe Merle, *Eigentumsrecht* in *Grundlage des Naturrechts*, p. 167. 피히테에게 재산권은 현대 자유주의자들처럼 국법에 선행하지 않으며, '오히려 분배 정의에 속한다'(p. 165).

한 "특정 양"의 "선택"과 이 양의 서로에 대한 "외적인 선언"을 언급하고 있다. 그러나 이 "점유"(Besitznehmung)와 "상호적인 선언"(Deklaration)만으로는 아직 부족하다. 이것들만으로도 이미 두 사람 간의 "모든 법적 관계"가 "가능"하지만, 이 요구들이 두 사람 모두에게 잘 어울릴 수도 있고 그렇지 않을 수도 있기 때문이다. 게다가 세상에는 주인 없는 물건도 있기 마련이다. 이 후자의 법적 분쟁이 발생할 경우 양자는 "타협"과 "양보"를 통해 해결하거나 그렇지 않으면 "전쟁"을 통해 판가름내거나 할 것이다. 그러나 자발적인 자기제한에 의존하는 상황에서 어느 누구도 타인에게 타협과 양보를 강요할 권리는 없으며, 양자 간의 전쟁은 언제든지 발생할 수 있다. 따라서 "전쟁이 일어나지 않기 위해서는" 그 결정을 "제3자에게 위임"해야 한다. 바로 여기서 피히테는 "강제법"의 필요성을 본다(GN, 123, 125-127. 또한 147 참조).[35] 비록 자연 상태와 같은 용어를 사용하고 있지는 않지만 로크와 유사하게, 그리고 칸트를 예견하며[36] 피히테는 개인들 간의 법적 분쟁의 궁극적 해결 불가능성과 지속적인 상호보장의 불확실성을 통해 강제법을 근거짓고 있다. 법법칙의 성립은 타자를 통한 자기제한이라는 "상호간의 충심과 믿음(Treue und Glauben)"에 의해 이루어졌다. 그러나 이 후자는 결코 법법칙에 의거해 "강제될 수 없다". 그렇기에 강제법은 상호 믿음을 파기하는 "도덕성"에 관여할 수 없으며, 그에 따른 행위의 "적법성"(Legalität)만을 규제할 수 있다. 자유의지가 외적으로 강제 가능하다는 생각은 인간을 "단순한 기계"로 취급하는 것이다. 오히

---

35 여기서 피히테는 법법칙이 필요 없는 완전무결한 도덕존재들의 유(類)가 불가능하다는 이유에서 강제법의 필요성을 보기도 한다. 그러나 다른 한편으로 인간의 "도덕성으로의 교육" 필요성도 강조한다.

36 존 로크, 이극찬 옮김, 『통치론』, 41~43쪽(MR, A155-165과 비교). 칸트는 "전쟁"이라는 용어 대신 "무법(Rechtlosigkeit)의 상태"라고 표현한다. 마티아스 카우프만은 『법론의 체계』를 끌어들여 피히테의 전쟁이 '결코 법적 상태가 아닌' 것으로 잘못 이해한다. Matthias Kaufmann, *Zwangsrecht* in *Grundlage des Naturrechts*, p. 129.

려 강제법은 "모든 불법적 의지가 자기 자신의 무화(無化, Vernichtung)의 근거"이도록 오직 그 외적 행위**에만** "**기계적 필연성을 갖고**" 작용해야 한다. 피히테는 이것을 모든 실정적 "강제 법률들(Zwangsgesetze) 내지 형 법률들(Strafgesetze)"의 원리로 본다. 강제법은 법에 반하는 어떤 의지가 외적 행위를 통해 어떤 목적을 추구할 때 바로 그 행위를 통해 정반대 결과가 초래되도록 "기계적 필연성을 가지고" 엄밀하게 적용되어야 하는 법이다.[37] 애써 키운 타인의 장미를 함부로 꺾어다 놓고 그림을 그린다면 바로 그와 유사한 행위를 통해 꺾어간 장미를 다시 빼앗기고 원하는 목적도 이루지 못하게끔 말이다. 그리고 타인의 권리 침해가 곧 나의 권리 침해가 되도록 작용해야 하는 "강제 법률 및 강제권력의 확립"에는 이것이 "공공 조직 내에서"(in einem gemeinen Wesen) "실정법들"로 실행되도록 하는 "계약"이 요구된다. 이때의 계약은 무엇보다 국가 형성의 계약이라 할 수 있다. 자연법은 제3자로서 "공통 의지에 따라" 규정된 국가의 실정법에 의해서만 현실화될 수 있기 때문이다. 국가야말로 "인간의 자연 상황"(Naturstand des Menschen)이며, 국가의 법률들은 "실현된 자연법" 이외의 다른 것이 아니다(GN, 138-141, 143, 145-147).

(3) 국가시민계약

이어서 피히테는 계약을 통해 형성되는 국가의 법을 체계적으로 논의

---

37 이것은 각자 '자신의 범행을 통해' 범행 동기가 실행되지 않았을 때보다 '더 큰 해악'이 귀결된다는 것을 알게끔 해야 한다는 안젤름 포이어바흐의 예방적 형벌 이론과 유사하다. 그러나 피히테는 더 큰 해악이 아니라 범행 목적과 "정반대"되는 결과를 형벌로 이해한다는 면에서 응보 이론적 요소도 포함한다. P. J. Anselm Feuerbach, *Lehrbuch des Gemeinen in Deutschland Gültigen Peinlichen Rechts*, §13. 피히테의 통합 형벌 이론에 대해서는 Matthias Kaufmann, *Zwangsrecht* in *Grundlage des Naturrechts*, pp. 130~33; Alessandr Lazzari, *"Eine Fessel, die nicht schmerzt und nicht sehr hindert"* in 같은 책, pp. 173~85 참조.

한다. 여기서 그는 국가형성계약을 "국가시민계약"(Staatsbürgervertrag)이라고 부르고 있지만, 자세한 설명은 나중에 출판한 응용 자연법 부분에서 제시하고 있다(GN, 150. 또한 185 이하 참조). 기이해 보이는 것은 이 국가시민계약이 과도할 정도로 많은 하위 계약들로 이루어져 있다는 점이다. 분명한 것은 국가시민계약이 재산권을 지닌 사적 의지와 "종합적으로 합일"되어 있는 "하나의 공통 의지"를 발견하고, 이 공통 의지의 강제 권력을 "감성계 내 어떤 시기에 분명히 지각되어야 하며 자유로운 자기 규정을 통해서만 가능한 만인의 행동(Akt)"으로 확립하는 계약이어야 한다는 점이다(GN, 149-150). 이에 따라 국가시민계약은 재산권의 보장과 보호 및 이에 대한 복종과 위반 시의 회복 등을 내용으로 해야 한다. 다시 말해 국가시민계약은 크게 시민 측면에서 재산계약과 보호계약, 그리고 국가 측면에서 합일계약과 복종계약으로 구성된다. 지면상 이를 간단히 소개하면 "재산계약"(Eigentumsvertrag)은 각 개인이 "말로든 행위로든 현실적으로 한 번" 어떤 업무의 종사를 통해 소유 의사를 공개적으로 표명하는 계약이며, "보호계약"(Schutzvertrag)은 각자가 다른 모든 개별자들에게 "인정된 재산을" 힘껏 "보호"해 주겠다고 "약속"하는 계약이다. 이에 상응해 "합일계약"(Vereinigungsvertrag)은 모든 개별자들 상호 간의 재산 및 보호계약을 통해 이것을 관리할 "실재적인 전체"를 형성하는 계약이다. 사실 이 실재적인 전체로서의 "국가"를 통해 비로소 각자의 재산권도 확증되는 셈이다.[38] 이렇게 국가를 형성하는 계약 주체이

---

38 재산계약 소개에 앞서 피히테는 다음처럼 말한다. 일말의 재산 침해도 "전체 계약을 폐기한다." "따라서 각자는 자신의 전체 재산을 자신이 다른 모든 사람들의 재산을 침해하지 않으려 한다는 담보로 설정한다"(GN, 190). 프레데릭 노이하우저는 개인의 자유 실현에 본질적인 근원법 차원에서 공동체 형성 이전에 '개별적으로 소유되는 재산'을 강조한다는 점에서 『자연법의 토대』를 사회주의적 측면보다 '자유주의적' 측면이 더 부각되어야 할 저서로 평가한다. 반면에 국가시민계약에 필수적으로 수반되는, 그리고 국가형성 후에도 필요시에 요구되는 개인 재산의 제한 필요성을 중시한다는 점에서 데이비드 제임스는 피히테를 '국가 주

자 이 계약을 준수하는 의무 주체로서 나는 "주권 참여자"이지만, 이 계약을 통해 보증된 재산을 사적으로 누리는 시민으로서 나는 국가에 복종해야 하는 "신민"(Untertan)이기도 하다. 이로부터 마지막으로 "복종계약"(Unterwerfungsvertrag)이 도출된다. 그러나 이 복종계약은 타인의 권리를 침해하지 않고 사적으로 자유를 누리는 개인에게 해당되는 것이 아니라 오직 그런 시민의 의무를 충족하지 않을 때에만 국가 강제력에 복종하겠다는 계약으로서 가언적 성격을 지닌다. 그리고 이 계약을 통해 내가 복종하기로 한 국가 강제력은 실제로 내가 타인의 자유를 침해하고 재산, 보호, 합일 등의 세 계약들을 위반했을 때 국가 공동체로부터 강제적으로 감금되거나 추방되는 형식으로 실행된다. 이때 범죄자는 더 이상 국가 시민계약을 준수하지 않고 그 국가를 떠나거나 일정한 대가를 치르고 다시 국가에 편입되거나 자유롭게 결정해야 할 것이다. 그리고 후자의 경우 피히테는 복종계약과 짝을 이루는 "속죄계약"(Abbüßungsvertag)을 보충하고 있다(GN, 188-201, 255).

(4) 행정권력과 민선 행정 감독관

요약하자면 **국가시민**계약은 재산계약과 보호계약으로 구성되는 **시민계약** 그리고 합일계약과 복종계약 및 속죄계약으로 이루어지는 **국가계약**의 두 측면을 지닌다. 이를 통해 형성되는 피히테의 국가는 이제 다음처럼 평가될 수 있다. 즉 한편으로 그의 국가는 구성원들에게 실질적 평등을 마련해줄 수 있는 사회주의적 측면을 지닌다. 앞서 말했듯이 근원법과 관련

도의 사회주의' 측면이 강한 사상가로 본다. Frederick Neuhouser, *Fichte and the Relationship between Right and Morality* in *Fichte: Historical Context/ Contemporary Controversies*, pp. 163~73, 특히 p. 173; David James, *Fichte's Social and Political Philosophy: Property and Virtue*, pp. 10, 21~44, 특히 pp. 33, 37.

된 시민계약은 직업적 생존권에 따른 이용재산권의 평등한 분배를 목표로 하기에 그렇다. 그러나 근원법의 실현으로서의 재산의 보장 및 보호는 사실상 강제법의 실정적 확립에 의존하는 것이다. 인격들 간의 법 분쟁과 전쟁 가능성은 국가계약을 통해 작동하는 강제권력에 의해 궁극적으로 극복되기 때문이다. 이 점에서 피히테의 국가는 다른 한편으로 전체주의적인 면모를 나타낸다. 비록 근원법을 정의하면서 강제의 권한을 포함시키진 않았지만, 근원법의 실현은 이 후자에 의존적으로만 이해되고 있기에 말이다. 즉 그에 따르면 국가시민계약 이전에는 어느 누구도 재산을 지니지 않으며, 시민계약을 통해 약속된 재산은 강제권력을 지닌 국가에 의해서만 실질적으로 확증된다. 국가계약을 통해 개별자들의 침해를 국가 자신의 침해로 간주할 수 있는 한, 국가는 "모든 개별자들의 전체 소유물과 권리들의 소유자"이다(GN, 198-199). 이때 국가는 사법권과 [행정]집행권을 모두 갖추고 있다. 피히테가 보기에 이 두 권력들의 분립은 겉보기에만 그렇지 실재로는 하나이기 때문이다. 말하자면 집행자가 아무 반론 없이 판사의 판결을 이행해야 한다면 판사에게 무제한적인 권력이 있는 것이며, 집행자는 그 물리적 수단에 불과한 셈이다. 이때 판사는 집행자이기도 하다. 반면에 집행자가 거부권을 갖는다면 이것은 판사의 판결을 최종 심급에서 다시 판결한다는 것이며, 결국 집행권이 사법권마저 갖는다는 말이다. 게다가 실정법들이란 "본래 새로운 법률들이 아니라" 이미 있는 **근원법들**의 "좀더 특정한 적용들"일 뿐이다. 즉 "법의 실현 수단들"로서 도입된 "법령들"(Verordnungen)일 뿐이다. 이것을 가장 잘 할 수 있는 것 또한 "행정권력"의 담당자들이라 하겠다. 그래서 피히테에게 국가권력의 핵심은 사법권력과 입법권력을 모두 갖춘 행정권력으로 이해된다. 그는 여기서 "선거"를 통해 "특정 인격들"에게 행정권력을 위임하는 "위임계약"(Übertragungskontrakt)을 합일계약의 실질적인 내용으로 설명하고 있다. 이를 통해 그는 '결점 없이 기능하는 통제 시스템'의 창출 가능성을 믿고 있는 것처럼 보인다.[39] 그에게 민주주의는 "가장 불완전하고" "단적으로 법에 반하는" 체제로 평가된다. 물론 피히테는 행정권력 중심의 이 중앙집권체제가 담당자의 무책임으로 인해 "전제정"(Despotie)으로 타락할 가능성을 간과하지 않는다. 이에 대한 그의 대안은 공동체 구성원들 편에서의 "민선 행정 감독관제(Ephorat)"의 도입이다(GN, 55-159, 161-162; RzeF, 432-433과 비교).

스파르타 제도보다는 "로마 공화국의 호민관" 제도에 더 가까운 이 행정 감독관제는 "헌법"에 따라 "민족"에 의해 한시적으로 임명된 자들이 국가 행정을 감독하고 공통 의지에 반하는 행정권력을 필요시 민족 법정에 소환해 판결하도록 하는 권리를 지닌다. 그러나 로마의 호민관이 원로원에 대한 소극적 거부권만을 지닌다면 이 행정 감독관들(Ephoren)은 민족 판결을 통해 모든 법 실행과 공권력을 정지할 수 있는 "절대적으로 부정적인 권력"을 지닌다(GN, 168-169, 178-179). 그러나 마찬가지로 민족에 의해 선출된 행정권력 담당자들이 민족 판결에 대항한다면 어떻게 하는가. 이미 유죄 판결을 받았음에도 그들이 그렇게 한다면 "민족 봉기"가 정당화된다. "오직 신(神)만이 민족 위에 있다"(GN, 179). 그럼에도 모든 문제가 해결된 것은 아니다. 더 큰 문제는 민선 행정 감독관들 자신이 '통치자들과 결탁'할 정도로 부패했을 경우이다.[40] 이에 피히테는 여러 예방조

---

39 Manfred Zahn, *Einleitung* zu *Grundlage des Naturrechts nach Prinzipien der Wissenschaftslehre*, p. XXIV. 김석수는 피히테에게서 법과 도덕이 1793년 무렵에는 구분 차원에 머물다가 『자연법의 토대』에서 완전히 분리된 후에 **후기** 피히테의 국가주의의 주요 원인이 된 것으로 분석한다. 김석수, 「칸트와 피히테 법철학의 상호 연관성에 대한 고찰」, 『철학연구』 제94집, 61, 65~74쪽. 벤노 자벨은 타인과의 관계로부터 독립해 책임의 근거를 마련하지 못하는 불충분한 '방법적 개인주의', 충심과 믿음에만 의거하는 상호관계 자체 내의 '자유 침해 잠재력', 그리고 법과 도덕의 분리 등으로 인해 『자연법의 토대』는 이미 법 인정 연관의 '이론적' 논증과는 별도로 법 공동체의 '실재적' 근거를 '국가의 권력 독점'에 설정하고 있는 것으로 본다. Benno Zabel, *Fichtes Recht und Hegels Staat* in *Hegel-Studien*, Bd. 45, pp. 55, 63~64, 67.

40 Ingeborg Maus, *Die Verfassung und ihre Garantie: das Ephorat* in *Grundlage*

치들을 언급하고 있으나, 사실 그 내용은 대부분 도덕적 요구 차원에 머무르고 있다.[41] 피히테의 최종 대안은 결국 "민족 내 가장 현명한 자들"이 "고위관직"에 선출**되어야** 하며, "특별히 나이 든 성숙한 사람들"이 "행정 감독관들로 선출**되어야**"(gewählt werden *sollen*) 한다는 것이다(GN, 172). 그러나 민족은 누가 현명하고 누가 성숙한지 어떻게 판단할 수 있는가. 앞서 근원법은 학문적 필연성에 의해 철학자의 관점에서만 파악될 수 있는 것이었다. 여기서 근원법의 실현조건으로서 강제법과 강제권력의 확립은 민족의 지혜로운 판단이라는 도덕적 당위에 암묵적으로 의존하게 된다. 더구나 민족에 의해 선출되는 국가 관리들과 민선 감독관들은 선출 이후엔 민족으로부터 **유리**된 채 상호 긴장관계를 지속적으로 유지한다. 한편으로는 모든 권력을 독점한 "절대적으로 긍정적인 권력"으로서, 다른 한편으로는 모든 권력을 정지할 수 있는 "절대적으로 부정적인 권력"으로서 말이다(GN, 169). 이 양자 간의 분쟁 시에 민족은 어떻게 정의롭게 판결할 수 있는가. 이제 마지막 물음은 이렇다. 최종 판결의 권한을 쥔 민족마저 부패했다면 어떻게 해야 하는가. 설상가상으로 인기영합주의(Populismus)에 휘둘리는 민족이라면? 법법칙을 충실히 따르는 민족은 그러지 않을지 모른다. 그러나 이때의 민족은 철학자의 관점에서 본 이성존재로서의 민족일 뿐이다. 이렇게 실재 민족의 도덕성에는 침묵한 채 피히테의 국가는 사회주의와 전체주의 사이를 부유한다.

---

des Naturrechts, p. 146. 그러나 잉게보르크 마우스는 피히테 계약 이론의 비민주적 측면만 보지 존 롤즈 같은 철학자가 전개한 민주적 **계약** 이론 **자체**는 문제삼지 않는다(pp. 139~57 참조).

41 예를 들어 행정 감독관들은 행정권 집행자와 교제하지 말아야 하며, 후임자들에게 업무를 보고해야 하고, 사인(私人)으로서 민족 봉기를 호소하면 안 된다. 특히 후자의 경우 호소 요구에 민족이 거의 만장일치로 봉기하지 않는다면 그 호소는 사적인 목적을 위한 것으로 간주되어 반란자로 처벌받는다(GN, 177-181 참조).

4. 결단론의 한계

피히테의 자연법 이론은 로베스피에르보다는 그와 마찬가지로 루소주의자였던 프랑수아 노엘 바뵈프(François Noël Babeuf, 1760~97)의 영향을 상당히 받은 것으로 추정된다.[42] 아직 문헌상의 증거는 없지만 집정내각과 국민의회의 횡포에 반대해 1796년 사회주의 혁명 단체 '평등주의자들의 음모'(Conjuration des Égaux)를 창립한 바뵈프의 사상은 내용상 피히테의 국가 구상과 상당한 유사점을 보이기 때문이다. 바뵈프 역시 자신의 선언문에서 재산권의 평등한 보장과 토지 재산의 제한, 직업권의 기회균등 및 민족에 의해 선출되는 호민관제의 도입 등을 언급하고 있다.[43] 특히 노동권과 관련하여 피히테는 1800년 『폐쇄된 상업국가』에서 이것을 단순히 생존 차원뿐만 아니라 "자신의 업무에 맞는 쾌적함을 지닌" 삶의 권리로까지 발전시킨다(gH, 415-419, 특히 418). 더 나아가 1812년 『법론의 체계』는 "모두의 절대적 재산"을 자신과 국가의 보존을 위해 필요 노동을 행한 후의 "임의의 목적들을 위한 자유로운 여가(freie Muße)"로 정의한다(SR, 542). 물론 『폐쇄된 상업국가』의 계획경제도 빼놓을 수 없을 것이다.

칸트의 『도덕 형이상학』 출판 이후에 피히테는 『자연법의 토대』 제2부에서 단 한 번만 영구평화론의 칸트를 언급한다. 그것도 헌법론에서 민주

---

42 데이비드 제임스는 이러한 추정이 이미 20세기 초에 마리안 베버(Marianne Weber)와 자비에르 레옹(Xavier Léon)에 의해 제기된 것으로 보고하고 있으며, 피히테가 베른 시기 헤겔도 구독한 바 있는 프랑스혁명 보고지인 『미네르바』나 바뵈프가 직접 출간한 『호민관』(Tribun du Peuple)을 읽었을 것으로 본다. David James, *Fichte's Social and Political Philosophy: Property and Virtue*, pp. 56~86 참조.

43 바뵈프는 더 나아가 국가에 의한 생산물의 평등한 분배까지 언급한다. 그의 사상은 주로 필리프 부오나로티에 의해 전해진다. Philippe Buonarotti, *Analysis of the Doctrine of Babeuf*와 *Manifesto of the Equals*, http://www.marxists.org/history/france/revolution/conspiracy-equals/index.htm. 참조.

주의를 배제하기 위해서 말이다.[44] 『도덕 형이상학』에 비춰보면 칸트와 피히테의 차이점들은 어렵지 않게 열거될 수 있다. 이를테면 형벌 이론과 사형제, 권력분립, 헌법 등에서 양자의 입장 차이는 뚜렷이 드러난다.[45] 그러나 무엇보다도 가장 큰 차이는 법과 도덕성의 관계에서라고 할 수 있다. 칸트 또한 법의 대상을 외적 자유에 제한하지만 법 의무 준수의 **자발적** 책임성만은 도덕성에 근거짓는다. 반면에 피히테에게서 법의 구속력은 오로지 이성존재의 자유로운 결단에 의존한다. 자기정립하고자 하는 이성존재의 결단은 타자와 법 공동체를 형성하고자 하는 결단을 필요로 하며, 이로부터 모든 법의 가언적 구속력이 비롯되는 것이다. 피히테는 이 결단을 인간의 "본성과 이성"에 의한 것이라고 언급하기도 한다. "국가란 자의적 고안물이 아니며," 어느 곳에서나 인간이 함께 살고자 할 때 "그 본성과 이성을 통해 요구되는" 것이다(GN, 367). 그러나 이때의 본성과 이성은 공존하고자 하는 인간의 결단으로부터 조건적으로 철학자의 관점에서 도출되는 필연성을 의미한다. 그래서 적어도 그의 국가는 철학적 고안물이다.

피히테의 국가가 조건적 타당성만 지니는 것은 그의 과도한 결단론 때문이라고 할 수 있다. 사실 어떠한 인간도 자기실현을 위해 함께 살고자 **결단하지 않는다**. 헤겔이 자주 강조하듯이 인간은 누구나 **그 이전에** 이미 "자신의 민족의 아들"이다(VNS, §129). 인간은 함께 안 살려고 결단할 수 있을지언정 함께 사는 것은 결단의 문제가 아니라 인간의 존재론적 본성

---

44 GN, 281; ZeF, AB24-29과 비교. 칸트나 피히테의 민주주의 비판을 부정적으로 여겨서는 안 된다. 근대 계몽철학자들 대부분에게는 민주주의가 국가의 몰락을 초래한 그리스 직접 민주주의를 의미했기 때문이다.

45 여기서 상론할 수는 없으나 피히테는 입헌군주제나 공화제 선택을 "정치"의 문제로 간주하며, 어떠한 체제든 "대의제"에 기초해 행정권력을 집중적으로 갖추어야 한다고 본다. 이에 "민선 행정 감독관"이나 적어도 "세습 대의제"가 견제 역할을 해야 한다. 피히테가 국가시민계약에 기초해 사형제 폐지를 주장한 것은 유명하다(GN, 157-161, 268-278 참조).

이다. 처음부터 함께 살았기에 로빈슨 크루소도 **인간**으로 홀로 살 수 있었던 것이다. 피히테는 자기의식적 정립의 조건으로서 타자와의 연관의 필연성을 잘 연역해냈다. 그러나 이마저 그는 존재론적으로가 아니라 이성존재의 자기실현 결단으로부터 사유 필연성 측면에서만 연역한다. 물론 인간의 상호 소통을 "본성과 이성"에 의한 것이라고 존재론적으로 설명한 곳도 있다. 하지만 이 또한 자기실현을 위해 타자의 영향 아래 자기의 신체 정립의 필연성(제5정리)을 보충적으로 설명하는 것에 머문다(GN, 80-81). 이 때문에 상호인정의 조건과 결과는 모두 철학자의 법학적 구상에 따라서만 서술된다. 네가 인정관계를 맺고자 한다면, 또는 함께 살고자 한다면 철학자의 이러저러한 규칙들과 결과물들이 있어야 한다. 이때 인정 의지와 행위의 주체는 인정규칙의 주체가 아니다.[46] 법 행위의 주체가 법 행위 규제의 주체가 아닌 것처럼 말이다. 여기서 피계몽자와 유리된 근대 계몽철학의 한계를 보는 것은 지나친 시각일까. 존재론이 없는 현대의 인정 이론이 정합적 인식론과 담론적 사회론에 머무는 것도 이 때문일 것이다.[47]

주체 내재적 존재론이 없다면 모든 규범은 주체 외부로부터 마련될 수밖에 없다. 철학자 피히테가 제안한 강력한 국가의 역할처럼 말이다. 그럼에도 그의 국가는 일국적 차원에서만 강제권력을 지닌다. 한 시민의 재산은 이것을 보장하는 한 국가의 모든 재산이 다른 모든 국가에 의해 인정될 때에만 지속적 안전성을 획득한다. 피히테는 한편으로 지구상의 모든 재산이 이웃 국가들의 상호인정을 통해 전 인류에 분배될 것이라고 너

---

46 이 때문에 강제권력이 '상호인정을 대체한다고까지 말할 수 없는' 것은 아니다. 임금희, 「피히테(J. G. Fichte)의 '인정'으로서의 권리 개념에 대한 고찰」, 『한국정치학회보』 제45집 제1호, 79쪽과 비교.

47 인정 이론에 편향된 윌리엄스는 '상호인정을 통해 인간은 근본적으로 사회적인 것으로 실현되어 있는 것'이라고 말한다. 그러나 실재로는(realiter) 그 반대이다. Robert R. Williams, *Recognition Fichte und Hegel on the Other*, p. 62.

무 낙관적으로 본다(GN, 129-130 참조). 인정관계는 강제력과 더불어 유지된다. 그러나 국가 외부의 초국가적 강제권력이 실재할 수 없는 한, 피히테에게서 "국제연맹"(Völkerbund)을 비롯한 모든 국가관계는 그 시민들 간의 "계약"에 기초한 "상호인정" 관계로만 머무른다. 이때 각 국가는 다른 국가의 "적법성"을 자기편에서 판단할 권리를 지닌다. "국제국가"(ein Völkerstaat)와 같은 제3의 초국가적 법적 심급은 실재하지 않기 때문이다. 그리고 각자 부당하다고 판단되면 전쟁할 권리가 보장된다. "전쟁은 국가들의 상호 연관에 적법성을 보장하는 안전하고도 전적으로 법적인 수단이다"(GN, 368-369, 376). 이렇게 피히테의 국제법은 다른 한편으로 비관적일 수밖에 없는 냉정한 현실인식을 반영하기도 한다. 그의 세계시민법이 지상 위의 자유로운 여행과 계약 체결의 소극적 권리로 머무는 것도 이 때문이다(GN, 380-381 참조).[48] 이에 대해 각 국가는 언제 일어날지 모를 전쟁과 침탈에 대비해 국내적으로 막강한 국력을 키워야 한다. 외국의 경제적 수탈로부터 자국 시민을 보호하기 위해 쓰인『폐쇄된 상업국가』는 그래서 철학자가 정치가에게 제안하는[49] 이성국가의 강력한 강제권력이라 할 수 있다. 주지하다시피 이 저서에서 피히테는 국가의 혁명적 개선 가능성이 아니라 이성국가라고 고안된 '일종의 국가사회주의'를 발전시키고 있다.[50]

피히테의 국가주의는 사실 그가 살던 시대의 제약성 때문이라 평가할 수도 있다. 1813년 나폴레옹(Napoleon)에 대항해 절정에 달한 해방전쟁

---

48 "자기이익"에 따라 세계평화는 물론 자국의 "적법한 국헌을 건립"하려는 노력까지 아우르며 피히테는 말한다. "이것은 지금까지 이루어지지 않았다"(RzeF, 434).

49 피히테는 이 저서를 당시 경제부 장관이었던 중상주의자 카를 아우구스트 스트루엔제(Karl August v. Struensee, 1735~1804)에게 헌사하고 있다(gH, 389-394). Hermann von Petersdorff, Zum Artikel *Karl August von Struensee* in *Allgemeine Deutsche Biographie*, Bd. 36, pp. 661~65(ZeF, B88과 비교).

50 백훈승,『피히테의 자아론』, 284쪽.

과 빈체제 도입(1815)으로 인한 근대 국가의 필요성은 당시 독일에 민족주의와 자유주의의 이질적 혼합을 조성했기 때문이다. 피히테는 프랑스혁명을 통해, 그리고 나폴레옹 침탈을 통해 그러한 두 경향들을 일찍이 자신 속에 뒤섞은 셈이다. "사람이 어떤 종류의 철학을 선택할지는 그가 어떤 종류의 인간인지에 의존한다"(EEW, 434).[51] 더구나 그의 철학적 결단주의는 극복해야 할 이 이질적 혼합을 오히려 더욱더 강화한다. 자유롭고자 한다면 민족 공동체의 그러한 국가권력이 필요하다는 것이기에 말이다. 실천이성의 결단이 없다면 이론이성에는 아무것도 남지 않는다. 반면에 실천이성의 결단은 이론이성의 권력 독점을 요구한다. 흥미로운 것은 당시 결단 중심의 법철학을 전개한 사람이 피히테만은 아니라는 점이다. 아주 정반대의 관점에서 카를 에른스트 슈바르트(Karl Ernst Schubarth)나 율리우스 슈탈(Julius Stahl) 같은 왕정복고 철학자들은 군주의 인격적 결정에 국가의 존립을 근거지었다.[52] 결단주의에서 출발하는 법철학은 진보든 보수든 모두 국가절대주의로 귀착하는 셈이다. 그러나 잊지 말아야 할 점이 있다. 피히테의 결단주의는 무엇보다 관념적 추상화의 산물이라는 것이다. 인간은 함께 살고자 결단하지 않는다. 인간은 오직 함께 살면서 결정할 뿐이다. 인간은 언제나 공동체 속에서 사랑하고 교제하며 계약하고자 결정한다. 이로부터 출발하는 실재론적 결단론은 자연 상태는 물론 국

---

51 그러나 지금까지의 피히테 비판은 오직 철학적으로만 이해되어야 한다. 나폴레옹 순찰병들이 주위를 에워싼 강의실에서 독일 민족의 부흥과 독립을 호소한 피히테의 용기를 누가 폄하할 수 있겠는가. 정혜영, 「피히테의 독일 국민 교육론」, 『교육철학』 제20권, 150~52쪽. 물론 『독일 민족에게 고한 연설』(1808)에서 피히테가 범한 역사 왜곡을 철학적으로 비판할 수는 있을 것이다. 이에 대해서는 David James, *Fichte's Social and Political Philosophy: Property and Virtue*, pp. 168~87 참조.

52 남기호, 「프로이센 왕정복고와 헤겔의 정치 신학적 입장: 슈바르트와의 논쟁 및 슈탈의 비판을 중심으로」, 『헤겔연구』 제34호, 39~62쪽 참조. 여기에 나치에 일조한 카를 슈미트의 주권론도 빼놓을 수 없을 것이다. 「칼 슈미트의 국가론에서의 리바이어던: 그 정치적 상징의 오용과 홉스의 정치철학적 의의」, 『시대와 철학』 제26권 제4호, 9~47쪽 참조.

가시민계약 같은 허구적 계기를 애써 고안하지 않을 것이다. 이러한 관점은 오히려 현실 속에서 발현되는 자유의지와 그 행위로부터 자연법의 존재론적 토대를 찾으려 할 것이다. 바로 이것이 청년기의 셸링과 헤겔이 모색했던 길이다.

제4장

셀링

"인간에게 그가 무엇인지에 관한 의식을 부여하라, 그는 곧 자신이 무엇을 해야 하는지도 배울 것이다. 그에게 자기 자신에 대한 이론적 존경을 제공하라, 곧바로 실천적 존경이 뒤따를 것이다." 약관의 나이의 셸링(1775~1854)은 이렇게 한 저서에서 "인간 안에서의 혁명"의 필요성을 과감히 밝힌다. 칸트를 잇고자 하는 이 철학적 혁명은 무엇보다 실천적이기 위해 "인간의 본질의식으로부터 시작"하는 이론적 혁명이다(Ich, 157). 그리고 이러한 혁명적 고뇌의 배후에는 역사적 현실로서 프랑스혁명이 있었음은 주지의 사실이다.

그러나 이 이론적 혁명의 시도로서 칸트보다는 피히테가 먼저 1796년 3월에 『학문론 원리들에 따른 자연법의 토대』 제1부를 세상에 내놓는다. 그리고 바로 한 달 후에 혈기 왕성한 청년 셸링은 그동안 자기 나름대로 준비해 왔던 『자연권의 새로운 연역』 제1부를 출판한다.[1] 특히 셸링의 이 글이 실린 『독일 학자 학회 철학저널』(Philosophisches Journal einer

---

1 이에 대해서는 남기호, 「피히테의 자연법 이론과 국가 기초의 문제」, 『시대와 철학』 제25권 제1호, 38쪽; Alexander Hollerbach, *Der Rechtsgedanke bei Schelling*, p. 98 참조.

Gesellschaft Teutscher Gelehrten)은 1795년에 이미 잘로몬 마이몬(Salomon Maimon), 요한 벤야민 에르하르트(Johann Benjamin Erhard), 안젤름 포이어바흐 등의 다양한 자연법 논문들을 수록했으며,[2] 피히테는 예나 대학에서 겨울학기(1795/96)부터 관련 강의를 진행하고 있었다. 실로 독일 나름의 현실 변혁을 위한 사상적 열정의 시기라 할 만하다.

이 장에서는 셸링의 『자연권의 새로운 연역』을 집중적으로 분석하고자 한다. 다른 철학자들과 달리 셸링이 말하는 'Naturrecht'가 왜 우선 자연권으로 읽혀야 하는지는 아래 분석을 통해 밝혀질 것이다. '철학의 프로테우스'[3]라고 불릴 만큼 다양한 사상적 편력에도 불구하고, 셸링의 사회철학은 아직 국내 연구가 전무한 상태이다. 게다가 이 저술 이후에 셸링은 더 이상 자연권이나 국가사상을 다룬 독립된 저서를 내놓지 않았다. 그렇다고 그가 관련된 고민을 멈춘 것은 결코 아니다. 각각의 편력 시기마다 법이나 국가 구성에 대한 나름의 구상을 제시하고 있기에 그렇다. 그러나 이 때문에 어려움은 더욱 증폭된다. 법 내지 국가에 대한 셸링의 입장은 결코 일관된 의미로 이해될 수도 발전적으로 고찰될 수도 없기에 그렇다. 더구나 그의 철학 발전의 시기 구분은 학자마다 여전히 논란거리이다. 한 시기 내의 몇몇 저술들은 어느 정도 발전사적 맥락을 지니지만 한 시기와 다른 시기는 종종 거의 패러다임 전환에 가까운 변모를 보여주기에 급기야 시기 구분 자체의 유의미성에 대한 회의적인 입장마저 제기된다.[4]

---

2 Markus Hofmann, *Über den Staat hinaus*, p. 35 참조. 그러나 마르쿠스 호프만은 셸링의 『자연권의 새로운 연역』이 피히테의 『자연법의 토대』보다 먼저 출판된 것으로 잘못 소개한다(p. 34).
3 Otfried Höffe, *Kleine Geschichte der Philosophie*, p. 212.
4 국내 학자들만 예로 들더라도 이광모는 2단계로, 김혜숙은 3단계로, 한자경은 3단계 또는 5단계로, 심철민은 심지어 7단계로 구분하기도 한다. 이광모, 「'긍정철학(Positive Philosophhie)'의 원리와 그 가능성」, 『헤겔연구』 제32호, 190~93쪽; 김혜숙, 『셸링의 예술철학』, 12~13쪽; 한자경, 「옮긴이 해제」, 셸링, 『자연철학의 이념』, 207~08쪽; 심철민, 「해제」, 셸링, 『조형미술과 자연의 관계』, 67~71쪽.

그렇다면 가장 좋은 접근법은 그의 저술들을 **각각** 독립적으로 고찰하고 다른 시기의 논의들과 비교하는 것이겠다.

경구(Aphorismen) 형식으로 쓰인 『자연권의 새로운 연역』은 말 그대로 우선 자연권의 **연역**을 목적으로 한다. 여기서 연역은 분석적으로 추진되는 형식 논리적 진행을 의미하는 것이 아니다. 오히려 연역은 제일원리의 술어로 표현되는 설명항(Explanans)들의 '내용 논리적' 종합을 통해 새로운 내용을 파악하고 이에 해당하는 또 다른 피설명항(Explanandum)을 주어 개념으로 발견하는 일종의 '구성' 과정이라 할 수 있다.[5] 이렇게 해서 연역되는 자연권은 거의 자연법칙처럼 기능하는 자연법의 의미를 획득하게 된다. 이 저서의 목표는 여기까지이기에 이를 넘어 셸링에게 자연법 이론의 전통적 주제들, 예를 들어 법체계나 국가 구성에 관한 구체적 논의를 기대해서는 안 된다. 셸링은 평생 이러한 구체적인 내용을 체계적으로 다룬 적이 없다. 흥미롭게도 이 연역은 도덕과 윤리, 그리고 권리학문(Rechtswissenschaft)을 거쳐 연역된 자연권의 자기파괴로 귀착된다. 이러한 결론으로 말미암아 셸링은 추후 자연권이나 자연법이라는 용어를 더 이상 자신의 이론 요소로 사용하지 않는다.[6] 이러한 결론은 자아 중심적 개인주의에서 출발하는 사회 및 국가 이론으로서의 자연권 이론이 지니

---

5 마르쿠스 안드리스에 따르면 「자연철학 체계의 제일기획」(1799)과 「철학에 있어 구성에 대하여」(1803) 등에서 **비로소** 확립되는 셸링의 연역 개념은 '구성'(Konstruktion)과 동의어로서 '순수 내용 논리적 차원'에서 '가능성 조건들을 발견'하고 그 '내면적·필연적 법칙에 따라 상이한 단계들을 절차적으로 전개'하는 방식을 말한다. Marcus Andries, *Schellings Entwicklungsbegriff*, pp. 28~35, 특히 pp. 31, 33~34 참조. 또한 헤랄트 홀츠가 보기에 셸링 자연철학의 연역적 방법은 '선차적(a priori)으로 확고한' 원리들로부터 시작해 '적절한 귀결들의 사슬을 통해' '관련된 체계 부분'을 도출해내는 것이다. Herald Holz, *Perspektive Natur* in *Schelling*, p. 61.

6 알렉산더 홀러바흐는 이후 셸링의 『선험적 관념론의 체계』(1800)와 신화학 연구에서 의미상 자연법 이론이 들어 있는 것으로 해석한다. Alexander Hollerbach, *Der Rechtsgedanke bei Schelling*, pp. 136~37, 249~52.

는 한계를 극명하게 보여준다. 그러나 이후 셸링은 이를 넘어서는 사회철
학적 사유를 계속 진척시키기보다 오히려 매번 사회철학과는 소원한 독
창적 구상을 통해 법과 국가를 설명하려 한다. 아울러 새로운 구상마다
용어상의 의미 또한 급격한 변화를 겪는다. 이 장의 분석은 이를 조망하
기 위한 예비 작업이라 할 수 있다.

1. 도덕과 윤리

셸링이 전통적인 자연법적 사유를 전혀 안 해본 것은 아니다. 이는 오히
려 너무나 일찍 그의 1792년 졸업논문에서 나타난다. '황금시대'의 '자연
상태'(status naturae)로부터 원죄를 통해 발생한 타락과 분열의 내재적 극
복 과정으로서 사회와 국가의 발생을 설명하려는 이 논문은, 그러나 성서
적 내용을 '오직 이성의 지배'(dominium solius rationis)라는 낙관적 계몽
사상과 접목하려는 시도라 할 수 있다. 주목할 만한 것은 이미 이때부터
셸링은 일생 동안 사회계약론적 요소와 **거리**를 둔다는 점이다.[7]

그러나 『자연권의 새로운 연역』과 연관하여 좀더 주목해야 할 저서는
앞서 소개한 이론적 혁명이 언급된 1795년 『철학의 원리로서의 자아에
관하여 또는 인간 앎에서의 무제약자에 대하여』에 등장하는 다소 긴 각
주이다. 여기서 "권리(Recht) 일반의 개념과 자연권(Naturrecht)의 전체 체

---

7 당시 석박사 통합학위(Magisterdissertation)에 해당했던 이 논문의 제목은
『인간 악들의 제일 기원에 관한 가장 오래된 철학인 바 창세기 III을 설명하려
는 비판적 철학적 시도』(Antiquissimi de prima malorum humanorum origine
philosophematis Genes. III explicandi tentamen criticum et philosophicum)이다.
Alexander Hollerbach, Der Rechtsgedanke bei Schelling, pp. 80~85 참조. 이 논
문은 이미 '이성 자체의 발전'으로 역사를 구상함으로써 칸트의 몰역사적 이성과 대
조를 이룬다. Wilhelm G. Jacobs, Anhaltspunkte zur Vorgeschichte von Schellings
Philosophie in Schelling, pp. 27, 31.

계"는 "실천적 가능성"에 의거하는 것으로, "의무의 개념과 윤리(Ethik)의 전체 체계"는 "실천적 현실성"에 의거하는 것으로 설명되고 있다. 나중에 명료해지겠지만, 셸링은 'Recht'라는 말을 우선 '객관적 법(Recht)'의 의미보다는 '주관적 권리(Recht)'의 의미로[8] 이해한다. 이때 실천적 가능성은 "행위의 실천적 종합 **일반**에 대한 적합성"을 뜻하며, 실천적 현실성은 "행위의 **규정된** 도덕적 종합에 대한 적합성, 즉 실천적 필연성"을 의미한다(Ich, 232-233). 문맥상 자아와 비아의 통일을 뜻하는(Ich, 222-223 참조) 종합을 실천철학적으로 바꿔 말하면 행위의지의 외부 대상과의 통일이라 할 수 있다. 이 통일이 적합한 행위를 통해 일반적으로 의도되고 실행 가능하면 권리 개념이 발생하고, 반드시 규정된 형식으로 현실화되어야 한다면 의무 개념이 생긴다는 것이다. 아울러 권리는 자연권과, 의무는 윤리와 짝을 이루며 서로 분리된다. 그러면서 셸링은 "모든 도덕적 노력(Streben)의 대상"을 "의무와 권리의 동일화"로, "모든 국가 구성 내지 헌법(Staatsverfassungen)"의 "최고 목표"를 유사하게 각 개인의 "권리와 의무의 동일화"로 제시한다. 말하자면 권리에 상응하는 도덕적 의무가 자발적으로 충족될 때 더 이상 가능성으로서의 권리는 멈출 것이며, "플라톤 공화국"이 현실화할 것이다(Ich, 233). 이렇게 대략적으로 구상된 윤리학과 권리학문을 좀더 엄밀하게 연역하려는 시도가 바로 『자연권의 새로운 연역』 제1부에 해당한다고 할 수 있다. 그리고 자연권의 연역은 제2부 후반에서

8　일반적으로 객관적 의미의 법(Recht)은 한 공동체의 '구속력 있는 것으로 인정된 공존의 질서', 즉 '법질서'라 할 수 있으며, 주관적 의미의 권리(Recht)는 한 '인격의 적당하다고 인정된 허용(Dürfen)의 영역', 즉 타인이 개입해서는 안 되는 '자격'(Berechtigung)이라고 할 수 있다. Johannes Hoffmeister (Hg.), Zum Artikel *Recht* in *Wörterbuch der philosophischen Begriffe*, pp. 512~15 참조. 어원적으로 'Recht'(νομος, jus)는 '어떤 척도와의 관계 속에서' 행위나 상태를 '측정해' 할당하도록(νεμω) 결정하고(jubeo) 정돈하는(justieren) 것이다. 이때 측정의 기준 내지 척도는 학자마다 매우 상이하기에 의미상 통일된 'Recht' 규정의 보편사는 불가능하다. Maximilian Herberger, Zum Artikel *Recht* in *Historisches Wörterbuch der Philosophie*, Bd. 8, p. 222 참조.

야 비로소 이루어진다.

이 저서의 출발점은 『철학의 원리로서의 자아에 관하여』와 마찬가지로 자아(Ich)이지만, 그러나 무제약자(das Unbedingte)를 단번에 실현할 수 없는 현상계 내 유한한 주체로서 일인칭으로만 언급되는 나(Ich)이다. 나의 이성은 결코 이론적인 방식으로 무제약자에 도달할 수 없다. 이론이성의 첫 작업은 어떤 것을 고찰의 현상적 객체로 설정하는 것이며, 이렇게 무제약자를 "나에 대한(für mich) 객체"로 설정하자마자 무제약자는 객체들 간의 인과관계 내지 근거관계의 "피제약성"(Bedingtheit)으로 떨어져 버리고 말기 때문이다. 또는 적어도 객체들 전체로서의 무제약자가 나의 이성에 의해 이론적으로 제약되는 대상이 되고 말 것이다. 이론이성의 객체로서의 무제약자는 처음부터 그 무제약성을 상실할 수밖에 없다. 따라서 남는 것은 나 자신으로부터 실천적으로 무제약자에 도달하는 것, 다시 말해 내가 주체로서 무제약자를 "나 자신과 동일한 것으로" 사유하고 실현하는 것뿐이다. 그러니 "스스로 현상이길 멈추고" "그 말의 최고 의미에서 존재하라!" **자신에 있어 본질**(ein Wesen an sich)이 되도록 **노력하라!** 이것이 모든 실천철학의 최고 요구"라 할 수 있다. 본질이 어떤 것을 무엇(was)으로 규정하는 것이라면 이때 **자신에 있어서의** 본질, 즉 본질 자체란 자신에 대해(für sich) 맞서 있는 모든 것을 규정하면서도 그 자체로는(an sich) 어떠한 것에 의해서도 규정되지 않는 "절대적으로 자유로운" 존재를 의미한다(NDN, §§1-4). 이렇게 절대적으로 자유롭기 위해 내 의지의 인과성법칙에 따라 객체들의 세계를 규정하는 나는 "자연의 주인"이다. 그리고 "전체 세계는 나의 도덕적 재산"이라 할 수 있다(NDN, §7).

그런데 문제는 무제약자를 실현하기 위한 나의 자유의 인과성이 자연법칙에 의해 규정되는 현상들의 전체 세계 속에서 나타나야 한다는 것이다. 현상계에서 관철되는 것은 물리적 인과성뿐이다. 따라서 나의 자유의 인과성은 이 "물리적 인과성을 통해 자신을 드러내는(sich offenbaren)" 것이어야 한다. 다시 말해 물리적 인과성은 이것이 적용되는 "객체상으로는" 비록 타율적인 자연법칙의 규정을 받지만 "원리상으로는" 자유로운 인과성에서 비롯되는 것이어야 한다. 이렇게 자율과 타율이 합일된 인과성, 타율적 "현상 내의 자율"이 바로 "생"(Leben)이다. 따라서 나는 "살아 있는 본질", 즉 타율적 현상 속에서 나의 자율적 본질을 드러내고 실현하는 주체라 할 수 있다(NDN, §§8-9).⁹ 그럼에도 문제는 더 있다. 물리적 인과성을 통해 내 자유의 인과성을 실현하려는 나의 힘이 물리적으로나 도덕적으로 충분하지 않을 수 있기 때문이다. 나는 한편으로 "자연" 속에서 나의 물리적 힘에 대한 저항을 받으며, 다른 한편으로 "인류"(Menschheit) 속에서 나의 도덕적 힘에 대한 저항을 발견한다(NDN, §§12-13). 물론 물리적 저항으로 인해 도덕적으로 실행 불가능한 것이 있을 수는 없다. 셸링은 여기서 분명 『실천이성비판』을 염두에 두며¹⁰ 무제약자의 실현을 내가 "무한한 시간 계열 내에서의" "무한한 행위를 통해" 노력할 수만 있는 것이지 감성적으로 미리 정립할(voraussetzen) 수 있는 경험적 객체가 아니라고 설명한다. 내 자유의 최종 목표는 경험적으로 규정 불가능하며, 오히려 이 자율적 목표에 따라 모든 대상들이 경험적으로 규정된다. 이 때문에 나는 자연의 주인이다. 그러나 이 때문에 나의 목표는 "지성적"(intellectual)이지만, 이 목표를 향한 나의 "노력은 동시에 경험적"일 수밖에 없다. 이러한 경험적 노력 속에서 무제약적 인과성을 지닌 나의 자

---

9 셸링은 관련 각주에서 프리드리히 하인리히 야코비의 계시(Offenbarung) 개념을 언급하고 있다. 야코비에게 계시란 내 육체의 감각과 **동시에** 이에 영향을 끼친 내 외부의 육체 및 사유하는 초감성적 존재에 대한 확신이 함께 획득된다는 '실재적 인식'의 원리를 말한다. Friedrich Heinrich Jacobi, *Über die Lehre des Spinoza in Briefen an den Herrn Moses Mendelssohn*, 1785, p. 116; 남기호, 「야코비의 칸트 비판과 인간의 자유」, 『시대와 철학』 제26권 제1호, 121~27쪽 참조.

10 사형의 위협으로 위증을 강요받은 자가 죽음을 무릅쓰고 그 위협을 극복할 수 있는지는 감히 확언할 수 없을 것이다. 그러나 그것이 "가능하다는 것은 시인해야" 한다. 그는 "해야 한다고(soll) 의식하기에 바로 그 때문에" "할 수 있다고(kann) 판단하는" 것이다. 칸트에게서 당위를 의식하는 "이성의 사실"은 이렇게 물리적 능력을 무조건적으로 규정한다(KpV, A54-56).

유는 타인들의 자유와 만나며, 때로는 항쟁하고 때로는 대립하는 "도덕적 본질들의 왕국"에 들어서게 된다(NDN, §§15-18). 여기서 꼭 주목해야 할 점이 있다. 셸링은 자신의 연역을 이 왕국 내의 도덕적 본질들 **전체**로부터가 아니라 이 왕국 내 다른 도덕적 본질들과의 항쟁 중에 있는 "도덕적 **개인**"으로서의 나에 주목하면서 계속 진행한다는 점이다(NDN, §22). 이러한 도덕적 개인주의는 어찌 보면 무제약자를 실천적으로 실현하려는 앞서 언급한 자아로부터의 출발점의 당연한 귀결일지 모른다.

셸링은 "도덕철학"을 '**절대적** 개인도덕으로서의 도덕'과 '사회도덕'으로서의 '윤리'로 나눈다(NDN, §71).[11] 이때 우선권이 부여되는 개인도덕은 오직 "개인의 절대적 자기성(Selbstheit)"만을 요구한다(NDN, §31). 즉 "내 의지의 개체성 자체"는 무제약자를 실현하라는 "실천이성의 최고 요구에 의해 재가(裁可)"되었기에 이 요구가 충족되지 않는 한 나는 결코 나의 자유 주장을 중단할 수 **없다**(NDN, §23). 이러한 의미에서 셸링의 절대적 개인도덕은 무제약자 실현의 '주체철학'이라 할 수 있을 것이다.[12] 그런데 내 자유의 절대적 인과성은 순수 사유의 차원에서는 아무 모순이 없지만 그 경험적 노력의 과정에서는 타인들의 자유와 충돌할 수 있으며, 따라서 절대적으로 경험적일 수 없다. 왜냐하면 만약 내 자유의 절대적 인과성이 경험적으로도 관철된다면 타인의 경험적 자유까지 지양해버릴 것이며, 나의 자유 또한 이와 같은 처지에 놓일 수 있기 때문이다. 그리고 경험적 노력이 불가능한 자유는 무제약자를 실현할 수 없다. 따라서 각자는 자신의 "**무제한적인** 경험적 자유를 포기"하고 모두의 경험적 노력이 공존할 수 있도록 제한해야 한다(NDN, §27. 또한 §§28-29 참조). 이로부터 "도덕적 본질들의 왕국을 전제하는" 윤리의 명령이 도출된다. 이때 주의해야할 것은 이 명령의 목적이 다양하게 경험적 노력을 실행할 수 있는 개인

---

11 Alexander Hollerbach, *Der Rechtsgedanke bei Schelling*, p. 104.
12 Markus Hofmann, *Über den Staat hinaus*, p. 36.

들의 단순한 공존의 확보가 아니라 이렇게 공존하면서 다양한 노력을 실행하는 "모든 개인들의 자기성" **자체**의 보장에 있다는 점이다(NDN, §31). 셸링에 따르면 모두의 보편의지는 각자의 개체의지를 보장하기 위해 있는 것이지 그 역은 아니다. 여기서 별다른 정의나 매개 없이 도입되고 있는 보편의지라는 용어는 대략 사회적 공존 가능성 정도의 추상적 의미를 지닌다. 공존을 의도하는 보편의지는 무제약자를 실현하려는 개체의지에 의해 제약되는 것이지 결코 그 반대는 아니다. 나는 나의 개체성을 요구하기 때문에 보편의지에 복종하는 것이지, 이런 복종을 먼저 하고 이에 따라 개체성을 요구하는 것이 아니다. 이렇게 셸링에게 윤리는 도덕에, 다시 말해 사회도덕은 절대적 개인도덕에 의존한다.

따라서 모든 윤리학의 목적은 "보편적 자유를 통해 개인의 자유를, 보편의지를 통해 개체의지를 보존하는 것"이다. 이를 위해서는 보편의지가 무엇보다 개체의지를 통해 규정되어야 할 것이다. 여기서부터 셸링은 특별한 정의 없이 보편의지와 개체의지 각각의 질료(Materie)와 형식(Form)을 나누고 곧바로 그 상호 규정관계를 논의한다. 부연하자면 문맥상 개체의지의 질료는 무제약자를 실현하려는 그때마다의 다양한 경험적 노력 행위에 해당한다고 할 수 있을 것이다. 이에 반해 개체의지의 형식은 그러한 다양한 행위들이 수행되는 자율적 인과성으로서의 자유라 할 수 있다. 이 개체의지의 형식으로서의 자유가 "보편의지의 질료"를 규정하며, 그 역은 아니다. 곧이어 셸링은 이 보편의지의 질료를 "도덕성"으로, 그 형식을 "자유 일반"으로 간주하면서 도덕성이 자유에 의존하는 것이지 그 반대는 아니라고 말한다(NDN, §34-36). 이러한 언급은 그러나 보편의지의 형식이 보편의지의 질료를 규정한다는 의미로 이해되어서는 안 된다. 만약 그렇다면 보편의지의 질료는 개체의지의 형식과 보편의지의 형식으로부터 이중 규정을 받는 것이 되며, 보편의지의 형식의 출처가 다시 의문시될 수 있기 때문이다. 셸링은 오히려 **너무** 소박하게 보편의지의 형식, 즉 의지의 보편성을 나의 의지와 다른 모든 이들의 의지 사이의 상호 추가관계를 통해 설명한다. 다시 말해 내가 나의 의지에 다른 모든 이들의 의지를 추가해 이들 모두가 "행위할 수 있는 바대로" 행위한다면 이들도 "내가 행위하는 바대로 행위"한다는 것이다. 이들 편에서도 자신들의 의지에 나의 의지를 추가해 마찬가지 방식으로 행위할 수 있을 것이다. 이렇게 "통일성 내지 단일성(Einheit)"과 "다수성"(Vielheit)의 상호 "추가"(Hinzusetzung)를 통해 보편성이 확보된다(NDN, §41). 간단히 말해 보편의지의 형식은 나의 개체의지의 형식을 통해 규정된 보편의지의 질료를 나와 다른 모든 이들이 행위할 수 있는 바대로 표현한 것이라 할 수 있다. 이 보편의지의 형식은 그래서 다시금 나의 개체의지의 질료를 규정한다. 이렇게 해서 "모든 윤리의 최고 명령"이 설정된다. 즉 "네 의지가 절대적 의지이도록" 다시 말해 "전체 도덕적 세계가 (그 질료상으로나 형식상으로) 너의 행위를 의지할 수 있도록 그렇게 행위하라." 네 행위를 통해 모든 이성적 본질들이 한갓된 객체가 아니라 너와 "함께 행위하는 주체로 정립되도록" 말이다(NDN, §45. 다음 각주 참조).[13]

이렇게 "나는 오직 보편의지를 통해 개체의지를 주장할 수 있는 한에서만 보편의지에 복종할 수 있다"(NDN, §47). 도덕이 요구하는 개체의지의 절대적 자기성을 형식상 주장하기 위해 개체의지의 질료, 즉 바로 내 의지의 개체성을 질료상으로 지양하는 윤리가 도입되는 것이다. 셸링의 이러한 관점은 상당히 개인주의에 경도된 일관성을 보여준다. 그럼에도 이

---

13 이해를 돕기 위해 간단히 도식화하면 다음과 같다.

	윤리	도덕	
보편의지 :	질료		형식
	명령↓	↑제약	‖상호 추가
개체의지 :	질료	형식	

를 원자론적 개인주의에까지 극단화한다고 볼 수는 없을 것이다. 칸트의 정언명법을 연상시키는 윤리의 최고 명령은 개체의지의 질료를 모든 의지의 형식적 보편성으로 고양시킨다고 할 수 있기 때문이다. 이때 셸링이 결코 포기하거나 변형하려 하지 않는 것은 무엇보다 개체의지의 절대적 형식으로서의 자기성이다. 이는 한편으로 자아의 절대적 구조로부터 전체 학문론을 전개하려던 피히테의 영향을 받은 것으로 평가될 수 있겠지만, 다른 한편으로는 1793년부터 이듬해 여름까지 수천 명을 단두대로 보냈던 로베스피에르의 공포정치를 역사적 배경으로 지닌다. 국가라는 보편의지의 이름으로 개인의 자유가 송두리째 짓밟힌 역사가 어디 이뿐인가. 이에 대한 간접 경험은 분명 셸링으로 하여금 인간 **내의 이론적 혁명**[14]을 도모하게끔 했던 것이며, 당대 독일 지식인들로 하여금 보수적인 근대화의 기초를 다지도록 자극했던 것이다. 이러한 시대적 배경은 그러나 동시에 셸링 실천철학의 한계를 방향짓기도 한다. **우선** 절대적으로 설정된 그의 개인도덕은 '정치적 자유 개념의 본질적 **사회**연관을 상실'한다.[15] 순전히 개별자로 태어나는 인간은 없다. 인간은 언제나 동시에 자신이 속한 공동체의 구성원으로 태어나며,[16] 그 **속에서** 자립적인 개인으로 성장한다. 따라서 **둘째로** 보편의지의 질료는 개체의지의 형식적 자유로서의 도덕성으로만 머물 수 없다. 보편의지는 오히려 개인들 간의 개별적 자유가 상호 지양된 보편적 공존의 **제도적 현실**을 내용으로 지녀야 한다. 이는 물론 셸링의 도덕과 윤리의 시각에선 섣부른 요구일지 모른다. 그러나 이러한 개

---

14 철학은 '행위가 아니라 앎이다. 철학은 인간이 철학적으로 보증된 앎에 따라 행위함으로써만 행위로 이행할 수 있다'. 빌헬름 G. 야콥스에 따르면 철학의 행위로의 이 이행이 셸링에게는 바로 '민족 계몽'이다. Wilhelm G. Jacobs, *Geschichte als Prozeß der Vernunft* in *Schelling*, p. 44.

15 Hans-Jörg Sandkühler, *Freiheit und Wirklichkeit zur Dialektik von Politik und Philosophie bei Schelling*, pp. 62~63.

16 인간은 언제나 "자신의 민족의 아들"이다(VNS, §129).

인주의 시각에서 불쑥 보편의지를 도입하는 것 자체가 너무 성급한 진행일 수 있다. **마지막으로** 가장 중요한 것은 각자가 도달하도록 애써야 하는 절대적 자유의 실현문제이다. 다른 "어떠한 것에 의해서도 규정 불가능한"(NDN, §6) 본질 자체(ein Wesen an sich)란 사실상 무본질(無本質) 내지 무규정에 지나지 않는다. 이렇게 추상적인 자유의 절대적 형식에 들어맞는 자유로운 행위의 내용은 대상의 **유한한 규정성**의 무화(無化)뿐일 것이다. 별도의 논의가 필요하겠지만[17] 이러한 자유를 통해서는 무한자와의 관계 내에 있는 유한자의 존립이 그 자체로 긍정되기 어렵다.

2. 권리학문과 근원권들

윤리에 대한 도덕의 우위성에 따라 셸링은 내 의지의 개체성을 보편의지와 개체의지, 그리고 의지 일반에 대립하여 주장할 수 있는 조건들을 열거한다. **말하자면** 나는 "질료상으로는 아니지만 형식상으로 보편의지에 대립해" 내 의지의 개체성을 주장할 수 있다. 보편의지의 질료를 제약하는 것은 내 의지의 형식이기 때문이다. 또한 내가 보편의지의 형식을 통해 내 의지의 질료를 규정하는 것은 "다른 모든 이들의 의지가 내 의지의 형식을 통해 제약되도록" 하기 위해서이다. **더 나아가** 나는 "개체의지에 대립해" 내 의지의 개체성을 주장한다. "어떠한 개체의지에도 굴복하지 않기 위해 나의 의지는 보편의지에 복종하는 것이며", 내가 보편의지를 법칙으로 삼는 것도 "나의 의지가 다른 모든 의지에 법칙이 되도록" 하기 위함이다. **마지막으로** 나는 "의지 일반에 대립해서도" 내 의지의 개체성을

---

17 이러한 측면에서 셸링 비판의 대표작으로는 야코비의 『신적인 것들과 그 계시에 관하여』(1811)를 들 수 있을 것이다. Friedrich Heinrich Jacobi, *Von den göttlichen Dingen und ihrer Offenbarung*, pp. 98~119; 남기호, 「경건한 기만과 건강한 비학문(非學問)」, 『철학연구』 제111집, 69~70, 76~80쪽 참조.

주장할 수 있다. 즉 나의 의지가 보편의지에 복종함으로써 어떠한 다른 의지함도 일반적으로 행하는 나의 의지함에 대립하지 않도록, 따라서 나의 의지가 "제한 불가능한 절대적인 힘이 되도록" 한다. 이 조건들은 모두 "내 의지의 개체성을 형식상으로 주장하기 위해 질료상 지양"하는 내용을 지닌다. 이러한 지양을 통해 내 의지의 보편성을 질료상 요구하는 학문이 윤리학이라면 이에 맞서 내 의지의 개체성을 형식상 주장하려는 개연적이며 "문제적인"(problematisch) 학문이 있을 수 있다. 셸링에 따르면 "단지 윤리학과의 대립 속에서만 규정 가능한" 이 학문이 바로 권리학문이다(NDN, §§49-53).

도덕이 순수한 주체 형이상학적 차원에서 개인의 절대적 자기인과성, 다시 말해 자신의 자유에 절대적으로 일치하는 본질 자체로 존재할 것을 요구한다면 윤리학과 권리학문은 경험 차원에서 개인이 지니는 자유의지의 질료와 형식 간의 균열을 극복하려는 노력이라고 할 수 있다. 이때 개체의지의 질료를 지양할 것을 요구하는 윤리학은 단지 "당위"(Sollen)를 통해 명령될 수만 있다. 윤리학의 목표는 "개체의지의 보편의지와의 동일성" 확보를 통해 개체의지의 자유를 형식적으로 보장하는 것이기 때문이다. 이에 반해 "개체의지의 형식에 따라 행위"하는 것, 간단히 말해 자유롭게 행위하는 것은 요구되거나 명령될 수 없다. 내가 어떤 됨됨이를 지닌 사람인지, 어떤 일을 하며 살아가는지는 저마다 다양할 수 있지만, 자유의지의 형식에 따라 이렇게 "내가 일반적으로 있다는 것"(daß ich überhaupt bin), **자유롭게** 살아가며 어떤 인간이 되었다는 것은 "무제약적인 주장"이기에 그렇다(NDN, §§54-55). 의사가 되고 싶으면 자유롭게 의사가 되어라, 이렇게 명령할 수는 없다는 것이다. 명령할 수 있는 것은 오직 **어떤** 의사가 되어야 하는지에 대해서뿐이다. 그래서 행위에 수반되는 개체의지의 자유로운 형식은 개체의지 "그 자체로 보면, 그리고 그 자체에 대해서도(an und für sich selbst) 정언적-이론적"일 수밖에 없다. 정언적(kategorisch)이란 말은 원래 소송에서 행위 주체에게(κατα) 그 행위의 속성을 공적으로 귀속시키는 것(αγορευειν)이다. 따라서 앞의 언급은, 자유로운 형식은 개체의지에 이론적으로 귀속되는 본성이지 실천적으로 명령되는 것이 아니라는 말이다. 명령은 윤리학이 한다. 이에 대해 의지의 개체성을 자유로운 형식의 측면에서 주장하는 권리학문은 그 "실천적 가능성"만을 문제시할 수 있을 것이다(NDN, §§60-61). 예컨대 권력자를 위해 불법의료 행위를 하려 할 때 내 의지의 이런 질료와의 관계 속에서 내 의지의 자유를 주장할 수 있는지 그 가능성만을 고려할 수 있는 것이다.

이어서 셸링은 이미 『철학의 원리로서의 자아에 관하여』에서 사용했던 개념들을 부연한다. 그 정의에 따르면 일반적으로 "가능한" 것이란 바로 단적으로 있지 않기 때문에 규정된 제약 내지 조건(Bedingung) 아래 있지 않은 것이며, 반대로 "현실적인" 것이란 있기는 있지만 "단지 규정된 조건 아래서만 있는" 것이다. 이러한 정의들은 상당히 존재론적인 것이라고 할 수 있다. 왜냐하면 이때 규정된 조건은 어떤 본질의 실존 여부를 가늠하는 기준이 되기 때문이다. 상수리나무로 자랄 수 있는 도토리의 본질적 가능성은 지금 여기 상수리나무가 실존하지 않기 때문에 말해질 수 있는 것이며, 이는 도토리가 그 본질에 따라 규정된 조건 아래 상수리나무로 자라지 않았다는 것을 의미한다. 그러한 조건이 갖춰졌다면 상수리나무는 실존하는 현실이 되었을 것이다. 여기서의 이 규정된 조건을 실천적으로 적용하면 개체의지의 질료적 지양을 요구하는 윤리학의 명령이된다. 이 윤리적 명령의 규정된 조건 아래서만 실천적 현실성이 있을 수있다. 즉 보편의지에 들어맞는 의사로서의 본분을 내 의지가 질료적으로 **마땅히** 갖추었기에 나는 의료 행위를 하는 실천적 삶을 살 수 있는 것이다. 반면에 윤리적 명령의 특정한 조건 아래 있지 않은 것은 얼마든지 실천적으로 가능하다. 즉 의사의 본분에 위배되지 **않는다면** 마취제를 투여할 수도 있고 다양한 시술을 집도할 수도 있을 것이다. 따라서 윤리적 명령에 따라 이루어지는 실천적 현실성은 내가 당위적으로 해야만 하는 "의무"(Pflicht)를 수반하는 반면에 이에 구속받지 않는 실천적 가능성은 허용된다. 다시 말해 "실천적으로-가능한 것은 내가 해도 된다(darf)". 그리고 해도 되는 것은 "일상적" 어법으로 "자격 있다, 괜찮다(recht)"라고 표현된다. 이렇게 괜찮은 실천적 가능성이 바로 "권리 일반(Recht überhaupt)이다. 말하자면 권리란 반드시 실천적으로-현실적이진 않지만, 바로 이 때문에 또한 윤리 명령의 규정된 조건 아래에 있지 않은 것이다"(NDN, §§62-65).[18]

이렇게 개인주의 도덕으로부터 윤리학과 권리학문은 대립적으로 갈라진다. 한편에는 허용(Dürfen)과 권리가 다른 편의 당위 및 의무와 분리되어 맞서 있게 되는 것이다. 이 때문에 허용된 것에 대한 "권리 일반을 다루는 학문"(Wissenschaft des Rechts überhaupt)은 **법**학이라기보다 **우선 권리**학문을 의미하게 된다. 이 학문이 셸링에게서처럼 사회계약론의 거부와 결합되면 사회적 공존조건 내지 자유의지의 실현조건으로서 모두가 준수해야 하는 법 의무(Rechtspflicht) 개념을 사유할 가능성이 원천적으로 차단된다.[19] 이 권리학문의 "최상 원칙"은 내가 의지 일반의 자유로운 형식에 맞게 내 의지의 개체성을 형식상 주장할 수 있는 모든 것에 대해 권리를 지닌다는 것이다. 단 내 의지의 개체성을 질료적으로 지양해야만 하는 윤리적 의무조건에 해당하지 않는 한에서 말이다. 이 학문은 따라서 오직 윤리학과의 "대립 속에서만" 문제시될 수 있다. 셸링은 두 학문의 궁극 목표를 개체의지와 보편의지의 대립이 없는 "절대적 의지"의 단계로 설명한다. 그러면서 그는 다소 불분명하게 윤리학은 "개체의지를 보편의지와 동일하게" 만듦으로써, 권리학문은 "보편의지를 개체의지와 동일하게 만듦으로써" 그 목표에 도달한다고 말한다. 이를 부연하자면 전자는 개체의

---

18 셸링과 달리 'recht'를 도덕적 옳음으로 이해하고 있기는 하지만, 피히테 또한 『프랑스혁명에 대한 대중의 판단 교정을 위한 기고문』(1793)에서 권리(Recht)를 "도덕법칙"(Sittengesetz) 내지 의무와 대립해 "허용"(Dürfen)으로 정의한 바 있다 (BBU, 60 참조).

19 Alexander Hollerbach, *Der Rechtsgedanke bei Schelling*, pp. 95, 112 참조.

지의 질료를 지양해 보편의지의 형식에 들어맞도록 함으로써, 후자는 개체의지의 형식적 자유를 통해 규정된 보편의지의 질료를 바로 개체의지의 형식이라 주장함으로써 의지의 대립이 없는 절대적 의지에 도달한다는 것이겠다. 여전히 선명하진 **않지만**, 여기서 그는 목표로 설정된 절대 의지의 **관점에서** 도덕과 윤리를 "도덕철학"으로, 그리고 같은 **관점에서** 도덕과 권리학문을 "권리철학"(Rechtsphilosophie)이라고 부른다(NDN, §§68-72). 그러나 이러한 철학적 관점이 아니라면 윤리학과 권리학문은 대립된 관계 속에 존립한다. 물론 양자가 관계 맺는 대립에는 불균형적인 차이가 있다. 해도 되는 권리는 해서는 안 되는 것을 하지 않는 경우에만 보장될 수 있기 때문이다. 말하자면 "너는 의지의 개체성을 형식상 지양하게 되는 어떠한 것도 단적으로 **해서는 안 된다**(darfst schlechterdings nichts)". 윤리학은 당위(Sollen)의 측면에서 해야 하거나 하지 말아야 할 명령뿐만 아니라 이렇게 권리의 최상 원칙을 "부정적인 명령" 형식으로 포함하기도 한다. 이에 반해 권리학문에는 "어떠한 명령도 나타날 수 없기에" 윤리학의 원칙이 긍정 형식이든 부정 형식이든 간에 표현될 여지가 없다(NDN, §§74-75).

제1부와 같은 해에 작성되었으나 불분명한 이유로[20] 다음 해에 출판된 『자연권의 새로운 연역』 제2부는 계속해서 우선 "권리 일반의 개념으로부터" 세 가지 근원적 권리들을 "분석적으로 연역"해낸다(NDN, §77). 오늘날의 '자유권'(Freiheitsrechte)이라 할 수 있는[21] 이 근원권들은 각각 보

---

20 제1부는 익명으로 출판되었으나, 이미 몇몇 사람들에게는 셸링 저작으로 알려졌다. 제2부 출판의 지연 이유는 편집자가 좀더 명료한 근거 보충을 요구했기 때문이라거나, 또는 셸링 자신이 후속편 내지 비평을 추가할 계획 때문이라는 설이 있다. Alexander Hollerbach, *Der Rechtsgedanke bei Schelling*, pp. 98~99; H. Michael Baumgartner (u.a.), *Editorischer Bericht* zu *Neue Deduction des Naturrechts*, pp. 128~29 참조.
21 Markus Hofmann, *Über den Staat hinaus*, p. 49.

편의지와 개체의지에 대립해서, 그리고 의지 일반에 대립해서 자신의 개체성을 주장할 수 있는 이미 앞서 설명한 경우들에 해당된다. 여기서 셸링은 다시금 **불필요할** 정도로 세세하게 해도 되는 "허용의 질료와 형식"을 구분하고, 후자인 이 **허용의 형식**을 "개체의지의 독립성" 내지 "단순한 형식"을 의미하는 "실천적 가능성"으로서의 "모든 **권리의 질료**"라 부르면서 전자, 즉 허용의 질료가 이 후자에 의해 규정되는 것이지 그 반대는 아니라고 설명한다. 다시 말하자면 윤리적 명령에 구속되지 않는 개체의지에게 허용된 질료는 개체의지의 독립적인 형식에 의해서만 규정된다고 할 수 있을 것이다. 그러나 지면상 이 세세한 구별과 전개 과정을 모두 추적할 수는 없으며, 근원권들의 핵심적인 내용과 특징만 소개하면 다음과 같다. 먼저 "권리의 최상 원칙"은 그것을 **통해** 의지의 개체성을 형식상 주장할 수 있는, 따라서 허용 일반을 형식상 주장할 수 있는 모든 것을 해도 된다는 것이다(NDN, §§78-80). 이로부터 "모든 권리의 **가장 직접적인 원칙**"이 도출된다. 즉 "너는 네 의지의 질료가 네 의지의 형식에 의해 제약되어 있는 한에서 네 의지의 질료를 주장할 수 있는 모든 것을 해도 된다"(NDN, §88). 이때 권리학문이 주장하려는 이 개체의지의 형식은 "결코 규정의 객체가 아니라 언제나 주체"로서만 고려될 수 있는 이 의지의 "자유"를 의미한다(NDN, §85). 이 자유로서의 개체의지의 형식을 주장하는 것은 홀로 하는 것이 아니라 무언가 자신에게 저항하는 다른 의지에 대해서 하는 것이다. 더구나 반향 없는 외침처럼 한갓 관념적인 형식으로만 주장하는 것이 아니라 그 질료를 통해 실질적으로 주장하는 것이다. 이로부터 도덕의 우위성 측면에서 이제 윤리적 명령 조건에 구속받지 않는, 아니 이에 대항할 수조차 있는 권리의 관점이 다시 부각된다.

첫째로 나는 "보편의지에 대립해서" 내 의지의 자유, 즉 내 "의지의 자기성에 대한 권리를" 형식상으로뿐만 아니라 또한 질료상으로도 지닌다. 단 이 후자의 경우 질료를 통해 나의 이 권리가 형식상 주장될 수 있는 한에서 그렇다(NDN, §105). 셸링은 이때의 대립이 보편의지 편에서 그 질료가 내 의지의 형식에 반하는 경우가 아니라고 본다. 보편의지의 질료를 규정하는 것은 앞서 보았듯이 오직 내 의지의 형식일 뿐이기에 이러한 대립은 애초부터 불가능하다. 가능한 대립은 내 편에서 "내 의지의 형식이 보편의지의 질료에 반하는" 경우뿐이다. 보편의지의 질료를 규정하는 내 의지의 형식은 한편으로 가변적이지 않은 형태로 보편화되어 있지만, 다른 한편으로 나는 **그때마다** 다양한 질료를 다루는 의지 형식으로서 "절대적 무규정성"의 상태에 놓여 있기 때문이다. 나는 내가 의지하는 바대로 각각의 질료를 다루는 것이지, 주어진 질료에 따라서 내 의지가 제약되는 것은 아니다. "나는 의지하는 바대로 행위하는 것이지, 행위하는 바대로 의지하는 것이 아니다"(NDN, §96-98). 내가 의지하는 것은 도덕의 요구에 따른다면 무엇보다 내 의지의 자유의 실현이다. 따라서 언젠가 내 의지 형식에 의해 항상적인 형태로 규정되었던 보편의지의 질료 때문에 지금 내 개체의지의 자유가 형식상 파괴될 수 있다면 나는 이에 대항할 권리를 지닌다. 더구나 나의 개체의지의 형식이 어떤 특정한 이 질료를 통해 존립할 수 없게 된다면 이 질료를 통해서도, 따라서 질료상으로도 내 의지의 자유를 주장할 수 있다. 주목해야 할 것은 바로 이 후자의 측면이다. 윤리적 명령에 따르면 내 개체의지의 질료는 보편의지의 형식을 통해 규정되어야 했다. 그런데 이제 이렇게 규정된 내 의지의 질료를 통해서는 내 의지의 자유가 형식상 불가능하다. 이를 통해 나의 의지는 전체적으로 지양될 것이며, 이에 따라 보편의지 또한 지양될 것이다. 따라서 보편의지는 개체의지에 대해 **"불완전한 권리"**만 지닌다(NDN, §102). 예컨대 내 의지의 질료가 극심한 빈곤이라면 빵을 훔치든 기초수급을 늘리든 어떻게든 보편의지의 질료를 고쳐서라도 내 의지 형식이 존립할 수 있는 새로운 질료가 마련되어야 한다. 이것이 누구나 할 수 있는 보편의지의 형식에 반하는 것이 아니라면, 그리고 이를 통해 내 개체의지의 형식이 제대로 실현될 수 있다면 "나는 보편의지를 질료상 지양할 권한이 있는(berechtigt) 것이다"(NDN, §104). 내가 다루려는 개체의지의 질료가 합법적이든 불법적이든 간에 상관없다. 내 의지가 질료상 불법적이라 해도 보편의지의 질료를 지양하고 형식적으로 보편화함으로써 내 의지의 형식적 합법성이 확보될 수 있기 때문이다. 중요한 것은 이 질료를 통해 내 개체의지의 자유가 존립할 수 있는가이다. 여기서 다시금 개인의 절대적 자기성을 요구하는 도덕의 우위성을 보는 것은 어렵지 않다. 이는 절대적으로 자유롭고자 하는 '자기현실화의 권리'[22]라고 할 수 있을 것이다. 셸링은 이를 질료적으로 합법적인 행위뿐만 아니라 또한 불법적인 행위에 관해서도 "개체의지"의 "완전한" "도덕적 자유의 권리"라 부른다(NDN, §140).[23] 이는 물론 셸링 고유 의미에서의 **도덕적** 자유의 권리이다.

둘째로 "나는 모든 개체의지에 대립해 내 의지의 질료에 대한 권리를 지닌다"(NDN, §111). 내 의지의 질료를 규정할 수 있는 것은 오직 보편의지의 형식일 뿐이기에 그렇다. 셸링은 이 대립을 다시금 질료와 형식의 측면에서 두 개체의지들이 불법적이거나 합법적일 수 있는 여러 복잡한 경우들을 상론하는데, 그 주요 원리들만 거론하면 다음 세 가지가 있다. **먼저** 둘 다 질료적으로뿐만 아니라 형식적으로도 불법적인 행위들이라면 각자 "서로에 대립하는 권리"를 "상호적으로", 그러나 "법률 외부에서" 지닐 것이다(NDN, §117). 이때 법률 외부가 무엇을 뜻하는지는 분명하지 않다. 다만 셸링이 법도 불법도 없는 홉스적 의미의 자연 상태라는 **말을** 사용하지 않는 것은 분명하다. 의미상으로는 그렇다 해도 말이다. **다음으로** 나는 "형식상 불법적인 개체의지에 대립해 질료상 불법적인 내 의지에 대한 권리를" 지닐 뿐만 아니라 **마지막으로** "(질료상) 합법적인 내 의지에 대한 권리도" 지닌다(NDN, §§122, 127). 타인의 질료상 불법적인 개체의지에 대해서는 위의 보편의지의 불완전한 권리만 타당할 뿐 이 보편의지의

---

22 Markus Hofmann, *Über den Staat hinaus*, p. 80.
23 그러나 여기서 합법과 불법의 기준이 제시되고 있지는 않다. 이 저서의 결말 부분을 고려한다면 이 용어들의 도입은 선결문제의 오류로 간주될 수도 있을 것이다.

권리를 또 다른 **개인인** 내가 실행할 권리는 없다(NDN, §121 참조).[24] 따라서 형식상 불법적인 개체의지에 대해서만 이 의지가 내 의지의 질료를 규정하려 할 때 나는 질료상 불법적으로나 합법적으로 대항할 권리를 지닌다. 물론 합법적인 이 후자의 경우에 내 의지의 질료는 보편의지의 형식을 통해 규정된 것이기에 보편의지의 질료를 규정하는 내 의지의 형식이 반영된 것이기도 하다. 셸링은 이러한 권리를 모든 개체의지에 대립해 나의 개체성을 형식상으로나 질료상으로 주장할 수 있는 **"형식적** 평등(Gleichheit)의 권리"라고 부른다(NDN, §140). 이 평등이 우선적으로 형식적이라 불리는 이유는 실현되어야 할 개체의지의 형식, 즉 자유가 다른 무엇보다 중요하기 때문일 것이다. 여기서 다시금 도덕의 우위성이 드러난다.

끝으로 나는 의지 일반에 대립해 "내 의지의 자기성을 무제한적인 자연 지배를 통해 주장할 수 있는 권리"를 지닌다(NDN, §131). 지금까지 줄곧 별다른 정의 없이 사용되고 있는 이 의지 일반이라는 말은 여기서 개체의지와 보편의지 간의 구별 혹은 대립이 없이 고찰되는 의지를 의미한다고 할 수 있다(NDN, §129 참조).[25] 이 의지 일반에 대립한다는 것은 의

---

24 그러나 그 이유는 불분명하다. 셸링은 여기서 다만 보편의지에 기초한 "합법적인 개체의지는 질료상 불법적인 의지를 지양할 수 없다"라고 말할 뿐이다. 전자는 "스스로 형식상, 따라서 또한 질료상 불법적으로 되지 않고는" 후자를 지양할 수 없기 때문이라는 것이다. 예컨대 질료상 범죄 행위를 통해 존립하는 범죄자의 형식상 자유의지가 있다고 해보자. 그의 범죄 행위를 질료적으로 지양하는 것은 그의 자유의지를 형식상 존립하지 않게 하는 것이기에 이런 지양을 실행하는 합법적 개체의지는 형식상 불법적으로 되는 것이며, 따라서 질료상으로도 불법적인 것이 된다. 물론 이러한 해석은 셸링이 강조하는 보편의지의 개체의지에 대한 의존성을 철저히 견지했을 때에만 가능할 것이다. 그러나 이렇게 되면 보편의지의 관점에서 불법 자체를 법으로 적용하는 응보적 **형법**원리가 포착되기 어렵다.

25 이런 구별이나 대립을 거쳐 개체의지와 보편의지가 무구별적으로 통일될 때 절대의지라 부를 수 있겠다(NDN, §§70-72 참조). 호프만은 이 의지 일반을 '모든 타인의 의지'(jeden fremden Willen)로, 홀러바흐는 '비의지(Nichtwillen)의 영역, 즉 자연'으로 해석한다. Markus Hofmann, *Über den Staat hinaus*, p. 81;

지 일반이 없는 곳에, 다시 말해 자연 속에 자리 잡는다는 것이다. 물론 여기에 내 의지만은 있다. 나는 내 의지의 자유를 개체적이든 보편적이든 더 이상 의지 일반이 작용하지 않는 자연 전체에 걸쳐 실현할 수 있다는 것이다. 이때 자연은 질료적 측면에서 규정 가능한 "현상계" "물건들" "객체 일반"을 뜻한다. 셸링은 이에 대한 지배권을 "**좁은** 의미의 자연권(NaturRecht)"이라고 부른다(NDN, §140). 그래서 여기에 처음 등장하는 용어인 'Naturrecht'도 우선은 자연에 대한 주관적 권리의 의미를 지닌다. 또한 자연 전체를 대면하는 주체가 나라는 개인일 뿐이라는 점에서 역시 개인주의적 도덕의 우위 경향도 돋보인다.

3. 강제권과 자연권

그렇다고 셸링이 타인과의 관계를 아주 도외시한 것은 아니다. "단순한 자연"만 있는 곳에서는 나의 "무제한적 자율성"이 타당하겠지만, 이곳에 타인의 자율성도 출현할 수 있기 때문이다. 이 경우 항쟁하는 두 자율성들은 단적으로 상호 지양하거나 아니면 서로가 공존할 수 있는 조건으로 상호 제한해야 한다(NDN, §§136-137). 특히 공존을 위한 이 후자의 조건에 주목한다면 칸트와 유사한 의미의 법의 도출을[26] 예상할 수도 있을 것이다. 그러나 이러한 예상과 달리 셸링은 항쟁 상황을 개별자들을 넘어선 전체 내지 보편의 관점에서가 아니라 여전히 한 개인의 다른 개인과의 관계로서만 논의한다. 이때의 개인 역시 무엇보다 도덕적 주체로서의 개인

Alexander Hollerbach, *Der Rechtsgedanke bei Schelling*, p. 110.

26 칸트에게 법이란 "자유의 보편적 법칙에 따라 한 사람의 자의가 다른 사람의 자의와 함께 합일될 수 있는 조건들의 총괄"로서 "보편적인 상호 강제"의 가능성을 수반한다(MR, AB33, 36).

이다.

셸링에게 결코 포기되거나 제한되어서는 안 되는 것은 "개체의지의 근원적 형식"으로서의 "자유"이다. 어떠한 경우이든 간에 이 자유는 "근원적 무제한성으로 복귀"할 수 있어야 한다. "보편의지조차 개인의 자유에 굴복"해야 한다. 이 "자유의 구제"가 문제시될 경우에는 말이다(NDN, §145). 앞서 보았듯이 보편의지의 질료를 규정하는 것은 개체의지의 형식이며, 보편의지의 형식 또한 개체의지의 다수성 추가 과정을 통해 확보되는 것이기에 그렇다. 또한 개체의지의 형식, 즉 자유를 명령할 수 없는 것처럼 "도덕적 강제는 하나의 모순"이다. 셸링 고유의 도덕적 의미에서 누군가에게 절대적으로 자유롭게 존재하라고 강제할 수는 없는 것이다. 더구나 개체의지 형식으로서의 자유는 부자유한 강제의 직접적 대상이 될 수 없다. 오직 가능한 것은 "누군가를 도덕적으로 강제하려는 노력"으로서의 "물리적이거나 심리적인 강제"뿐이다. 이러한 외적 및 내적 강제는 의지의 "질료를 통해" 그 "형식을" "제약하는" 것일 수밖에 없다. 개체의지의 형식, 즉 자유는 직접적으로 강제될 수 없지만 이 자유가 실현되는 매체로서의 질료는 언제든지 제약될 수 있기 때문이다. 따라서 누군가가 이렇게 물리적으로나 심리적으로 내 의지의 질료를 제약하려 한다면 나는 이것을 내 자유의 실현을 "도덕적으로 강제하려는 노력"이라고 "전제"할 수밖에 없다. 도덕적 개인으로서 나는 이러한 노력에 동일한 노력을, 이와 같은 강제에 상응하는 강제를 맞세울 "자격이 있다"(NDN, §§147-149).[27]

---

27 셸링이 명확하게 구분하고 있지는 않지만, 자유롭도록 하는 강제이든 자유를 부자유하게 하는 강제이든 의지의 자유 자체에 대한 강제는 불가능하다. 헤겔도 1802년 자신의 자연법 논문에서 처음으로 자유의지의 주체를 그 자체 강제될 수 없는 것으로, 그러나 물리적 강제는 가능한 것으로 간주하며, 이 후자를 전자와 구별해 "강압"(Bezwingen)으로 표현한다(BN, 448). 근본적으로 말하자면 자유의지 자체의 강제 불가능성은 정신과 물질의 존재론적 위상 차이에 있다. 즉 몽둥이를 휘둘러도 머릿속에 그려지는 아름다운 장미가 꺾이지는 않는다. 남기호, 『헤겔과 그 적들』, 217~19쪽 참조.

셸링에 따르면 이렇게 나를 강제하려는 "타인의 의지에 대립해" 나는 필연적으로 "강제권"(ZwangsRecht)을 지닌다. 이때 강제권은 크게 세 가지 특징을 지닌다. **먼저** 강제권은 개체의지가 다른 "개체의지와의 대립 속에서만" 지니는 권리이지 개체의지에 대한 보편의지의 권리도, 보편의지에 대한 개체의지의 권리도 아니다. 보편의지에 대항해 내 의지의 자기성을 주장할 수 있는 권리는 자유권으로서의 근원권이었다. 즉 나의 편에서 "보편의지의 질료에 대립해" 나의 자유권을 관철할 수 있었다. 또한 개체의지에 대한 보편의지의 권리는 형식상 개체의지의 질료를 규정하는 보편의지의 불완전한 권리일 뿐이었다. 더구나 보편의지의 질료를 제약하는 것은 개체의지의 형식이기에 그 질료를 표현하는 보편의지의 형식은 개체의지의 질료에 대해 "어떠한 강제권"도 지닐 수 없다(NDN, §§150-153). 그러나 이는 사실상 사회적 존재로서의 개인의 본질 규정을 도외시하고 자유로운 개인들의 공존조건을 보편의지의 내용으로 고찰하지 않는 극단적인 개인주의 관점의 필연적 귀결이라고 할 수 있다. 셸링에게 보편의지의 질료는 개체의지의 형식적 동일성으로서의 자유일 뿐이지 개체의지**들의** 공존 형식으로 제도화할 수 있는 구체적 보편으로서의 자유는 아니다. 이 때문에 그에게는 개별자들 사이의 강제권만 있지 공동체 차원의 강제**법**(Zwangsrecht)이 있을 수는 없다.

개인으로서 내가 획득하는 강제권은 나의 도덕적 자기실현을 억제하고자 노력하는 타인의 강제가 발생했을 때에만 성립한다. 그렇다면 이러한 일차적 강제는 어떻게 발생하는가? 이에 대해 셸링은 기이하리만치 아주 애매하게 우선 **비도덕적** 행위를 언급한다. 말하자면 이러한 행위는 "단지 보편의지에 대립한 것이지 개체의지에 대립한 것은 아니"다. 이 문장은 좀 더 부연될 필요가 있다. 셸링 고유의 의미에 따른다면 비도덕적인 것은 개체의지의 형식, 즉 자유의 실현을 불가능하게 하는 것이다. 이것은 다른 어떤 특정 개체의지에 대항해 하는 것이 아니라 개체의지 일반의 절대적 자기성 자체를 거부하는 것, 다시 말해 바로 보편의지의 질료**에 반해** 행위하는 것이다. 그렇다면 이러한 행위는 자유권으로서의 근원권과 같은 맥락에 있다고 할 수 있다. 해당 주체는 이 행위를 마치 누구나 그렇게 "행위할 수 있었을(könnte) 것처럼", 즉 보편의지의 형식으로 행한다. 차이점이라면 이런 행위를 통해서는 자유가 제대로 실현될 수 없다는 것뿐이다. 따라서 비도덕적 행위는 그 자체로는 이 행위가 직접 대립하지 않는 "다른 개인의 의지를 통해 지양될 수도" 강제권이 부여될 수 없는 "보편의지를 통해 지양될 수도 없다"(NDN, §153). 그런데 문제는 이런 행위를 통해 나의 의지 형식이 지양될 경우이다. 보편의지의 형식으로 행한 타인 행위의 질료가 나의 의지 형식, 즉 자유를 실현 불가능하게 만드는 것이다. 셸링이 직접 말하고 있지는 않지만 이것이 바로 일차 강제에 해당한다고 할수 있다. 그러나 그 실행 동기에 대한 설명은 없다. 분명한 것은 오직 타인이 자신의 의지 형식을 통해 규정된 질료적 행위를 통해 나의 의지 형식을 지양하려 한다는 것뿐이다. 따라서 **두 번째** 특징으로서 강제권을 정당화하는 일차 강제는 타자를 겨냥한 비도덕적 행위라고 할 수 있다. 그럼에도 애매함은 여전히 남는다. **무엇보다** 이 일차 강제와 타자와 관계없는 비도덕적 행위와의 경계가 불분명하기 때문이다. **보편**의지의 질료에 반하는 **홀로만**의 비도덕적 행위가 가능한가? **더구나** 이런 행위의 사례로 들만한 것도 마땅한 것이 없다. 굳이 들자면 개인의 자유의 실현 자체가 불가능한 자살 같은 행위를 생각해볼 수도 있겠다. 그러나 이와 같은 행위조차 자신의 처지라면 누구나 그렇게 했을 것이라고 형식적으로 보편화하며 행해지는 것인지는 의문이다. **아울러** 타자를 향한 일차 강제가 단지 비도덕적인 것일 뿐인지 아니면 그 이상의 불법적 근거를 지니는지, 바꿔말해 도덕과 법의 경계 또한 불분명하다.

여하튼 타인은 질료적 강제를 통해 나의 의지 형식의 지양을 의도할 수 있다. 이 대목에서 셸링은 갑자기 모든 개인들의 의지 형식의 동일성을 거론한다. "단지 의지 형식만은 도처에서 동일하다." 이 동일성은 보편의지의 질료 관점에서 이 질료를 규정하는 모든 개체의지의 형식, 즉 자유의 동일성일 것이다. 이 동일성은 차이가 없기 때문에, 다시 말해 이후 셸링의 용어로 표현한다면 **무차별적**이기 때문에 "모든 도덕적 본질들은 나와 동일"하다. 이들은 다만 자신들의 의지 형식을 실현하려는 "질료의 관점"에서만 "나와 상이"한 것이다. 그래서 타인이 자신의 의지의 질료를 통해 "**나의** 의지 형식"을 지양하려 한다면 그는 동시에 마찬가지로 "**자신의** 의지 형식을 지양"하는 것이다. 바로 이 측면에서 셸링은 개인주의를 넘어서는 것처럼 **보인다**. 그가 나의 의지 형식을 지양하는 것은 "자기 안의(in sich) 의지 형식을 지양"하는 것이며, 나와 동일한 존재이기를 멈추는 것이다. 그런데 자신의 의지 형식, 즉 자유가 지양된 존재는 주체가 아니라 객체이다. 이를 통해 타인은 여전히 직접 강제되거나 지양될 수 없는 자유를 지닌 "나에게 객체(Object für mich)가 된다". 그리고 아직은 자유로운 개인으로서 나는 이 객체를 현상 다루듯이 얼마든지 "자연법칙"에 따라 타율적으로 규정할 수 있다(NDN, §§155-159). 강제권의 가장 중요한 이 **세 번째** 특징은 말하자면 도덕적 개인이 다른 비도덕적 개인을 자연적 객체로 규정하고 처리함으로써 그의 행위마저 지양할 수 있다는 데에 있다. 이때 객체를 자유롭게 다루는 나의 측면에서 셸링은 **다시금** 개인주의에 머무른다.

내 안의 의지 형식을 지양하려는 자는 동시에 자기 안의 의지 형식을 지양하는 자이며, 그래서 자율적 주체로부터 타율적 객체로 전락한 자이다. 이에 대한 나의 강제권은 앞서 의지 일반이 없는 자연에 대한 좁은 의미의 자연권과 더불어 이제 나에게 가장 **넓은** 의미의 자연권을 부여해준다. 항쟁 중인 권리의 차원에서 나의 의지 형식, 즉 자유가 문제라면 이를 위협하는 타인조차 나에게는 자연적 객체 그 이상의 존재가 아니기 때문이다. "그래서 모든 권리는 필연적으로 나에게 자연권, 다시 말해 내가 단순한 자연법칙에 따라 주장하는 권리가 된다." 그런데 질료적 객체로서의 타인을 지양하려는 나에 대해 타인 또한 자신의 자유의 위협을 느낀다면 나와 마찬가지로 자연권을 주장할 수 있을 것이다. 이로써 개인과 개인은 서로서로 객체와 객체로서 만나게 된다. 오직 자신에 대해서만은 주체이 겠지만 말이다. 이 갈등의 결판은 결국 서로에 대한 외적 힘, 즉 "물리적 우세"(physische Uebermacht)에 달려 있게 될 것이다. 그리고 그 결과는 모든 권리의 지양이다. 논리적으로 그 극한치까지 사유한다면 이와 같은 투쟁에서 모든 약자의 권리는 소멸될 것이며 가장 강한 자만이 홀로 살아남을 것이기 때문이다. 그러나 다른 의지와의 관계가 없는 혼자만의 권리란 성립할 수 없다. 결국 "그 귀결에서 자연권"은 "필연적으로 스스로 자신을 파괴한다"(NDN, §§161-162). 셸링에게 이렇게 연역된 자연권은 **곧바로** 자연권의 자기파괴에 이른다.[28]

자연권의 이러한 자기파괴는 **한편으로** 주관적 권리 차원에서만 개인들의 관계를 전개해온 셸링 시각의 불가피한 귀결일 것이다. 특히 무제약자를 실현하려는 자아로부터의 출발점은 나라는 개인의 관점으로부터만 무제약자와 타인, 그리고 자연과의 관계맺음을 바라보게 한다. 이렇게 극단화된 개인주의 상태에서 상호 지양을 통해 자연권 전체가 소멸될 위험에 처하게 되는 것은 **다른 한편으로** 홉스의 자연 상태를 연상시킨다. 비

---

28 한스-외르크 잔트퀼러에 따르면 셸링에게 '자유에 대한 권리 인정에 법 보증 없는 자유의 구상이 뒤따르게' 된 이유는 '자아의 자율성'이 존재, 절대자, 신적인 것 등의 '실현 매체'로만 고려되었기 때문이다. 권리를 지닌 인간은 이론의 목적 자체가 아니라 절대자 현실화의 '이행'만을 표시한다. 잔트퀼러는 이를 후기 셸링이 '정치적 낭만주의와 왕정복고'의 '멘토'(Mentor)가 된 계기로 본다. Hans-Jörg Sandkühler, *Freiheit und Wirklichkeit zur Dialektik von Politik und Philosophie bei Schelling*, pp. 38~93, 특히 pp. 63, 71~72, 90. 헤르만 클레너는 이러한 계기를 『인간적 자유의 본질과 이와 연관된 대상들에 대한 철학적 탐구들』(1809)에서의 셸링의 신학적 비합리화 경향으로 본다. 이에 영향을 받은 슈탈은 후에 역사법학과 왕정복고에 기여하게 되었다는 것이다. Hermann Klenner, *Schelling und die Rechtsphilosophie* in *Die praktische Philosophie Schellings und die gegenwärtige Rechtsphilosophie*, pp. 280~82, 284~86 참조. 셸링의 이 저서와 부정철학의 영향으로 역사법학으로부터 개념법학을 창시한 게오르크 F. 푸흐타(Georg F. Puchta)에 대해서는 Stefan Smid, *Freiheit als "Keim" des Rechts*, 같은 책, pp. 287~312, 특히 pp. 297~98, 301~11 참조.

록 셸링이 이 단어를 사용하진 않는다 해도 홉스 또한 법이 없는 상태에 선 누구나 '자신의 생명을 보존'하기 위해 '모든 사물에 대해서'뿐만 아니라 '타인의 신체에 대해서도' 무엇이든 할 수 있는 절대적인 '자연권'(Jus Naturale)을 지닌다고 보기 때문이다.[29] 어찌 보면 셸링의 이 새로운 연역은 홉스에게서 자연법이 도출되기 바로 이전의 자연 상태 내 자연권까지의 내용[30]을 자아철학적으로 새롭게 해석한 것이라 할 수 있을 것이다. 물론 자연 상태라는 허구적·인위적 요소는 배제한 채로 말이다. 이때 개인들의 상호 지양 관계가 그들 주체의식에 내재적인 관계로 전개된다면 헤겔의 인정투쟁 이론의 논리적 배경도 마련되는 셈이다. 셸링의 이 연역으로부터 헤겔이 직접적인 영향을 받은 증거는 없다고 해도 그렇다.

개인주의적 자연권의 파괴를 막는 것은 셸링에 따른다면 사회계약으로는 어렵다. 계약이란 "이기심"(Eigennutz)과 같은 의지의 질료를 갖고 의지 형식, 즉 자유를 규정하려는 보장 조치이기 때문이다. 인간의 의지란 모름지기 계약의 "객관적 규정을 무한히 벗어날" 수 있는 것이다. 그래서 하나의 계약을 확실히 보증하기 위해 또 다른 계약을, 이렇게 해서 "무한한 계열의 계약들"이 필요해질 것이다(NDN, §85 각주D). 그러나 사회계약이 아니더라도 어떻게든 "개인의 물리적 힘을 권리의 도덕적 힘과 동일하게 만들어야" 하는 것이 "이성의 요구"이다. 이때 물리적 힘과 동일해진 도덕적 힘으로서의 주관적 권리(Recht)는 비로소 객관적 의미의 법(Recht)이라고 할 수 있을 것이다. 이에 따르면 자연권도 자연**법으로** 해석 가능해질 것이

---

29 Thomas Hobbes, *Leviathan*, pp. 189~90. 더구나 홉스의 극명하게 개인주의적으로 묘사된 자연 상태는 사회계약을 통해 군주권력을 절대화하는 전체주의와 짝을 이룬다. 남기호, 「칼 슈미트의 국가론에서의 리바이어던: 그 정치적 상징의 오용과 홉스의 정치철학적 의의」, 『시대와 철학』 제26권 제4호, 16~19, 24~27, 35~41쪽 참조.

30 Claudio Cesa, *Schellings Kritik des Naturrechts* in *Die praktische Philosophie Schellings und die gegenwärtige Rechtsphilosophie*, pp. 195~96 참조. 홉스에 대한 직접적 언급은 후기 셸링에게도 나타난다(PM, 536).

다. 이렇게 "언제나 물리적 지배력(Gewalt)마저 법의 편에서" 발휘되는 법의 상태를 구상하기 위해서는 **"새로운 학문**"이 필요하다(NDN, §163). 그러나 셸링은 『자연권의 새로운 연역』 마지막 절(節)에 언급된 이 새로운 학문이 무엇인지에 대해서는 여기서도 추후에 아무런 설명을 내놓지 않는다. 혹자는 이를 늘 구상 단계에 그친 국법의 학문으로 또는 역사철학이나 자연철학으로, 심지어 신화학으로 여기기까지 한다.[31] 여하튼 분명한 것은 이후 셸링이 객관적 의미의 법학(Rechtswissenschaft)이나 법철학(Rechtsphilosophie)을 체계적으로 전개하진 않았다는 것이다.[32]

이 저서를 작성할 무렵 셸링은 비슷한 시기에 출판된 피히테의 『자연법의 토대』나 칸트의 영구평화론에 대한 비평을 참조할 수 없었다.[33] 나중에 출판된 이 저술들을 참조하면서 셸링은 『자연권의 새로운 연역』에 덧붙이려던 긴 논쟁적 후기(Nachschrift)를 삭제하고 단 두 단락만 남겨 놓게 한다.[34] 여기서 이미 자신의 저서에 대한 셸링의 거리두기를 엿볼 수

---

31 Markus Hofmann, *Über den Staat hinaus*, pp. 87~107 참조. 특히 호프만은 셸링이 부르주아 '시민적 국가의 극복'과 '위계화되지 않은 평등한 자들의 공동체'라는 이상을 기독교 기원적 신화학의 '낭만적 미학' 속에서 추구한 것으로 본다(pp. 89, 97, 101). 반면에 볼프디트리히 슈미트-코바르지크는 '자유 속의 필연성', 즉 개인들의 자유로운 행위 내 공존의 '필요-해결적'(not-wendende) 법질서의 발생이 '몰의식적 합법칙성'에 따라 이루어지는 '역사'를 도입한다는 점에서 『선험적 관념론의 체계』 후반부를 지배력을 지니는 법 연역의 궁극적인 장소로 본다. Wolfdietrich Schmied-Kowarzik, *Freiheit-Recht-Geschichte* in *Die praktische Philosophie Schellings und die gegenwärtige Rechtsphilosophie*, pp. 317~26 참조.

32 단지 경험적 소여에 지나지 않는 강제, 법률, 국가 헌법 등을 다루는 "철학적 국법은 철학적 신학보다 더 유용해 보이지 않습니다"(1797년 2월 28일자 니이트함머에게 보낸 편지. SBr, 45). 노년의 셸링은 한 강의에서 이렇게 말한다. "일상(Tag)의 어떤 한쪽 편 마음에 드는 것은 나의 일이 아닙니다." 나는 "고독한 길을, 오늘날 누구나" 떠들어대는 "국가와 헌법 같은" "그러한 것들에 가까이 갈수록 더욱더 고독해질 수밖에 없는 [그런] 길을 거닐고 있습니다"(PM, 539).

33 H. Michael Baumgartner (u.a.), *Erklärende Anmerkungen zu Schelling Werke*, Bd. 3, p. 245.

34 셸링은 프리드리히 니콜라이(Friedrich Nicolai)와의 논쟁을 담은 이 후기 전체

있다. 즉 피히테 등의 "최근 작업들"을 통해 이 저서를 개선할 수 있는 풍부한 소재가 주어졌기에 이 저서는 일단 별다른 논평을 덧붙일 필요 없이 "경구들"로 머물 수밖에 없다는 것이다(NDN, 280). 이 저서는 당시 많은 이들의 주목을 받지는 못했다. 그러나『자연법의 토대』를 쓸 때,마찬가지로 셸링의 이 저서를 참조할 수 없었던 피히테는 뒤이은 자신의『학문론 원리들에 따른 윤리론의 체계』(1798)에서 곧바로 셸링의 탁월함을 거론한다. 말하자면 셸링은 개인으로 정립될 수밖에 없는 자아의 "행위 충동"이 자신 **"외부의** 자유"에서 비롯된다는 것을 간파했다는 것이다. 그러면서 피히테는『자연권의 새로운 연역』제13절 전체를 인용한다(SS, 224-225). "나의 도덕적 힘이 저항에 부딪히는 곳에 더 이상 자연이 있을 수 없다. ······ 여기에 인류가 있다. ······ 나는 [무작정] 더 계속해서는 안 되는 것이다"(NDN, §13). 이것은 무엇보다 헤겔에게 깊은 영향을 끼쳤던, 이른바 유한한 이성존재의 자유로운 자기정립 구조로부터 개인들 간의 인정관계를 전개했던 피히테의『자연법의 토대』를 연상시킨다.[35]

의 삭제를 부탁했으나, 편집자인 니이트함머가 두 단락만을 남겨 게재한 것이다. H. Michael Baumgartner (u.a.), *Editorischer Bericht* zu *Neue Deduction des Naturrechts*, pp. 129~31.

35 이 저서에서 피히테 또한 비로소 **타자**와의 필연적 연관을 성공적으로 연역한다. 그 둘째 정리에 따르면 "유한한 이성존재는 감성계 내의 자유로운 작용성을 또 다른 이성존재들에게 부여하지 않고서는, 따라서 자기 밖의 유한한 이성존재들을 가정하지 않고서는 이 작용성을 자기 자신에게 부여할 수 없다"(GN, 30). 남기호,「피히테의 자연법 이론과 국가 기초의 문제」,『시대와 철학』제25권 제1호, 40~60쪽 참조. 이를 바탕으로 셸링의 미완의 실천철학을 보충하려는 헤겔의 시도가 바로『인륜성의 체계』(1801)임은 주지의 사실이다.

4. 개인과 국가

프랑스의 공포정치 소식을 접하며 피히테는 1794년 『학자의 사명에 대한 몇몇 강의들』에서 이렇게 말한다. "모든 정부의 목적은 정부를 불필요하게 만드는 것이다." 즉 국가란 "완전한 사회 건립의 수단"일 뿐이기에 "모든 인간 제도들"과 마찬가지로 궁극적으로는 "무화"(無化)되어야 한다(VBG, 306). **내용상** 셸링이 쓴 것이라고 추정 **가능한** 「독일 관념론의 가장 오래된 체계계획」(1796/97)에서 그 또한 다음처럼 말한다. "오직 자유의 대상만이 이념이라 불린다." 단지 "기계적인" 것일 뿐인 "국가의 이념이란 것은 없다". "그래서 우리는 국가를 넘어서야 한다(über den Staat hinaus)!"(äS, 615)[36] 이러한 무정부주의적 발상은 자유, 평등, 연대 등의 이념을 위해 단지 기계적 수단으로 머물러야 하는 국가권력을 마찬가지로 이념적으로 정당화하려 했던, 그래서 절대주의 국가와 동일한 폭력을 자행했던 계몽주의 국가관에 대한 이들 나름의 비판적 대응이라 할 수 있다. 그렇지만 실재 삶 속에서 수단으로서의 국가는 그래도 꼭 있어야 할 것이며 무정부 상태는 미래적 이상으로 머물 수밖에 없을 것이다.

그러나 이후 피히테는 곧 자신의 학문론 원리에 따라 자연법에 기초한 계약론적 이성국가를 구상하는 반면에 셸링은 절대 불가침의 자유와 그

---

36 헤겔이 적어놓은 것으로 추측되는 이 단편의 제목 「독일 관념론의 가장 오래된 체계계획」은 원래 최초 편집자인 프란츠 로젠츠바이크(Franz Rosenzweig)가 붙인 것이다. 그러나 그 또한 내용상의 이유로 헤겔이 이 단편의 저자임을 부정하고 있다. Walter Jaeschke (u.a.), *Anhang* zu *Frühe Schriften II, Hegel Gesammelte Werke*, Bd. 2, p. 666. 이 단편의 저자로 호프만과 체사는 셸링을, 권기환은 조심스럽게 프리드리히 횔덜린(Friedrich Hölderlin)을 지적하고 있으나 여전히 논란거리이다. Markus Hofmann, *Über den Staat hinaus*, pp. 90~92; Claudio Cesa, *Schellings Kritik des Naturrechts* in *Die praktische Philosophie Schellings und die gegenwärtige Rechtsphilosophie*, p. 190; 권기환, 「역자 해제」, 프리드리히 셸링, 『철학 일반 형식의 가능성』, 누멘, 2011, 79~81쪽. 더 자세한 논쟁사는 Walter Jaeschke, *Hegel Handbuch*, pp. 76~80 참조.

실현을 보장하기 위해 자연권의 연역을 시도한다. 국가라는 단어가 한 번도 등장하지 않는 이『자연권의 새로운 연역』은 따라서 잘못 이념화된 국가주의적 사고에 대립해 근대적 주체의 결단코 침해 불가능한 인권을 구제하려는 시도라고 할 수 있다. 그러나 이후 셸링에게 권리가 법으로서, 그리고 자연권이 자연법으로서 합법적 물리력을 획득하는 새로운 학문이 구체화하진 못했다. 오히려 그는 경험적 권력으로 자신을 타당하게 만드는 '자연법'에 대한 '어떤 반감'에 사로잡히게 된다.[37] 이로 인해 셸링의 국가 사유는 때로는 "자연법칙"이 오직 "자유를 위해" 관철되는 "제2의" "자연"을 향한 수단으로서의 "국가 기계"(Staatsmaschine)로(StI, 583, 586), 때로는 플라톤적 이상의 관점에서 "필연성과 자유의 조화"가 "역사" 속에서 실현되는 "외적 유기체"(Organismus)로서의 "예술작품"(Kunstwerk)으로(VMak, 306-307, 313, 315),[38] 때로는 "신으로부터 분리"된 인류에게 모순적으로 감내해야 할 "저주"로(SP, 460-461) 구상된다. 이러한 다양한 규정들은 매번 새로운 원리와 함께 그 원리에서 비롯되는 체계 전체를 한꺼번에 통찰하는 그의 천재적 기질 때문일지 모른다. 그럼에도 이러한 다양한 편력에 공통적인 것은 더 이상 국가와 법을 독립적으로 전개된 법철학에 기초지으려 하지 않는다는 것이다.

그 이유는 여러 가지가 있을 수 있다. **먼저** "오직 권리 보장"에 힘써야 하는 국가권력은 "절대적 생(生)"의 "한갓 유한한" "부정적 측면"에 지나지 않기 때문이다. 셸링의『학술적 공부 방법 강의들』에 따르면 절대적 생

---

37 H. Michael Baumgartner (u.a.), *Editorischer Bericht* zu *Neue Deduction des Naturrechts*, p. 128.

38 예술이 '외적 자유'만을 가능케 하는 법 발전의 역사를 넘어 '절대자'의 점차적 '계시'로서의 고유한 역사를 지니는 것은 이미『선험적 관념론의 체계』에서 구상된 바 있다. 이에 대해서는 Wilhelm G. Jacobs, *Geschichte und Kunst in Schellings »System des transzendentalen Idealismus«* in *Philosophisch-literarische Streitsachen*, Bd. 1, pp. 205~08, 210~13 참조. 물론 국가에 대한 기계론적 사유에서 유기체적 사유로의 전환에 차이점은 있다.

은 자유 편에서 필연성과 자유의 조화가 실현되는 삶이라 할 수 있다. 이러한 삶의 주체는 언제나 자유권을 지닌 개인이며, 국가는 이를 위한 외적 "수단" 그 이상일 수는 없다(VMak, 316).[39] "본래 단지 개별자의 가능한 최고의 자유의 조건일 뿐인 국가"가 이 자유로운 개별자들의 통일 자체를 마련하는 목적으로 간주된다면 "피히테의 폐쇄된 상업국가" 같은 "전제정"(Despotismus)이 초래될 것이다. 슈투트가르트 강의에서 셸링은 자유로운 개별자들의 통일로서의 국가를 아예 "불가능"한 것으로 간주한다. 이를 위해 국가가 갖출 수 있는 것은 기껏해야 "물리적 수단들"뿐이기 때문이다. 그러나 이 수단들은 항상 이성의 "더 고차적인 정신적 동기들", 말하자면 "인륜적 상태"를 위해 있는 것들이다. 문제는 국가가 이러한 동기들에 대해 명령을 내릴 수 없다는 데에 있다. 이 동기들은 자유로운 개인들의 통찰과 동의에서 나오는 것이며, 따라서 "국가의 지배력 밖에" 있는 것이다(SP, 461-462).[40] 이 때문에 국가는 모순적일 수밖에 없다. 이렇

---

39 그러나 여기서 절대적 생의 주체는 더 이상 현실적 개인을 말하는 것이 아니다. "국가 헌법은 이념들의 왕국 헌법의 상(ein Bild)"일 뿐이다. 이 이념들의 왕국에서 "절대자"는 "군주"이며, "이념들"은 "자유인들"이고, "개별적이고 현실적인 것들은 노예이자 농노"일 뿐이다(VMak, 260-261). 헤르만 첼트너는 셸링의 이러한 동일성 철학에서 '철학에서의 혁명의 종결' 내지 보수적 '반동적 성품의 산물'을 본다. Hermann Zeltner, *Das Identitätssystem* in *Schelling*, pp. 75~94, 특히 pp. 92~93.

40 클라우디오 체사는 『선험적 관념론의 체계』에서 "한갓 자연질서" 그 이상일 수 없는 "법적 질서"를 "도덕적 질서로 변환"하려는 시도에 대한 비판을 이미 암묵적인 피히테 비판으로 본다(StI, 583-584). '시민사회' 내에 '인간 삶을 더 이성적으로 형성하려는' 그러한 자연법적 시도가 오히려 '새로운 형식의 의존성과 노예', 어쩌면 "가장 끔찍한 형태의 전제정"을 초래할 것이라는 셸링의 통찰은 오늘날 '계몽의 변증법'을 연상시킨다는 것이다. 그러나 '왕정복고' 철학의 징조이든 낭만적 삶의 꿈이든 간에, 줄곧 유지되어 온 **절대자**의 형상(Bild)으로서의 국가에 대한 셸링의 유기체적 사유는 인간에게 강압적인 어떠한 적응도 요구하지 않는다는 체사의 평가는 너무 과도한 측면이 있다(같은 책, pp. 583~84). Claudio Cesa, *Schellings Kritik des Naturrechts* in *Die praktische Philosophie Schellings und die gegenwärtige Rechtsphilosophie*, pp. 191~97. 셸링이 왕정복고가 아니라 시민 군주제를 옹호했다는 체사와 자비에 틸리에트(Xavier Tilliette)의 해석에 대한 비

게 셸링은 늘 자유를 개인주의적 관점에서 외적 제도에 대립적인 것으로만 본다. 이러한 개인주의적 자유의 관점 **또한** 그의 법철학의 부재를 잘 설명해준다.[41]

혹자는 다양한 편력에도 불구하고 셸링의 일관된 주제를 '절대자' 내지 '무제약자의 이념을 모든 철학의 근본 규정으로 고양시키는 것'이라 평가하기도 한다.[42] 1804년 『철학과 종교』에 따르면 유한한 세계는 설명할 수 없는 "타락"(Abfall) 내지 "비약(Sprung)을 통해 절대자로부터 단절"된 데에서 생긴 것이다. 셸링의 주요 관심은 이 단절을 규명하는 데에 있는 것이 아니라 오히려 유한자가 어떻게 다시금 절대자로 복귀할 수 있는지를 탐구하는 데에 있다. 다시 말해 유한자 속에서 무한자를 포착하는 것, 자연 속에서 필연성에 따른 절대자의 "실재적" 객체적 측면을, 그리고 정신적 존재 속에서 자유에 따른 절대자의 "관념적·주체적 측면"을, 더 나아가 양자의 "절대적 동일성" 내지 통일성을 파악하는 데에 있다(PR, 34, 38, 42, 53). 그렇다면 절대적 필연성과 통일된 자유로운 **일자(一者)**로 복귀

판으로는 Domenico Losurdo, *Von Louis Philippe bis Louis Bonaparte*, 같은 책, pp. 227~54, 특히 pp. 231~35, 252 참조. 도메니코 로수르도는 민족주권원리를 포기했던 시기의 루이 필립만을 옹호한 셸링이 실제로는 정통 군주제 복원을 일관되게 주장함으로써 후에 군사독재를 제안한 도노소 코르테스(Donoso Cortés)의 찬양과 사회주의 진압을 위한 부르주아와의 연대 제안까지 이어진 것으로 본다(pp. 248~51).

41 셸링식 자아철학의 실천철학적 표현은 **저마다** 자신의 자아능력을 자유롭게 실현하라는 의미의 개인주의일 수밖에 없다. 문제는 이 개인이 피히테에게서처럼 타인과의 관계를 조건으로 하는가의 여부이다. 셸링이 국가의 기능을 단지 '역사적-정치적 상황에서만 이해'했다는 것도 언뜻 납득하기 어렵다. 셸링이 법철학 같은 것을 발전시키지 않은 것은 국가를 비롯한 모든 제도들의 존재론적 유한성 때문이 아닌가? 권기환, 「피히테와 셸링의 국가론에 대한 비교연구」, 『철학논집』 제56집, 133~37쪽 참조.

42 H. Michael Baumgartner, *Das Unbedingte im Wissen: Ich-Identität-Freiheit* in *Schelling*, pp. 51, 54; *Der spekulative Ansatz in Schellings System des transzendentalen Idealismus* in *Philosophisch-literarische Streitsachen*, Bd. 2, pp. 130~31 참조.

해야 할 유한한 주체는 자유로운 **개인**(In-dividuum)일 수밖에 없을 것이다. 이 개인의 유한성의 자기지양 기준은 늘 절대적 자유로서의 존재이다. 이를 향한 노력에서 자유를 제한하는 유한한 외적 장치들은 모두 극복되어야 한다. 절대적 자유 자체로 있을 수 없는 것, 단지 이 자유 실현의 물리적 조건에 불과한 것, 이런 것들은 모두 부정되어야 한다. 이렇게 셸링은 유한자 속에서 **너무** 무한자만을 보려고 한다. 바꿔 말해 그는 구체적 보편이기 위해 어쩔 수 없이 유한적일 **수도 있어야** 할 무한자를 잘 보지 못한다.[43] 무한자의 계기로서의 유한자 자체의 적극적 의미 말이다. 근본적으로 보면 **또한** 바로 이 때문에 셸링에게 국가와 법에 관한 철학은 처음부터 불가능했을 것이다.[44]

절대적 자유권이 부여된 개인들의 만남은 『자연권의 새로운 연역』이 보여주듯이 홉스적 상호 파괴로 치달을 수밖에 없다. 그렇다고 자유를 억

---

43 "소요(騷擾)에도 불구하고 잘 잤다. 아침에 대중적인 서론부터 존재자란 무엇인가(τι το ον)라는 물음까지 어려운 이행 부분을, 그럼에도 거의 완성된 상태로 작성"했다. 1848년 혁명 당시인 3월 20일, 창문 밖 성 앞에서의 유혈사태를 **목격한** 후에 남긴 셸링의 메모이다. H.-J. Sandkühler, *F. W. J. Schelling-Philosophie als Seinsgeschichte und Anti-Politik* in *Die praktische Philosophie Schellings und die gegenwärtige Rechtsphilosophie*, p. 223에서 재인용.

44 자연철학을 제외하고 잔트퀼러는 실재적 '존재자의 부정성과 절대자의 긍정성의 철학적 구성'이 평생 셸링의 '정치적 반(反)-역사와 존재사적 반(反)-정치'의 근거가 된 것으로 평가한다. 즉 '스스로 수행하는, 그러나 정치적으로 형성될 수 없는 절대자의 역사 기획'을 위해 '정치적인 것'은 이념과의 매개 없이 다만 '대립들의 통일' 속에서 '지양' 내지 배척될 뿐이라는 것이다. 셸링에게 '정치는 반(反)-역사이다'. H.-J. Sandkühler, 같은 글, pp. 199~226, 특히 pp. 201~06, 213~15, 220~22 참조. 셸링의 자연철학에 대해 홀츠는 절대자의 '자기구성적 연관'이 '무한자가 유한자의 기능(Funktion)으로, 그리고 유한자가 무한자의 기능으로 서술'됨으로써 확보되는 것으로 본다. Herald Holz, *Perspektive Natur* in *Schelling*, p. 68. 마르틴 슈라벤은 셸링이 신으로부터 시작해 신으로 복귀하는 세계 과정을 철학적으로 구상했음에도 '정치적인 것의 영역'에서 이를 슈탈처럼 종교적으로 직접 정당화하진 않았기에 그의 일상 정치에 대한 태도가 철학적으로 논박될 수는 없다고 본다. Martin Schraven, *Recht, Staat und Politik bei Schelling* in *F. W. J. Schelling*, pp. 190~207, 특히 pp. 200, 206~07 참조.

제하는 인위적 국가권력이 마련되어서는 안 된다. 그렇다면 개별자로서 인간은 어떻게 늘 공적 권력을 자신의 자유 실현의 조건으로서만 마련하고 사용하는 데에 이르는가? 셸링의 마지막 시도는 "황금시대"의 "자연 상황"(Naturstand)으로부터 "저절로 발생한" 민족들에서 어떻게 국가와 법이 역사적으로 발전해 왔는지를 보여주려는 것이었다. 역사법학적인 구상의 신화학적 서술이라고 할 이 시도는 결코 인위적이고 혁명적인 국가 구성을 허용하지 않는다. 그에 따르면 오히려 개인에게 자유의 "성품"(Gesinnung)을 가능하게 해야 할 국가는 이러한 성품을 가장 탁월하게 지닌 자가 지배하는 "자기의식적 군주제"(selbstbewußte Monarchie)로 자연스럽게 발전한다(PM, 94, 175, 540-541). 셸링의 개인주의적 자유는 이렇게 성품론적 보수주의에 귀착한다. 그러나 이처럼 전체적으로 아우르는 평가에도 불구하고 편차 또한 극심하다. 과연 그가 사회철학적 의미의 개인주의를 극복했는가에 대해서는 더욱 그렇다. 셸링 철학의 매 단계마다 별도의 논의가 필요한 이유이다.

제5장

헤겔

서양의 국가론은 자연법 이론이라 할 만큼 이 이론의 역사는 유구하다. 이미 폴리스의 '법률'(νομος)을 더 이상 '우주'(Kosmos)가 아니라 인간의 '본성'(φυσις)에 근거짓고자 한 프로타고라스에게서 그 발상을 확인할 수 있기에 그렇다.[1] 이 이론은 스토아학파의 '오이케이오시스(Oikeiosis) 이론'을 거쳐 중세 이후 줄곧 신법에 근거한 국가 이론으로 기능해 왔다.[2] 그리고 신적인 권위와 진리가 인간의 자기의식 앞에 그 검증을 요청받게 되자 자연법 이론은 더 이상 신법의 근거를 필요로 하지 않는 인간 고유의 이론으로 변환하게 된다. 이른바 근대 자연법 이론의 탄생이다.

근대 자연법 이론은 사회계약 이론과 함께 국가권력과 규범적 질서의 창출이 이를 필요로 하는 인간 **자신의** 주체적 활동, 즉 계약에 의해 가능하다고 주장한다.[3] 이와 함께 가장 주목해야 할 것은 이 이론이 바로 근대 국가 건설의 이론적 기초로서 **현실적으로** 기능했다는 점일 것이다. 청

---

1 Reinhard Brandt, Zum Artikel *Naturrecht* in *Historisches Wörterbuch der Philosophie*, Bd. 6, p. 564.
2 Matthias Kaufmann, *Rechtsphilosophie*, pp. 42~47 참조.
3 물론 제한적이나마 계약론적 발상도 이미 고대 그리스에서 확인할 수 있다. 제1장 참조.

교도혁명(1640~60)의 혼란기에 출판된 홉스의 『리바이어던』(1651), 명예혁명(1688)의 정당화를 위한 로크의 『통치론』(1690), 프랑스혁명의 사상적 기반이 된 루소의 『인간불평등기원론』(1755)이나 『사회계약론』(1762) 등이 그렇다. 더구나 이 이론은 독일 고전철학을 통해 비교적 완전한 학문적 체계성을 획득하기 시작한다. 이미 살펴본 것처럼 피히테, 셸링, 칸트는 한결같이 자연법 이론의 **학문적** 완성에 매진한 바 있다. 마찬가지로 헤겔 또한 고민에 고민을 거듭해 비로소 1820년 『법철학 개요』를 발표하게 된다. 『자연법과 국가학 요강』이라는 다른 제목과 함께 말이다.

이 장은 헤겔의 이 『개요』를 자연법 이론의 맥락 속에서 고찰하고자 한다. 어떤 측면에서 이 저서는 근대 철학뿐만 아니라 독일 고전철학의 자연법 이론을 전체적으로 결산하는 책이라 할 수 있다. 그러나 우선 주의해야 할 점들이 몇 가지 있다. 무엇보다 **먼저** 헤겔은 자신의 이론을 내심 자연법이라는 이름으로 소개하려 하지 않았다는 것이다. 전체 제목과 다르게 헤겔은 자연법을 당시 저술이나 강의의 학술적 관행 차원에서만 언급할 뿐 정작 본론에서는 자연법 이론의 문제들을 주로 비판적으로 제기한다. 그렇다고 헤겔이 자연법 이론을 송두리째 거부한 것은 아니다. 그 대안으로 그는 철학적 법학으로서의 자연법 이론을 제안하고 있기 때문이다. 이것이 **두 번째로** 주의해야 할 점이다. 자연법 이론을 대체하는 이 철학적 법학 내지 법철학의 핵심은 인륜성 이론이라고 할 수 있다. 특히 기존 자연법 이론의 기본 역할이 국가의 이론적 기초를 제시한다는 측면에서 그렇다. 헤겔은 이를 인륜적 국가로 구상한다. **마지막으로** 가장 주의해야 할 점은 『개요』가 헤겔의 본심(本心)을 적나라하게 드러내는 저서가 아니라는 것이다. 이는 1819년 카알스바더 결의(Karlsbader Beschlüsse)를 통해 본격화된 선동자 축출 정책과 왕정복고의 정치적 상황 때문이라고 할 수 있다.[4] 헤겔은 당시의 삼엄한 검열과 감시의 분위기 속에서 실재 정치 현안들에 대한 직접적 언급을 삼가며 자신의 『개요』를 작성한다. 따라서 『개요』에 대한 올바른 이해는 학생들과의 생생한 교류 속에서 자신의 생각을 가감 없이 피력했던 그의 법철학 강의들 및 다른 저술들과의 비교를 통해서만 가능해진다. 헤겔 법철학에 대한 연구가 『개요』에만 제한될 수 없는 이유가 바로 여기에 있다.

1. 자연법 또는 사회계약 비판

먼저 『개요』의 원래 제목부터 살펴보자. 정확히 말해 이 책은 첫 장에 『자연법과 국가학 요강. 자신의 강의에 사용되기 위해』, 그리고 다음 장에 『법철학 개요』라는 두 개의 이름으로 출판되었다. 첫 제목에서 알 수 있듯이 이 책의 용도는 무엇보다 헤겔이 강의를 위해 작성한 학생용 자습서이다. 헤겔은 평생 16번에 걸쳐 관련 강의를 행한 것으로 추정되며,[5] 뉘른베르크 시절 김나지움 강의들을 제외하면 대부분 "자연법과 국법(ius naturae et civitatis)"이라는 이름으로 진행되었다. 그런데 이 이름이 『개요』에서 '자연법과 **국가학**'으로 대체된 것은 몇몇 학자들에 의해 헤겔이 1820년경 당시 프로이센 왕정복고 정치에 순응한 증거로 인용되곤 했다.[6] 그러나 헤겔은 이미 1817/18년 하이델베르크 강의를 "자연법과 국가학"이란 이름으로 행한 바 있으며, 뉘른베르크 강의에서도 "국가학"을 언급한

---

4 이에 대해서는 남기호, 『헤겔과 그 적들』, 29~32쪽 참조.

5 예나 시기 4번, 뉘른베르크 시기 5번, 하이델베르크 시기 1번, 베를린 시기 6번이다. 여기에 『철학백과요강』에 포함된 법철학 강의를 포함하면 그 횟수는 더 늘어난다. Walter Jaeschke, *Hegel Handbuch*, pp. 364~65; Klaus Grotsch, *Anhang zu Gesammelte Werke*, Bd. 10.2, p. 983; Elisabeth Weisser-Lohmann, *Hegels rechtsphilosophische Vorlesungen* in *Hegel-Studien*, Bd. 26, pp. 63~64. 풀다는 총 13번으로 보고하고 있다. 한스 프리드리히 풀다, 남기호 옮김, 『헤겔』, 용의숲, 2010, 339쪽.

6 대표적으로 일팅과 헤르베르트 슈네델바흐(Herbert Schnädelbach)를 들 수 있다. 이에 대한 비판으로는 남기호, 「헤겔 법철학에서의 군주의 역할: 헤겔은 과연 왕정복고 철학자인가」, 『사회와 철학』 제23집, 115~27쪽 참조.

적이 있다 (예를 들어 NG, 341, 356, 360). 따라서 헤겔의 강의 공고 습관에 따른다면 『개요』의 주요 제목은 "자연법과 국가학"이라고 할 수 있다.[7] 이에 반해 "법철학"이라는 제목은 헤겔의 습관에서 벗어나는 무언가 새로운 것을 의미하는 셈이다.

이 새로운 것은 헤겔이 이제 공식적으로 덧붙이거나 대체하려는 것으로 보아야 한다. 왜냐하면 더 이상 『개요』 본문 어느 곳에서도 자연법이나 국가학에 대한 정의가 언급되지 않으며, 이에 반해 서론(Einleitung)에서부터 "철학적 법학"에 대한 논의가 시작되기 때문이다(GPR, §1). 이러한 대체 시도는 무엇보다도 기존 자연법 이론에 대한 문제의식에서 비롯된 것이다. 이는 일반적으로 네 가지 측면에서 살펴볼 수 있다. 무엇보다도 **우선** 헤겔은 서문(Vorrede)에서 철학이 고찰해야 할 "자연"에 대해 말한다. 누구나 동의하듯이 "철학은 자연을 있는 바대로(wie sie ist)", 즉 "피상적으로 드러나는 형태들과 우연성들이 아니라" 오히려 "그 안에 현재하는 현실적 이성(wirkliche Vernunft)"을 "내재적 법칙과 본질"로서 인식해야 한다는 것이다(GPR, 8). 한마디로 헤겔은 여기서 자연을 이성, 법칙, 본질 등과 같은 말로 쓰는 셈이다. 그렇다면 **자연법**은 **이성법** 다시 말해 자연 내의 현실적 이성을 인식하는 철학적 법이라 할 수 있다. 다른 이론들을 인용할 때를 제외하면 헤겔은 『개요』 본문에서 딱 한 번 자연법을 "철학적 법학"과 동의어로 지나가듯 언급하고 만다(GPR, §3). 그 이유는 이미 1817/18년 페터 반넨만(Peter Wannenmann) 강의 필기문에서 선명하게 드러난다. 여기서 헤겔은 "자연법이라는 이름이 **포기**되고 철학적 법론"이나 "객관적 정신의 이론"이라는 명칭으로 대체되어야 한다고 말하고 있다. "자연이라는 표현은 이의성(二義性)을 포함"하고 있어 때로는 "어떤 것

---

7 Walter Jaeschke, *Hegel Handbuch*, p. 364. '자연법과 국가학'은 당시 대학의 관용적인 강의 제목이었다. 반면에 '법철학'이라는 이름은 1790년대 중반에서야 처음으로 쓰이기 시작했다. *Die Klassische Deutsche Philosophie nach Kant*, p. 646.

의 본질과 개념"을, 때로는 "몰의식적인 직접적 자연 자체"를 의미하곤 하기 때문이다 (VNS, §2).[8] 더구나 헤겔이 보기에 기존의 자연법 이론은 자연의 이 이중적 의미를 혼용해 사용하곤 한다.[9]

두 번째 문제의식은 그 대표적 혼용으로서 자연 상태의 허구성에서 표출된다. 근대의 모든 자연법 이론의 출발점은 이론적 허구로서 고안된 자연 상태라 할 수 있다.[10] 순진무구한 상태이든 온통 불법적 상태이든 이 자연 상태의 공통된 특징은 인간에게 직접적으로 주어지는 자연의 상태라는 점이다. 그러나 헤겔이 보기에 인간이 노동을 통해 만족을 추구하는 정신적 존재인 한, 단순한 자연 욕망들과 그 만족 수단들을 "우연한 자연이 직접 보장해 주는 대로" 추구한다는 것은 "참되지 않은 생각"일 뿐이다. 헤겔에 따르면 인간의 **순전한** 자연 욕망이나 만족 같은 것은 **없다.** 그런 것이 있다면 "단지 자연 속으로 침잠해 버린(versenkte) 정신성의 상태, 따라서 조야성과 부자유의 상태"일 뿐이겠다(GPR, §194).[11] 무

---

8 1818/19년의 카를 구스타프 호마이어(Carl Gustav Homeyer) 강의 필기문에 따르면, "자연법이라는 이름은 그래서 단지 관습적일 뿐 전적으로 올바른 것이 아니다. …… 본래적인 이름: 철학적 법론"(VR1, §3). 이러한 측면에서 바이저는 헤겔의 자연법을 아리스토텔레스-스콜라 철학 전통에서 평가한다. 프레더릭 바이저, 『헤겔. 그의 철학적 주제들』, 275~76쪽. 반면에 만프레트 리델은 개별자의 '부정적 인륜성'에 적극적으로 주목하기 시작한 1805/06년 『예나 체계기획들』에서 이미 고대적 모델을 넘어선 헤겔 고유의 자연법 구상을 본다. Manfred Riedel, *Hegels Kritik des Naturrechts* in Hegel-Studien, Bd. 4, pp. 188~96, 특히 pp. 191, 193.

9 이러한 문제의식은 이미 칸트와 피히테가 피력한 바 있다. 도덕적·법적 "구속력의 근거는 인간의 자연(본성, Natur)이나 세계 내 상황들에서가 아니라 …… 순수 이성의 개념들에서 선차적으로(a priori) 찾아져야 한다"(GMS, ABVIII). "자연법, 다시 말해 이성법, 그리고 자연법은 그렇게 불렸어야 했다. 모든 법은 순수한 이성법이다"(SR, 498-499).

10 예전에는 이상적인 낙원 상태로 여겨졌던 자연 상태가 근대 이후에 다양하게 특징지어지게 된 계기는 16/17세기에 점화된 '순수 자연 상태의 사유 가능성'에 대한 신학 논쟁 때문이었다. Hasso Hofmann, Zum Artikel *Naturzustand* in *Historisches Wörterbuch der Philosophie*, Bd. 6, pp. 653~54.

11 1818/19년의 반넨만의 보충 필기문에는 이러한 언급이 나온다. "어떠한 충동도 동

엇보다 정신적 본성을 지니는 인간의 비정신적 순수 자연 상태란 말 그 대로 허구의 상태 그 이상일 수 없다. 그렇다면 이 자연 상태가 순진무구 한 것으로, 또는 불법적인 것으로, 정확히 말해 법이 없기에 불법도 없는 것으로, 또는 법은 있어도 이를 보장하고 실현할 심급이 없는 것 등등으 로 다양하게 고안되는 방식은 무엇일까. 헤겔은 이미 1802년 「자연법의 학문적 논의방식들과 실천철학에서의 그것의 지위 그리고 실정법학들과 의 그것의 연관에 대하여」라는 논문에서 다양한 자연법 이론들을 크게 "경험적" 논의방식과 "순수 형식적" 논의방식으로 구분해 다룬 바 있다.[12] 이 자연법 논문에 따르면 자연 상태의 허구적 고안은 어느 논의방식이 든 간에 현행법이 제대로 작동하지 않는 소요나 내란 또는 전쟁의 후차적 (aposteriorisch) 경험 내용을 그 구체적 상황들로부터 긍정적 또는 부정적 으로 추상해 순수 이론적인 선차적(apriorisch) 차원으로 옮겨 놓음으로 가능했던 것이다. 말하자면 직접 경험되는 인간 본성을 **마치** 본질적 상태 인 것처럼 꾸며대는 것이다. 따라서 "그러한 선차적" 자연 상태의 "판결원 리는 후차적인 것"일 뿐이다. 이 허구적 상태를 묘사하기 위해 필요한 것 은 "현실 **속에서** 발견되는 것" 딱 그만큼만이다(BN, 420-421, 424-425).[13] 이를 긍정적으로 추상하면 홉스의 투쟁 상태가, 부정적으로 추상하면 루 소의 순진무구 상태가, 형식적으로만 추상하면 칸트나 피히테의 사법(私

물에게서처럼 나에게서 절대적이지 않다"(VNS, ad§7, 275). 또한 남기호, 「헤겔의 욕망 개념」,『헤겔연구』제26호, 42~48쪽 참조.

12 두 논의방식들에 대한 헤겔의 세세한 비판은 김준수, 「헤겔 「자연법」 논문에서 근 대 자연법론에 대한 비판」,『사회와 철학』제2호, 281~94쪽 참조.

13 헤겔이 자연 상태의 **이론적** 허구성을 비판한 것은 그것의 전적인 비실재성을 비 판한 것이 아니다. 오히려 현실 속에 있을 수 있는 무질서한 상태, 좀더 정확히 말 해 질서와 무질서의 혼합 상태로부터 무질서 부분을 추상해 전면적 무질서 내지 전쟁 상태라는 이론적 전제로 일반화했다는 것이다. 이와 관련해서는 윤삼석, 「근 대 자연법 이론에 대한 헤겔의 비판은 타당한가?」,『시대와 철학』제29권 제2호, 141~46쪽, 특히 146쪽과 비교. 또한 조극훈, 「헤겔의 근대 자연법론 비판에 나타 난 이성의 분화와 통합」,『인문학연구』제24호, 229~30쪽 참조.

法) 상태가 도출될 것이다.

그러면서도 이론가들은 "자연 상태를 사회 상태에, 특히 국가에 대립된 것"으로 간주한다. 그리고는 이 상태 속에서 "직접적 자연으로 인해 타당한 법"을 "자연법"으로 이해한다(VNS, §2). 헤겔은 『개요』를 강의하며 덧붙인 메모에서 이에 대해 **세 번째** 문제의식을 피력한다. 법이 작동하지 않는 "자연 상태에서" 혹은 실정법이 없다는 의미에서의 "불법적(*unrechtlich*) 상태의 조건 아래에서 법이 무엇인지" 묻는다는 것은 "공허하고 모순되는 물음"일 뿐이다. **도대체** 직접적 자연 내지 본성(Natur)에 의해 타당한 법이란 무엇인가? 우리는 "개념을 **그 자체로**"(Begriff an sich) 물을 수 있다. 그러나 어떠한 개념도 그 자체에 있어 올바르거나 그렇지 않은 내용을 지니지 않는다. 노예제도가 올바르지 않은 이유는 그 개념이 그 자체로 잘못되어서가 아니라 그 개념이 현실과 통일되는 "이념"으로 기능할 수 없기 때문이다(NP, 435). 직접적 자연 내지 본성 때문에 타당한 것이 있다면 그것은 자연법칙일 것이다. 1822/23년 하인리히 구스타프 호토(Heinrich Gustav Hotho)의 강의 필기문에 따르면 "자연법칙들은 단적으로" 타당하며 "어떠한 위축도 겪지 않는다." 단지 그에 대한 "우리의 표상이 잘못일 수는 있다." 그러나 "이 법칙들의 척도는 우리 밖에 있으며, 우리의 인식은 이것들에 아무것도 덧붙이지 않고" 있는 그대로 받아들여 확장할 뿐이다. 이에 반해 법의 인식은 이와 "마찬가지일 수도 아닐 수도" 있다. "법법칙들(Rechtsgesetze)은 정립된 것이며, 인간에게서 유래하는 것"이기 때문이다(VR3, 92-93). 그럼에도 법이 "직접적인 자연에 의해 흡사 이식되는" 것이라면(EnzyI, §415), 또는 "직접적인 자연방식으로 현존하는 것"이라면(EnzyII·III, §502) 어떤 문제가 생길까. 세 편의 『철학백과요강』들에서도 반복되는 이러한 고민은 『개요』에서는 좀더 직접적으로 구스타프 폰 후고(Gustav von Hugo)의 관점에 대한 우려로 표출되고 있다. 역사법학파 창설에 기반을 제공한 것으로 평가되는 후고는 법의 타당성을 "역사적 정당화"를 통해 마련하려 한 것으로 여겨진다.

법 규정들이 역사 속에서 마치 자연 사건들처럼 직접적으로 출현하고 전개되는 것을 그 자체 법 규정들의 정당화로 고찰하는 것이다. 이는 한마디로 역사 속의 실정법을 직접적으로 타당한 자연법으로 여기는 것이다. 이렇게 되면 실정법의 근거 내지 기원으로서 자연법이 지니는 비판 기능을 유지할 수 없게 된다. 어떠한 "법 규정이라도 상황들과 현존 법 제도들로부터 완전하게 근거지어지고 일관된 것으로 제시될 수 있다." 그럼에도 그 법 규정이 "자체에 있어 그리고 자체에 대해(an und für sich) 불법적이고 비이성적**일 수** 있다"라는 것을 잊지 말아야 한다. 이른바 '법률적 불법'(gesetzliches Unrecht)에[14] 대한 비판 기능은 법의 "철학적 고찰"을 통해서만 가능한 것이다(GPR, §3). 헤겔에게 중요한 것은 언제나 역사적 '현실과 매개된' 이성이다.[15]

기존의 자연법 이론들은 때로는 자신의 마음에 안 드는 실정법 규정들을 비판하기 위해 구상된 몇몇 새로운 규정들을, 때로는 자신의 마음에 드는 규정들을 정당화하기 위해 이 기존 규정들을 자연 상태 내 자연법으로 이전했다. 그러고는 마치 자연 상태에 대립된 "사회가 정신의 본질에" 적합하지 **않은** 일종의 필요악인 것처럼 간주하고 자연법의 실현을 위해 사회 속에서는 "참다운 자유"가 불가피하게 "제한"되어야 할 것으로 여긴다(VNS, §2).[16] 자연 상태로부터 이러한 사회 상태의 창출을 위해 고

---

14 Arthur Kaufmann, *Grundprobleme der Rechtsphilosophie*, p. 131.

15 Walter Jaeschke, *Hegel Handbuch*, p. 367. 자연법의 이러한 비판 기능의 측면에서 헤겔과 토마스 아퀴나스의 유사성을 보는 논의도 있다. 이정일, 「토마스 아퀴나스와 헤겔의 자연법 비교」, 『범한철학』 제29집, 101~20쪽 참조.

16 봉건 절대왕정과 '세습영주국가'(Patrimonialstaat)의 정당화를 위해 자연법 이론이 활용된 좋은 사례로는 헤겔이 『개요』에서 격렬하게 비판하고 있는 카를 루트비히 폰 할러(Carl Ludwig von Haller)의 『국가학의 복고』를 들 수 있다. 이에 대해서는 Hermann Klenner, *Rechtsphilosophie zwischen Restauration und Revolution* in *Philosophisch-literarischen Streitsachen*, Bd. 4, pp. 90~92; 남기호, 「프로이센 왕정복고와 헤겔의 정치 법학적 입장 II: 할러와의 대결을 중심으로」, 『철학연구』 제100집, 132~54쪽 참조.

안된 주체적 활동이 바로 사회계약이다. **마지막으로** 무엇보다 중요한 헤겔의 비판적 시각은 바로 이것을 향해 있다. 헤겔은 평생 자연법 이론과 한 몸이 된 이 계약론적 사고를 신랄하게 비판한다. 계약이란 본래 "직접적으로 **자립적인** 인격들이 상호 간에" "양도 가능한 **개별 물건**"을 대상으로 "**공통**" 의지를 형성했을 때 성립된다. "만인을 상대로 한 만인의 계약이든 만인의 군주와의 계약이든" 국가를 이러한 계약의 산물로 보는 것은 **첫째,** 국가를 개별자들의 "사유재산"으로 취급하는 것이다. **더구나** 계약은 저마다 자신의 이익을 추구하는 개별자들의 "자의"에 의해 "한갓 공통적인 것"만을 한시적으로 형성할 뿐 국가 내 상이한 의지들의 주권적 동일성을 지속적으로 보증하지 못한다(GPR, §75).[17] 왜 계약을 체결하는가? 개별자들의 공통 이익을 위해서이다. 공통 이익은 어떻게 형성되는가? 개별자들의 자의에 의해서이다. 그렇다면 사회계약 체결의 필요성은 어디에서 오는가? **셋째,** 바로 이론가 각자가 고안한 모델에 따라서이다. 계약 체결의 필요성이 사회계약처럼 이렇게 계약 당사자들 외부로부터 주입되는 것이라면 계약 당사자들은 이미 자립적인 인격들로 다루어지지 않는 것이다. 어느 누구도 실제로 서명한 적이 없는 사회계약은 그래서 어느 누구의 주체적 활동도 아니다. 이러한 계약론적 사고는 이미 국가 전반에 퍼져 있다. 그래서 헌법을 마치 "개인들의 원자론적 무리(Haufen)"에 의해 만들어지는 것으로 간주하는 생각이나 혼인(Ehe)마저 계약관계로 보는 생각이 등장했다(GPR, §§75, 163, 273).

이에 반해 실재론자 헤겔은 계약을 철저히 사회 내 사적 인격들의 자의

---

17 아래에서 논의되겠지만, 그렇다고 헤겔이 공법에 기초한 계약이나 국가 간 계약에 '아무런 여지도' 남겨놓지 않았다고 할 수는 없다. Herbert Schnädelbach, *Hegel und die Vertragstheorie* in *Hegel-Studien*, Bd. 22, p. 123과 비교. 계약 이론에 대한 비판은 앞서 소개했듯이 이미 셸링이 제기한 바 있다. 인간의 의지는 계약의 "객관적 규정을 무한히 벗어날" 수 있기에 하나의 계약을 보증하기 위해 또 하나의 계약을, 이런 식으로 "무한 계열의 계약들"이 필요해지며 이는 사실 실행 불가능하다(NDN, §85 각주 D).

에 의한 주체적 활동으로만 언급한다. 이때 계약 당사자는 필요에 따라 언제든 계약을 변경할 수도 이행하지 않을 수도 있다. 물론 응분의 대가가 따르겠지만 말이다. 중요한 것은 그때마다 가변적일 수 있는 계약의 내용이나 체결의 필요성이 아니라 바로 계약을 체결할 수 있는 자유의지의 존재론적 구조이다. '자율성'에 따라 동시에 타인과 '공통 의지'를 형성하면서 자기이익을 도모할 수 있는, 평등하게 현존하는 자유의지만이 계약을 체결할 수 있다.[18] 또한 헤겔은 자연 상태를 현실 속에 실재하는 경우에만 적극적으로 언급한다. 헤겔이 실재하는 것으로 받아들이는 자연 상태는 바로 시민사회와 국제관계이다. 먼저 초국가적 "법무관"(Prätor)이 존재론적으로 불가능한 국가들의 관계는 언제든 자국의 이익을 위해 계약을 체결하거나 파기할 수 있는 주권 국가 개체들의 순수 자연 상태이다. 일방적 계약 파기 시 해결책은 기껏해야 제3의 "조정자"의 중재나 극단적일 경우 "전쟁"만 남는다는 의미에서 그렇다(GPR, §§333-334).[19] 시민사회 또한 사인(私人)들의 경쟁 속에서 불평등이 불가피하게 초래되는 일종의 자연 상태라고 할 수 있다. 그러나 주의해야 할 것은 헤겔이 이를 묘사하기

---

18 따라서 헤겔의 계약법은 '법 능력 있는 인격의 실질적 현존 영역'의 인정과 보장을 위한 '도구적' 의미를 지닌다. Peter Landau, *Hegels Begründung des Vertragsrechts* in *Materialien zu Hegels Rechtsphilosophie*, Bd. 2, pp. 185~89.

19 『정치학』에서의 아리스토텔레스의 다음 말과 비교하라. 모든 민족들 간에는 '수출입 협정, 상호침해 방지 협약, 방위를 위한 상호원조 서면 계약 등이 있지만, 이 목적을 위해 모두에게 공통적인 어떠한 관할 당국도 존립하지 않으며, 오히려 각 국가는 자신의 법을 알기 위해 …… [단지] 자신 고유의 관청만 갖고 있을 뿐이며, …… 서로에게 불법과 침해를 하지 않을 것만 염려한다'(Aristoteles, *Politika* T1, 1280a). 따라서 헤겔의 역사철학에서 '국제주의(Internationalismus) 개념'을 찾는 것은 다소 무리가 있다. Samir Arnautović, *Der Internationalismus in Hegels Philosophie der Geschichte* in *Zwischen Konfrontation und Integration*, pp. 67~73, 특히 pp. 69~70, 72; Vladimir Milisavljević, *Die Stärke der Existenz: Völkerrecht und internationale Politik bei Kant und Hegel* in 같은 책, pp. 85~97, 특히 pp. 87, 96; Walter Jaeschke, *Die klassische deutsche Philosophie vor dem Völkerrecht* in 같은 책, pp. 227~29과 비교.

위해 "자연 상태의 **잔여**(Rest)"라는 표현을 사용하고 있다는 점이다(GPR, §200). 말하자면 시민사회는 순수한 자연 상태가 아니다. 시민사회 속에서 개인은 동시에 다양한 관심 대상들을 통해 "이론적 교양"을, "노동"을 통해 "실천적 교양을", 그리고 분쟁의 사법적(司法的) 해결 도모를 통해 "보편적 인격"의 "교양"을 **주체적으로** 발전시키기 때문이다(GPR, §§197, 209). 이 모든 것이 가능한 것은 인간이 공동체 이전의 원자론적 개인으로 존립할 수 있기 때문이 아니라 누구나 바로 "그 자연 측면에 따르더라도 [이미] 특정 국가의 시민"으로 태어나기 때문이다(VR3, §75). 이러한 존재론적 지반 위에서 자유의지의 실현 구조를 이성적으로 밝히는 것이 이제 헤겔이 새로운 자연법으로 제시하는 철학적 법의 학문이라고 할 수 있다.

2. 철학적 법학과 인륜성의 구조

'인간은 본성상 폴리스와 같은 국가 공동체를 형성하는 동물(φυσει πολιτικον ζωον)이다.'[20] 처음부터 로빈슨 크루소로 태어나는 인간은 없다. 인간은 **이미** 특정한 인륜적 공동체의 구성원으로서만 태어난다.[21] 실재로 (realiter) 보면 그래서 개인에게 인륜적 세계가 먼저 있는 것이며, 이 세계 속에서 주체의 도덕이 도야되고 인격의 법이 추상적으로 정제된다.[22] 그

---

20 Aristoteles, *Politika* T1, 1253a.
21 인간은 "그 자연 측면에 따라 이미 특정 국가의 시민"으로 태어나기에 개인을 국가와 분리하는 계약을 국가에 적용할 수는 없다(VR3, §[74]75).
22 "인륜적 실체, 민족과 가족의 실체적 삶이 최초의 것이며, 비로소 후에 인륜이 더 이상 좋지 않을 때 주체는 자기 내로 복귀해 도덕성 속에서 자신의 입지점을 찾는다"(VNS, §69; VR1, §74). 호토의 필기문에는 법철학을 "왜 인륜성으로 시작하지 않았는지"에 대한 헤겔의 설명이 나온다. 이는 고대의 실체적 인륜성이 "주관성의 계기를 결여"하고 있기 때문이며, 사고 속에서 파악된 그의 시대의 "인륜성을 인식"하는 것은 이 인륜성의 "절대적 **자기 내**(Insich)"에서 규정성을, 다시 말해 계기

런데 문제는 인륜적 세계가 현실적 이성이 어떻게든 현실화되는 자연처럼 이와 같은 "행운"을 누리지 **못한다**는 것이다. 『개요』 서문에 따르면 그 이유는 인륜적 세계에선 이성의 현실화가 바로 "자기의식의 요소" 속에서 이루어진다는 데에 있다. 이 세계는 자기의식적 인간의 변덕스러운 "우연과 자의"에 내맡겨져 있는 것으로 보인다. 그렇다면 "참된 것(das Wahre)은 이 세계 밖에" 있을 것이다(GPR, 8).[23]

그럼에도 인륜적 세계 속에서 인간은 이성을, 따라서 참된 것을 문제삼는다. 국가가 어떻게 형성되어야 하는지, 이 노예계약이 왜 부당한지 등 "인간은 현존하는 것에 머물지 않고" 저마다 "법이 무엇인지에 대한 척도를 지니고 있다 주장한다". 이러한 갑론을박에서 분명한 것은 **어쨌든** 법은 이렇게 논쟁하는 자기의식적 "정신으로부터 비롯"된다는 점이다(VR3, 93-94). 1822/23년 강의 필기문에서의 이 언급은 곧바로 『개요』 서론에서의 다음과 같은 말과 이어진다. 따라서 "법의 지반은 일반적으로 정신"이며, 그 "출발점은 자유로운 의지"이다(GPR, §4). 그렇다면 법의 개념이 어떻게 생성되었는지 묻는다는 것은 바로 무언가를 자유롭게 의지하고 실현할 수 있는 자기의식적 정신의 이 능력의 기원을 묻는다는 것이다. 그러나 이러한 물음은 법학적 물음이라기보다 의식의 도야 내지 정신의 주관적 발전의 물음이라 할 수 있다. 따라서 법의 개념의 생성은 "법학 외부에" 있으며, "그 연역은 여기서" "주어진 것"으로 "전제될" 수밖에 없다(GPR, §2). 이로부터 이제 헤겔이 구상하는 철학적 법학의 특징이 세 가

들을 인식"하는 것이어야 하기 때문이다(VR3, §141).

23 헤겔이 여러 저서에서 별다른 정의 없이 사용하고 있는 참된 것(das Wahre)과 진리(Wahrheit)의 개념적 구별은 사실 야코비가 피히테 무신론을 비판하며 도입한 것이다. 야코비에게 'Wahrheit'는 참된 것의 성질, 다시 말해 기껏해야 유한한 인간의 '학문'이나 도달할 수 있는 진리성(眞理性)일 뿐인 반면에 참된 것 자체는 이를 넘어서 있기에 오직 '예감'되거나 '청취될 수만 있는 것'(vernehmbares)이다. 물론 헤겔은 야코비의 이러한 플라톤적 구분을 일원론적으로 내재화한다. Friedrich Heinrich Jacobi, *Jacobi an Fichte*, pp. 199, 208~10 참조.

지 측면에서 논의될 수 있다.

"철학적 법학은 법의 이념과 법의 개념, 그리고 이 개념의 현실화를 대상으로 지닌다"(GPR, §1).『논리의 학』에 따르면 이념은 현실에 "충전적인 (adäquat) 개념, 객관적인 참된 것 또는 참된 것 그 자체"이다. 말하자면 이념은 "개념과 객관성의 통일"이다(WLII, 173-174). 따라서 **첫째,** 법의 개념이 객관 속에 충전적으로 현실화될 때 비로소 법의 이념에 도달한다고 할 수 있다. 1822/23년 강의 필기문은 이 법의 이념을 단적으로 "자유**와** 자유의 현존"으로 규정한다(VR3, §1). 이념을 통해 진리를 지니는 모든 것은 그 개념과 그 개념에 상응하는 현존 속에서 파악되어야 하기 때문이다. 그렇다면 **둘째,** 법의 개념은 무엇인가? 이것은 세상 그 **무엇이든** 자유롭게 의지할 수 있는 정신의 자유 자체라 할 수 있다. 그런데 이렇게 무한히 자유로운 정신의 의지는 오직 이념을 통해서만, 다시 말해 객관적 현존 속에 충전적으로 실현될 수 있는 경우에만 진리를 지닌다. 따라서 법의 개념은 오직 현존과의 관계 속에서 고찰되는 자유의지여야 한다. 헤겔은 이를 간단히 "자유의지의 현존"이라고 말한다(GPR, §29). 이때의 현존은 관념적일 수도 실재적일 수도 현실적일 수도 비현실적일 수도 있다. 헤겔에게 중요한 것은 정신의 본질로서의 자유를 **그 자체로** 법의 개념으로 설정하는 것이며, 이를 통해 칸트처럼 자유의 불가피한 제한 등으로 규정되는 법 인식[24]을 처음부터 극복하는 것이다. **셋째,** 실재론자 헤겔에게 더 중요한 것은 이 법의 개념을 **항상** 그 현존 속의 현실화 맥락에서 파악하는 것이다. 범죄가 불법인 것은 단순히 범죄자의 자유의지가 제한되지 않아서가 아니다. 범죄자의 자유의지인 한, 범죄의지 또한 **그에게는** 법이다. 그러나 범죄는 무엇보다 자유의지의 객관적 현존을 **무화**(無化)하고 불가

---

24 앞서 소개했듯이, 칸트는 법을 "자유의 보편적 법칙에 따라 한 사람의 자의가 다른 사람의 자의와 합일될 수 있는 조건들의 총괄"로 정의했다. 이러한 외적 관계 개념으로서의 법은 타인의 "자유의 방해에 대한 저지"로서 "강제할 수 있는 권한"이기도 하다(MR, AB33, 35-36).

능하게 하는 행위이기에 불법인 것이다.[25]

자유로운 "정신이 자신을 현실적으로 만든다"는 것이 바로 "법의 위대한 입장"이다. 『개요』의 메모는 이를 위해 법의 현존에 해당하는 "인륜적인 것의 측면"과 현존 속에 개념을 실현하고 "자신을 이념으로 만드는" "자기의식의 측면"을 구분한다(NP, 363, 367).[26] 전자는 『개요』의 인륜성 장(章)에 해당하며, 후자는 도덕성 장에 상응한다고 할 수 있다. 여기에 법 개념의 추상적 논의 차원이 추가될 수 있을 것이다. 무언가를 실현하려면 먼저 실현되어야 할 것의 개념적 이해가 있어야 하기 때문이다. 이에 따라 『개요』는 우리에게 먼저 주어지는 인륜적 세계의 구성 요소들을 관념상(idealiter)의 존재논리적인 순서에 따라 추상법, 도덕성, 인륜성으로 서술한다.[27] 이 순서는 한마디로 법 **개념**(추상법)이 **실행**되어(도덕성) 형성되는 **현실**(인륜성)이라고 할 수 있다. 또는 자유의지 현존의 추상적 개념이 도덕적 의지 행위를 거쳐 인륜적 세계로 현실화되는 과정이라 할 수 있다. 헤겔은 이 과정을 서문에서 "논리적 정신"에 입각해 서술하겠노라 밝히고 있다(GPR, 6). 주지하다시피 헤겔의 논리는 존재논리이다. 말하자면 『개요』는 사회계약론처럼 이론가가 외적으로 주입한 필요성 때문에 인위적으로 만들어지는 국가 같은 것을 다루지 않는다. 그렇다고 칸트처럼 자기의지의 보편화 테스트에 머무는 도덕성을 따로 분리하지도 않는다.[28] 헤겔에게 항상 중요한 것은 자유의지의 보편화뿐만 아니라 **바로** 이 보편화

---

25 이에 대해서는 남기호, 「헤겔 법철학에서의 범죄와 형벌의 근거」, 『헤겔연구』 제25호, 85~92쪽 참조.

26 '이성적 의지 개념'이 자신을 현실화하는 '역사적 상황들과의 관계를 포함'하는 한 헤겔의 이성법은 역사적인 법과 매개된다. Walter Jaeschke, *Die Klassische Deutsche Philosophie nach Kant*, p. 648.

27 이에 대한 좋은 안내로는 정미라, 「실천철학의 원리로서의 자유의지」, 『헤겔연구』 제9호, 211~35쪽 참조.

28 헤겔의 칸트 비판의 한계와 의의에 대해서는 윤삼석, 「근대 자연법 이론에 대한 헤겔의 비판은 타당한가?」, 『시대와 철학』 제29권 제2호, 147~55쪽 참조.

된 의지의 주체적 현실화 가능성이다. 따라서『개요』는 언제나 이미 인륜적 세계의 구성원으로 태어나는 개인의 사회 주체적 존재론이다.

『개요』의 순서는 헤겔이 자신 고유의 법철학을 처음 소개한 1817년『철학백과요강』에서부터 거의 모든 텍스트와 강의에서 유지되고 있다. 세부 항목들에서 약간의 편차가 있다 해도 그렇다. 헤겔의 이 독특한 존재론에서 가장 중요한 개념은 인륜성이라 할 수 있을 것이다. 그러나 여기서의 인륜성은『정신현상학』의 인륜성도, 이 개념을 처음 구상했던 예나 시기의 인륜성도 아니다. 헤겔의 인륜성 개념은 이미 프랑크푸르트 시기『기독교 정신과 그 운명』(1798~1800)에서 칸트의 도덕성을 대체하는 용어로 "성향들"(Neigungen) 내 법률의 "충전태"(πληρωμα)에 대한 언급까지 추적될 수 있다(TJ, 268). 아리스토텔레스의 성품(ἕξις) 개념을 연상시키는 이 용어는[29] 1801/02년 단편「절대적 본질의 이념」에서 "절대적 인륜성"이라는 표현으로 처음 나타난다(SE, 263).[30] 그러나 그 의미는 아직 셸링의『선험적 관념론의 체계』(1800)를 흉내 내고[31] 있는 이 단편에서가 아니

29 헤겔은 이 용어를 독일어 'Gesinnung'으로 표현한다. "인륜적 성품"(die sittliche Gesinnung)은 온갖 흔들림 없이 "옳은 것을 확고히 고수하는 데에 존립한다"(PhG, 236). 왜냐하면 이러저러한 좋은 일을 했다고 해서 그 사람이 덕스러운 것이 아니라 이러한 행동거지가 바로 "그의 성격의 항상성(Stetigkeit)일 경우에만" 덕스러운 것이기 때문이다(VR3, §150). 이미 청년 헤겔은 자기입법과 성품의 "화해"를 고민한 바 있다(TJ, 395).
30 이 단편에서는 또한 '절대적 반성 개념'이 요구되는 "절대지"의 "서술"이 처음으로 등장한다. Andreas Arndt, *Dialektik und Reflexion*, p. 162.
31 예나 시기의 헤겔에 대한 셸링의 영향은 단지 '피상적인' 것일 뿐이며, 오히려 '타자 내 자기동일화'하는 주체적 활동성으로서의 헤겔의 절대자 이해가 셸링의 동일성 철학이나 후기 철학에 영향을 끼쳤다는 논의들이 있다. Xavier Tillette, *Hegel als Mitarbeiter Schellings* in *Hegel-Studien Beiheft*, Bd. 20, pp. 22~24; Kurt Rainer Meist, *Hegels Systemkonzeption in der frühen Jenaer Zeit* in 같은 책, pp. 59~79; Klaus Düsing, *Idealistische Substanzmetaphysik* in 같은 책, pp. 24~44; *Die Entstehung des spekulativen Idealismus. Schellings und Hegels Wandlungen zwischen 1800 und 1801* in *Philosophisch-literarische Streitsachen*, Bd. 2, pp. 144~63 참조.

라 바로 앞서 언급한 헤겔의 자연법 논문에서 나타난다. 이 논문에 따르면 절대적 인륜성은 "절대적 형식과 절대적 실체가 가장 참되게 결합"된 것이다. 이를테면 법의 절대적 형식과 절대적 실체가 완전하게 통일되는 것이다. 이 통일을 획득하기 위해 절대적 인륜성은 끊임없이 "자신을 객관성 속에 산출하고", 그럼에도 무언가 충전적이지 못한 "자신의 이 형태 속에서 스스로를 역경과 죽음에 내맡기는" 과정을 되풀이한다. "인륜적인 것 내 비극의 상연"이라고 불리는 이 절대적 인륜성은 바로 고대 그리스의 인륜성이라고 할 수 있다(BN, 458-459, 463). 상대적·자연적·부정적·긍정적 인륜성 등과 연관되어 고대적 인륜성의 복원을 꿈꾸는 이 개념은 아직 셸링의 철학적 방법이 남아 있는 『인륜성의 체계』(1802/03)와 첫째 『예나 체계기획들』(1803/04)을 거쳐 궁극적으로는 포기된다.[32] 그러나 이 첫째와 셋째 『예나 체계기획들』(1805/06)과 함께 『정신현상학』은 고대적 인륜성을 의식철학적 발전의 계기로 서술함으로써 근대 계몽철학의 주체적 도덕성의 맥락 속에 새롭게 통일시키고자 한다. 따라서 헤겔 법철학의 인륜성은 바로 이 근대의 법의식과 도덕성의 도야를 통해 새롭게 형성된 자유로운 '인간적 자기존재의 제도적 현실성'(institutionelle Wirklichkeit des menschlichen Selbstseins)을 의미한다고 할 수 있다.[33]

"객관 정신의 완성"으로서의 인륜성은 "**보편적인** 이성적 의지로서의 **자유**"이다. 첫 『철학백과요강』에 나타나는 헤겔 고유의 이 인륜성 개념은 각

---

32 특히 근대의 "고차적 분열" 속에 "자유로운 보편"을 형성하는 개인과 플라톤 공화국을 비교하는 G. W. F. Hegel, *Jenaer Systementwürfe III, Gesammelte Werke*, Bd. 8, (Hg.) Rolf-Peter Horstmann und Johann Heinrich Trede, Hamburg, 1976, pp. 262~65 참조.

33 Joachim Ritter, *Moralität und Sittlichkeit. Zu Hegels Auseinandersetzung mit der Kantischen Ethik* in *Materialien zu Hegels Rechtsphilosophie*, Bd. 2, p. 234. 또한 Udo Rameil, *Sittliches Sein und Subjektivität. Zur Genese des Begriffs der Sittlichkeit in Hegels Rechtsphilosophie* in *Hegel-Studien*, Bd. 16, pp. 139~62 참조.

자의 자유로운 의지가 "개별적 주체성"의 "대립을 해소하고" "자신에 대한 앎과 성품(Gesinnung), 자신의 실행", **그리고** 직접적으로 주어지는 "보편적 현실을 **동시에** 인륜(Sitte)으로 지니는" 상태를 말한다. 인륜성은 말하자면 "자연이 된(zur Natur geworden) 자기의식적 자유"라고 하겠다(EnzyI, §430). 물론 이때의 자연은 단순한 물리적 자연이 아니라 "제2의 자연"(eine zweite Natur), 즉 "현실화된 자유의 왕국"을 의미한다(GPR, §§4, 151).[34] 이러한 왕국으로서의 인륜성은 따라서 언제나 두 가지 계기들을, 다시 말해 법과 도덕성이 항상적으로 유지되는 "인륜적 성품"으로서의 "관념적" 계기들과 이 계기들이 현실화되는 "인륜적 실체"로서의 실재적 계기들을 지닌다. 이를테면 누구든지 자유롭게 결혼을 할 수도 안 할 수도, 계약을 이행할 수도 안 할 수도 있다. 그러나 일단 결혼하기로 했다면 자신이 속한 공동체에 보편적으로 수용될 수 있는 결혼을 한다. 개별자의 자유의지는 이렇게 늘 "보편성으로 순화된 자유의지"로서 시작하는 것이다(VNS, §§69-71). 동시에 이 자유의지는 공동체의 보편적 현실로 통용되는 한에서 가족을 꾸린다. 그렇기에 인륜성은 자유의지의 현존으로서의 법 개념의 현실화 연관이 다양하게 전개되는 무대라 할 수 있다. 주지하다시피 헤겔은 이 무대를 가족, 시민사회, 국가로 나누어 전개한다. 이 영역들에서 중요한 것은 항상 인륜적 성품과 인륜적 실체 간의 현실화 **연관 자체**이다. 『개요』는 이러한 인륜성의 구조를 "현실적 자기의식"과 "객관적인 인륜적인 것"의 연관으로 표현한다(GPR, §§144, 146, 153). 이때 주의해야 할 것이 있다. 이 인륜적인 연관은 결코 정태적인 것으로 이해되어서는 안 된다는 것이다. 앞서 말했듯이 우리에게 주어지는 "최초의 것"은 "인륜적 실체, 민족이나 가족의 실체적 삶"이다. 그러나 이러한 "인륜이 더 이상 좋지 않을 경우 주체는 자신 속으로 복귀해 **스스로** "무엇

---

34 "제2의 자연"이라는 표현은 이미 셸링이 자연법칙과 자유법칙의 통일을 구상하면서 언급한 말이다(StI, 583).

이 좋은지를" 찾는다. 이렇게 "법이나 도덕성이 [새롭게] 형성되는 시기들이 생기며", 이에 따라 새로운 인륜적 제도들이 형성되곤 한다. 그런데 "정신의 지속적인 도야"가 옛 "제도들"과의 균형 잡힌 발전으로 이어지지 않고 오히려 이와 "모순에 처하게 된다면" 이는 "불만족의 원천"이 될 뿐만 아니라 바로 "혁명의 원천"이 된다(VNS, §§69, 146). 제도란 정신의 '인격적 자기규정의 보증 기능'을 형성할 뿐이기 때문이다.[35] 법철학 강의에 보이는 헤겔의 이 생생한 경고는 사실 논리적 정신에 입각한 『개요』의 서술에서는 선명하게 나타나지 않는다. 그럼에도 꼭 잊지 말아야 할 점이 있다. 헤겔이 여기서 다루는 인륜적 제도들이나 성품들은 그 당시에 통용되던 실제 형태들과 같지 않다는 것이다. 헤겔은 새롭게 도래하는 인륜적 세계를 부인하지 않는다. 예컨대 그는 당시 독일에서 **막** 형성 중이던 시민사회를 처음으로[36] 냉정하게 진단한다. 그렇다고 헤겔이 현행 제도들을 무작정 받아들이고 합리화하는 것도 아니다. 예컨대 그가 법철학에서 제시하는 입헌군주제[37]는 당시 프로이센의 어떠한 국가 형식도 아니었다. 여기서 헤겔은 도야된 민족의 인륜적 정신에 좀더 적합할 것으로 생각되는 **새로운** 제도들을 제안하고 있는 것이다. 인륜성은 "현존하는 세계로 생성되는, 그리고 자기의식의 본성(Natur)으로 생성되는 자유의 개념", 즉 이렇게 현실화되는 개념으로서 바로 "자유의 이념"이다. 그리고 이러한 "인륜적 이념의

---

35 Benno Zabel, *Fichtes Recht und Hegels Staat* in *Hegel-Studien*, Bd. 45, p. 68. 헤겔 법철학은 어떠한 갈등도 허용하지 않는 체계가 아니라 오히려 '제도들로 구성되는' 현실적 정의(正義)의 모색을 보장하는 체계이다. Dean Moyar, *Die Verwirklichung meiner Autorität: Hegels komplementäre Modelle von Individuen und Institutionen* in *Hegels Erbe*, pp. 245~48.

36 「뷔르템베르크 왕국 신분의회 심의들」(1817)에서 헤겔은 "시민적 질서"(die bürgerliche Ordnung)의 특성을 처음으로 언급하며, 이를 첫째『철학백과요강』메모에서 "시민사회"로 개념화한다. 이후 1817/18년 법철학 강의부터 헤겔은 시민사회를 가족과 국가와 분리되는 독립적인 영역으로 다룬다(SEI, 44; EnzyI, 469; VNS, V, §§89 이하 참조).

37 이에 대한 최초의 구상은 셋째『예나 체계기획들』에서 나타난다(JSIII, 263 참조).

현실"이 바로 국가이다(GPR, §§142, 257).

3. 인륜적 국가의 기초

"비로소 가족이 그 안에서 시민사회로 형성되는 최초의 것"은 "현실에 있어서는" "오히려 국가"이다. 그리고 "국가는 인륜적 이념의 현실", 즉 "스스로 사유하고 **알며** 자신이 아는 **것**을 아는 한에서 **수행하는**" "인륜적 정신"이다. 여기서 다시금 앞서 언급한 인륜성의 두 계기들이 구분될 수 있다. 다시 말해 인륜적 정신이 알고 수행하는 대상으로서의 "인륜"(Sitte)과 이것을 알고 수행하는 주체로서의 "개별자의 자기의식"이 그것들이다. 특히 관념적 계기에 해당하는 개별자의 이 자기의식은 항상 실재적 계기인 인륜과의 관계 속에서 자신의 자유를 추구하기에 이러한 "성품을 통해" "자신의 실체적 자유"를 향유한다고 할 수 있다. 바꿔 말하면 국가는 다양한 제도들로 구체화하는 인륜에서 "자신의 직접적 실존"을, 개별자의 자발적인 자기의식, 앎, 활동성 등에서 "자신의 매개된 실존"을 지닌다(GPR, §§256-257). 그렇다면 이러한 국가의 기초는 무엇인가? 이 국가는 분명 자연 진화론적으로 생성되는 국가도 아니요, 궁지에 처한 개별자들의 계약의 산물도 아니다. 이를 이해하기 위해서는 크게 네 가지 측면들이 고려되어야 할 것이다.

무엇보다 **먼저** 헤겔이 법철학에서 논의**하려는** 국가는 결코 실재하는 어떤 한 국가(ein Staat)도 특정 가능한 개별 국가(der einzelne Staat)도 아니라는 것을 명심해야 한다. 여기서 논의되는 국가는 오히려 바로 철학적 법학의 대상으로서의 국가, 다시 말해 철학적 의미의 그 국가(der Staat)이다.[38] 1819/20 요한 루돌프 링기어(Johann Rudolf Ringier) 필기문에 따르면 국가란 철학적으로 "사유되고 알려진 것으로서의 인륜적인 것이다"(VPR, 154). 그러나 철학적으로 보편화된 그 국가란 무엇인가? 간단히

제5장 헤겔 ● 183

답한다면 인간이 **본성상** 형성하는 공동체라 할 수 있다. 이를 자신의 시대 정신에 맞게 아리스토텔레스는 'polis'라 부르고, 헤겔은 'der Staat'라 부르는 것이다. 인간의 본질적 공동체성을 구현하는 국가는 따라서 개별 인간의 "주관적 자유"가 누구든 보편적으로 모두 향유할 수 있는 "객관적 자유"와 통일된 상태이다. 즉 저마다 자유롭게 특수 이익을 추구하는 자기의식이 늘 "보편성으로 고양된" 차원에서 그것을 추구하고 실현하는 "실체적 의지의 현실"이 바로 국가이다(GPR, §258). 헤겔은 이러한 국가에 대한 철학적 고찰을 이미 1810/11 뉘른베르크 강의에서 "국가학"으로 정의한 바 있다. 이에 따르면 국가학은 "자기 내 살아 있는 유기적 전체로서의 한 민족이 지니는 유기적 구성(Organization)의 서술"이다(NG, 360). 이제 국가학을 포함하는 『개요』는 이 유기적 구성 내지 공동체로서의 국가를 "자기 내 이성적인 것으로서 개념 파악하고 서술"하고자 한다. 어떤 **한** 국가가 어떻게 있어야 할지(soll) 구성해" 보이려는 것이 결코 아니라는 말이다(GPR, 15). 아울러 『개요』는 또한 국가 일반이나 특수 국가의

---

38 한스 프리드리히 풀다, 남기호 옮김, 『헤겔』, 282~85쪽 참조. 물론 헤겔이 "개별 국가"(der einzelne Staat) 내지 "어떤 한 국가"(ein Staat)를 언급하지 않는 것은 아니다. 인륜적 이념의 구체적 현실화 차원에서 철학적 국가의 개별적 실현은 필수적이다. 이러한 '정치 윤리학'의 '보편적 세계사' 차원으로의 해석에 대해서는 김옥경, 「헤겔에게서 윤리, 이성 그리고 주체성」, 『헤겔연구』 제15호, 180~208, 특히 203~06쪽 참조.

39 같은 시기 익명의 필기문에도 비슷한 언급이 나온다. "국가는 자신을 **아는** 것으로서의 인륜적 정신이다"(PRVD, 208). 국가라는 말은 독일어에서는 원래 1740년경 크리스티안 볼프(Christian Wolff)에 의해 'res publica' 내지 'civitas'의 번역어로서 현재 놓여 있는(stare, stehen) 상태를 의미하는 'Stat'로 번역된 후 'Staat'와 혼용되다가 1820년대에 이르러 현상태로서의 'Stat'와 사상적으로 고찰된 'Staat'를 구분하려는 시도가 이루어졌다. 헤겔은 이미 독일 헌법 단편들(1799~1803)에서 순수 '사고국가'(Gedankenstaat)가 아니라 '제도적인 것을 배제하지 않는 자유 개념'의 국가를 고민한 것으로 평가된다. Hans Maier, *Einige Vorbemerkungen zu Hegels politische Philosophie* in *Hegel-Studien Beiheft*, Bd. 11, pp. 311~13, 315~16.

"역사적 기원" 같은 것을 찾아나서지도 않는다. 이는 철학적 국가의 "현상"으로서 "국가 자체의 이념과는 아무 상관이 없기" 때문이다. 그렇다면 이제 물음은 이렇게 되어야 한다. 헤겔이 인륜적이라고 부르는 이 철학적 국가의 기초는 무엇인가?

그 답변은 다시금 본성상 공동체를 구성하는 인간의 그 본성 내지 본질 **자체**에서 찾아져야 할 것이다. 헤겔은 이에 대한 답변을 카를 구스타프 폰 그리스하임(Karl Gustav von Griesheim)이 남겨놓은 1824/25년 법철학 강의에서 비로소 피력한 바 있다. 이 강의 필기문에 따르면 인간의 본질은 "자유"이다. 그런데 **둘째로** 주의해야 할 것은 이때의 자유가 단순히 개별적 자기의식이나 개별성에서 비롯되는 자유가 아니라 "인간이 알든 모르든" 바로 "자기의식의 본질"로서의 자유라는 점이다. 사람들은 어려운 세상 내 맘대로 되는 일 하나도 없다고 하면서도 점심에 어디서 무엇을 먹을지 자유롭게 선택한다. 그런데 이러한 소소한 자유의 행위라도 언제나 그 나라에 통용되는 상거래 규칙에 따라 충족된다. 그리고 이러한 규칙들을 다양하게 갖추게 된 국가는 그 자체로 자유의 현실을 의미한다. 그가 인간이라면 인간으로서 모두가 가지는 "자기의식의 본질"로서의 자유는 이렇게 "자립적인 지배력(Gewalt)으로 실현된다". 여기에 개인들은 "단지 계기들"로서 참여하는 것이다. 그가 이러한 자유를 자기의식적으로 지니든 그렇지 않든 간에 말이다. 헤겔에게 이성의 목적은 이러한 자유의 보편적 현실화이다. 이제 막 종교철학을 본격적으로 공부하던 이 시기에 헤겔은 법철학 강의에서 아예 이렇게까지 말한다. "국가가 있다는 것은 세계 내 신의 행로(der Gang Gottes in der Welt)이다." 따라서 국가의 이념을 고찰할 때는 "특수한 국가들"이나 "특수한 제도들이 아니라" 그 이념 자체를, "이 현실적인 신"을 그 자체 철학적으로 고찰**해야** 한다. 이 문장들은 **분명** 비유적으로 읽어야 한다. 여기서 헤겔의 속내는 결코 신정론(神正論) 내지 변신론(辯神論)을 도입해 모든 것을 얼버무리려는 것이 아니기 때문이다.[40] 중요한 것은 철학적 인식이다. 국가의 지배력은 그 구성원들 모두가 지니는, "스스로를 [자유]의지로서 현실화하는 이성의 지배력"이다 (VR4, §258).[41] 따라서 국가에 대한 철학적 고찰은 자유의지로 발휘되는 인간의 이성적 활동들과 그 현실성들을 망라해야 할 것이다. 헤겔이 『개요』에서 지금까지 한 일이 바로 이것이다. 근대 인간의 자유의 현실을 이루는 본질적인 내용을 추상법, 도덕성, 인륜성 등을 통해 법의 개념이 실행되고 형성되는 현실로서 전개한 것이다. 실재 개별 국가가 어떻든 간에 말이다. 헤겔에게 자유의지의 현존으로서의 철학적 법학의 시작은 자유이기에 이 자유의 현실로서의 인륜적 국가의 기초 또한 자유일 수밖에 없다.

그럼 사람들은 점심 메뉴나 선택하는 자유로 만족하면 그만인가? 이런 여유조차 없는 자라면 어떠한가? **다음으로** 주목해야 할 것은 인간의 자기의식적 본질의 현실화로서의 국가는 모든 인격적 개별성과 그 특수한 이해들이 완전히 충족될 수 있는 "**구체적** 자유의 현실"이어야 한다는 점이다(GPR, §260). 이를테면 자신의 자유의지의 현존이 불가능할 정도로 생활고에 처한 사람이 빵을 훔쳤다면 이를 "통상의 절도로 고찰하는 것은 옳지 않을 것이다". 이때 불법적인 것은 그의 자유의지의 현존을 불가능하게 한 공동체에 먼저 있기 때문이다. 오히려 그는 "이러한 불법적 행위에 대한 권리"마저 지닌다(VR3, §127. 또한 VNS, §63 참조). 『개요』는 이

---

40 헤겔의 신정론(Theodizee)을 라이프니츠의 의미에서 '이념이나 정신으로서의 이성'=신의 역사적 정당화로 고찰하게 되면 세계 내 악의 극복이 아니라 그 악의 불가피성과 수동적 인내를 수용하게 된다. Pierre Chételat, *Hegel's Philosophy of World History as Theodicy* in *Hegel and History*, pp. 215~27 참조. 그러나 역사철학에서 헤겔이 말하는 신정론은 오히려 헤겔의 비판으로 읽어야 한다. 자세한 논의는 남기호, 「역사 철학적 관점에서 본 정치적 혁신의 가능성: 헤겔의 1830/31년 『세계사철학』 원고를 중심으로」, 『사회와 철학』 제27집, 47~51쪽 참조. 헤겔의 역사철학을 '자율의 신정론'으로 해석하려는 시도도 있다. Wilm Hüffer, *Theodizee der Freiheit*, pp. 103~232, 특히 pp. 210, 218, 220.

41 "국가는 …… 현실 속에서 자신을 서술하는 이성의 상형문자(Hieroglyphe)로 고찰되어야 한다"(VR4, §279).

러한 "긴급권"을 단순한 "형평성"의 문제가 아니라 바로 그 위태로운 자의 "법 내지 권리(Recht)"의 문제로 볼 것을 역설한다(GPR, §127). 그렇다면 이 정도로 구체적 자유의 현실을 보장하는 국가는 어떻게 형성 가능한가? 여기서 다시금 헤겔의 사회 주체적 존재론이 언급될 수밖에 없다. 왜냐하면 "근대 국가의 원리"는 "주체성의 원리를 인격적 특수성의 극단으로까지" 완성하면서도 이 극단 속에서 **동시에** "실체적 통일을 보존"할 수 있는 엄청난 위력을 지녔기 때문이다(GPR, §260).[42] 상호 외적인 관계 속에서 사적인 인격들이 저마다 필요(Not)에 따라 특수 이익들을 극단적으로 추구하는 무대는 주지하다시피 "필요국가"(Notstaat) 내지 "오성 국가"로서의 시민사회이다. 그러나 이러한 극단적 경쟁과 불평등 속에서도 주체들은 이론적 실천적 교양을 발전시키고 사법적(司法的) 정의, 공안(公安, Polizei)의 복지 정책, "제2의 가족"으로서의 협동체(Korporation) 구성 등을 통해 모두의 자유가 구체적으로 현실화 가능한 실체적 통일로서의 공동체를 형성해낸다. 헤겔은 특히 근대 사회에서 개별 가족이 감당할 수 없는 파산의 구제나 예방, 타고난 숙련의 형평성 있는 배치 등을 모색하는 협동체를 "국가의 제2의 인륜적 뿌리"라고 부른다. 헤겔에 따르면 여기서 활동하는 직업 신분의 선출 대표자들은 추후 국가 내 입법권력의 하원을 이루어 민족과 정부를 매개하게 된다. 그리고 이와 짝을 이루는 상원은 양도 불가능한 장자 상속재산(Majorat)을 지닌 자들이 구성한다(GPR, §§183, 252-255, 306-308).[43] 물론 이러한 상원에 대해 헤겔은 정치

---

42 헤겔의 인륜성을 **근대적 인륜성**'으로 보면서도 여기서 '주관적 계기'가 '인륜성의 주도적 규정성이 아니'며, 오히려 이에 대한 '객관적 계기의 절대적 우위'가 지배한다고 보는 것은 과도한 평가이다. 윤삼석, 「헤겔 『법철학』에서 법을 통한 근대적 인륜성의 재구성」, 『헤겔연구』 제40호, 201~02, 205쪽.

43 아직 정치 정당들이 부재하던 시기에 헤겔의 국가 이론 또한 '정당의 원리'를 '알지 못하며', 프랑스혁명에서 비롯된 다자 협의 제도로서 '민족 대의제'만 제시한다. Walter Jaeschke, *Hegel Handbuch*, pp. 394~95. 그럼에도 여당-야당 구도의 필요성에 대한 고민은 1817/18년 강의에서 이미 나타난다(VNS, §156). 아울

공동체의 목적을 위해 토지를 안정적으로 관리하는 희생을 다소 낙관적으로 기대하고 있다.[44] 그러나 여하튼 분명한 것은 헤겔의 인륜적 국가의 기초는 **더 나아가** 바로 모두의 자유와 실체적으로 통일을 이룰 수 있는 한에서 자신의 자유를 구체적으로 실현하는 "국가시민들(Staatsbürger)"이라는 점이다(VNS, §86).[45]

그러므로 국가의 의무는 인간의 자유를 최대한 현실적으로 보장하는 데에 있다. 그런데 이러한 의무를 실재로(realiter) 수행하는 것은 다시금 국가의 보편적 이해로 자신들의 이해관계를 이행할 수 있는 주체들이

러 '시민사회 **안**'의 '시민사회의 내적 모순을 해결할 수 있는 원동력'으로서의 협동체는 '자유주의적 요소'를 포함하면서도 '동시에 공동체적 요소'를 '대의제'로 실현한다. 이정은, 「헤겔『법철학』에서 시민사회와 국가의 매개체」,『헤겔연구』제12호, 248~78, 특히 259, 273, 276쪽. 협동체를 '시장근본주의'에 대한 헤겔의 대안으로 제시하는 해석은 박배형, 「헤겔의 시민사회론과 그의 시장근본주의 비판」,『헤겔연구』제42호, 56~62쪽 참조. 반면에 '법의 모델'이 아니라 자유주의적 '이익의 모델'에 따른 헤겔 법철학 해석도 있다. 이재성,「『법철학』에서 '시민사회'에 대한 헤겔 해석의 정치철학적 의미」,『헤겔연구』제18호, 90~112쪽, 특히 107쪽.

44 이들은 결코 프로이센의 전통적인 지주계층인 융커(Junker)를 지칭하는 것이 아니다. 헤겔의 양원제 구상, 특히 '정부와 하원을 매개'함으로써 시민사회 출신 하원의원들의 있을지 모르는 가변적 경향에 '견고성과 지속성'의 균형추 역할을 하는 상원의 구상은 당시 개혁파의 보편적인 생각이었다. 헤겔이 이들에게 '공동 심의'뿐만 아니라 '공동 결정의 권리'까지 부여한 것은 개혁파를 넘어서는 요소라고 할 수 있다. 다만 그가 농민, 비(非)귀족 토지소유자, 비(非)장자 상속 귀족의 대의장치를 배제한 것은 그 이유가 불분명하다. Gertrude Lübbe-Wolff, *Hegels Staatsrecht als Stellungsnahme im ersten preussischen Verfassungskampf* in *Zeitschrift für philosophische Forschung*, Bd. 35, pp. 476~501, 특히 pp. 482, 484~90 참조.

45 헤겔의 부르주아(bourgeois)와 국가시민(citoyen)의 구분은 셋째『예나 체계기획들』에서 처음으로 나타난다(JSIII, 261, 또한 GPR, §187과 비교). 자신의 특수 이익을 **스스로** 공동체적 보편의 차원으로 **도야하는** 헤겔의 '경제시민'(bourgeois)은 라인하르트 코젤렉이 20세기 초에 생겨난 용어로 설명하는 '교양시민'(Bildungsbürger)과도 뜻이 통한다. Reinhart Koselleck, *Begriffsgeschichten*, pp. 106, 119, 135~36. 이렇게 형성되는 헤겔의 국가는 '문화국가'(Kulturstaat)로 간주되기도 한다. Walter Jaeschke, *Machtstaat und Kulturstaat* in *Staat und Kultur bei Hegel*, pp. 19~21.

다. 국가시민들은 모두의 특수한 이해들이 그때마다 충족될 수 있는 이러한 보편적 이해를 오히려 "자신 고유의 실체적 정신으로 인정"한다. 좋은 국가라면 이렇게 모든 개인이 타인들에 대한 "자신의 의무 충족에서 어떻게든 동시에 자신 고유의 이해나 만족"을 발견할 수 있어야 하고, 국가 내의 이러한 그의 연관으로부터 그의 "권리가 성장해야" 한다. 이를 통해 "보편적 사안은 [늘] 그의 고유한 특수 사안"과 함께 추구될 것이다 (GPR, §§260-261).[46] 따라서 모든 국가시민들의 첫째 의무는 각 구성원이 "자기 나라의 인륜에 따라" 좋은 삶을 향유할 수 있도록 "잘 갖추어진 민족의 시민"으로 양성하는 것이다(BN, 469. 또한 PhG, 195 참조). 『개요』는 이를 "좋은 법률들을 갖춘 한 국가의 시민으로" 만드는 것이라 표현한다 (GPR, §153. 또한 VR3, §153A).[47] 이때 **마지막으로** 주목해야 할 가장 중요한 점은 개인의 특수한 이해와 모두의 보편적 이해 간의 끊임없는 긴장 연관이다. 이 연관은 결코 지양되고 안정화되어야 하는 것이 아니라 오히려 항상 유지되고 촉진되어야 할 국가의 작동 원리이다. **우선** "국가는 시민사회와 혼동"되지 말아야 하겠다. 그렇게 되면 시민사회 내 이합집산하는 개별자들의 특수 이익의 공통분모가 정치권력을 장악하게 될 것이기 때문이다. 사회계약 이론은 이렇게 임의적인 "개별자들의 이해"를 "국가의 최종 목적으로" 간주한다. 이에 반해 철학적 의미의 국가란 사인(私人)의 이해 충족이 아니라 바로 자기의식적 자유를 지닌 인간의 본질 자체의 실현이라는 점을 잊지 말아야 한다. 국가의 구성원이라는 것은 자유로운 개인

---

46 헤겔의 국가를 시민사회의 모순들을 해결하기 위해 '**요청**'되는 '보다 높은 수준의 공동체'로 간주하는 논의도 있다. 그러나 중요한 것은 모순 해결을 위해 국가 공동체의 형성 및 운영에까지 자기도야하는 주체는 바로 시민사회 **내에서** 비롯된다는 것이다. 박배형, 「헤겔의 실천철학에서 국가의 목적에 관하여: 시민사회와의 연관성을 중심으로」, 『헤겔연구』 제36호, 68~90쪽, 특히 79, 81쪽과 비교.

47 최신한은 바로 여기에서 헤겔의 '인륜교육'을 포착한다. 최신한, 『헤겔철학과 형이상학의 미래』, 서광사, 2015, 69~93쪽, 특히 91쪽.

들이 "보편적 삶을 영위"한다는 것이다(GPR, §258).⁴⁸ 그렇다고 이를 위해 개인의 사사로운 이익이 모두 무시될 수 있다는 말은 아니다. 오히려 헤겔은 **둘째로** 입법권력의 지속적인 "매개기능"을 힘주어 강조한다. 이를 통해 개인들의 사익이 비록 "정부와의 대립"에 자주 빠져들 수 있지만, 이는 단지 인륜적 국가의 형성 과정에 수반되는 외면적 "가상"에 지나지 않는다. 왜냐하면 바로 이러한 대결을 통해 개인들의 사익이 모두의 보편 이익의 지반 위에서 추구될 수 있는 인륜적 정당성을 획득하기 때문이다. 반면에 이러한 매개 과정을 생략하고 사익 집단들이 정부와 "실체적 대립"에 빠져들게 될 때 그 국가는 몰락의 길에 접어든 것이다(GPR, §302).⁴⁹ 헤겔에 따르면 정부(행정)권력은 그렇게 인륜적 정당성을 획득한 "특수한 목적들의 보존 수단"을 마련해준다. 그리고 이를 통해 시민사회 내의 그 특수한 목적들을 형성했던 "협동체 정신"은 "동시에 국가의 정신으로 급변"할 수 있게 된다. 헤겔은 이렇게 형성된 국가의 정신을 인륜적 **성품**으로서 "애국심"이라 부른다(GPR, §289). 아울러 헤겔이 여기에 추가하는 군주권력은 정부 관료들이 시민사회의 특수 이해와 업무를 보편성에로 포섭하는 심의 과정에서 "나는 의지한다"(Ich will)라는 말로(GPR, §279; VNS, §138),⁵⁰

---

48 그러나 '**근원적** 계약'에 의해 확립되는 것은 아니더라도 국가질서가 '영속적으로 창조되는' 것인 한, 그리고 여기에는 언제나 구성원들의 '동의'가 필요한 것인 한에서 계약적 요소가 전혀 기능하지 않는다고 말할 수는 없을 것이다. Nathan Rotenstreich, *Legislation und Exposition*, pp. 231~37 참조. 그럼에도 헤겔에게 본질적으로 중요한 것은 그러한 정치질서의 창출을 **약속할** 수 있는 국가시민들의 자기도야와 그 제도들이다.

49 물론 '모든 시민들의 보편의지로의 자기규정의 필연성'이나 보편의지의 피상적 표방 아래 정당들의 특수 이익 '은폐' 가능성의 문제도 있다. 이는 '오늘날의 민주주의 이론의 문제들'이기도 하다. Hannes Kastner, *Noch einmal: die Stellung des Monarchen. Oder: Hegels "versteckte" Demokratietheorie* in *Hegel-Studien*, Bd. 43, pp. 83~88 참조.

50 사법(司法)을 논하면서 헤겔은 이렇게도 말한다. "군주제에서 본질적인 원칙은 군주 자신이 판결하지 않는다는 것이다"(VNS, §116).

또는 "짐(朕)이라는 말 위에(auf das I) 점을 찍는"(VR3, §280)[51] 형식적 결정 역할 정도를 부여받는다.

헤겔은 이렇게 인륜적 **제도들**이 구성하는 "국가의 유기적 구성"을 "정치적 헌법"(die politische Verfassung)이라고 부른다. 이미 분명해졌듯이 이 헌법은 군주권력, 정부권력, 입법권력의 삼권분립을 골격으로 한다. 이때 각 권력은 그 자체로 "총체성"을 이루면서도 다른 두 권력의 계기들을 자기 안에 포함하기도 한다(GPR, §§271-272). 요약하면 헤겔의 인륜적 국가는 다음처럼 작동한다고 할 수 있다. 먼저 이 국가의 구성원으로 태어난 개인은 가족 교육을 통해 자립적인 시민으로 양성되고 욕망들의 전면적인 경쟁체계인 시민사회로 나아간다. 때로는 성공하기도 때로는 실패하기도 하는 이 사회 속에서 개인은 그러나 동시에 자신의 특수 이익을 보편화할 수 있는 교양을 축적하기도 한다. 이를테면 분쟁 시에는 정부권력 산하의 사법(司法) 소송 과정을 통해, 경제 활동 중에는 역시 정부권력 산하의 공안의 공정거래 감시, 빈민구제 활동 등을 통해, 그리고 시민들 스스로 형성한 다양한 협동체의 생산량 조절, 경기 전망, 파산구제 활동 등을 통해서 말이다. 시민사회야말로 도덕성이 발휘되는 본래의 장소라고 하겠다.[52] 특히 협동체에서 선출된 대표자들은 하원을 구성해 안정적인

---

51 "헌법이 확고하다면 군주는 할 일이 아무것도 없으며, 단지 이름만 필요하다. 이것은 공허한 나는 의지한다(das leere Ich will)이다"(VR4, §279. 또한 1822/23년 빌헬름 루트비히 하이제Wilhelm Ludwig Heyse 필기문 PRVK, §280과 비교). 군주의 이 형식적 결정을 적극적인 내용 결정으로 오해하게 되면 헤겔의 입헌군주제는 '왕권신수설을 논증적으로 소생'시키는 '정치의 시녀'가 된다. 이재성, 「헤겔의 정치철학: 헤겔은 자신의 국가철학을 어떻게 정당화시키고 있는가?」, 『헤겔연구』 제21호, 86~110, 특히 100, 106, 108~09쪽 참조.

52 "도덕성은 [시민사회] 이 영역에서 자신 고유의 자리를 지닌다"(GPR, §207). 즉 '제도들과 인격들에서 구현될 수 있는 발전하는 공통적 자기이해'로서의 인륜성의 이 시민사회 단계에서 도덕성은 '자유로운 자기현실화와 객관적으로 필연적이고 현실적인 규칙 준수의 합일'이다. Ludwig Siep, *Was heißt: "Aufhebung der Moralität in Sittlichkeit" in Hegels Rechtsphilosophie* in *Hegel-Studien*, Bd. 17,

토지 자산 관리를 맡고 있는 상원과 함께 입법부를 구성한다. 이 입법부에서 이루어지는 일은 보편의지와 특수의지의 끊임없는 충돌과 조정, 그리고 매개 업무라고 할 수 있다. 이를 통해 보편에 기여할 수 있는 인륜적 정당성을 획득한 특수한 목적들은 정부권력에 의해 그 추진 수단들을 보장받는다. 물론 이러한 보장을 위해 정부 각료들은 쉼 없이 그 특수한 목적들의 국가적 보편으로의 포섭 가능 여부를 심의하고 토론해야 한다. 군주는 이러한 끝없는 심의 과정의 잠정적 중단과 정책 실행으로의 전환을 형식적 서명을 통해 결정한다. 이와 같이 헤겔은 삼권분립을 구상함으로써 좋은 의미의 군주제와 귀족제, 그리고 민주제를 통일한 입헌군주제를 이상적인 국가 모델로 제시하고자 한다. 따라서 헤겔의 입헌군주제는 결코 "민주 공화국"의 덕목을 결여하고 있지 않다(GPR, §273).[53] 여기서는 근대 주체성의 원리가 부단한 자기도야와 현실화를 자유롭게 추구하고 있기 때문이다. "자기 안에서 자유로운 주체성의 원리를 인내하지 못하고 도야된 이성에 상응할 줄도 모르는" 국가 헌법의 형식은 어떤 것이든지 "일면적인 것"이다(VR3, §273). 이러한 일면성이 지양되고 국가시민 누구나 국가의 보편 업무 속에서 자신의 특수 이익을 발견할 수 있는 국가는 위기 때마다 "비범한 희생"을 요구하는 애국심이 아니라 그 이성적 제도

---

pp. 86, 89.

53 예컨대 협동체와 같은 "특수한 영역들이 자기 자신에 의해 통치되어야 한다는 것이 군주제 내의 민주적 원리를 형성한다"(VNS, §141). '헌법 제정 내지 변경 권한'을 입법권력에 허용하지 않은 것을 헤겔 군주제의 최대 약점으로 보는 미카엘 볼프의 관점은 오해에 기초한 것이다. 근본적으로 보면 군주 또한 그러한 권한을 갖지 않는다. 헤겔에 따르면 "헌법은 만들어지는 것이 아니며" 자기도야하는 민족의 삶 연관 속에 이미 내재하는 것이다(GPR, §§273-274). Michael Wolff, *Hegels staatstheoretischer Organismus* in *Hegel-Studien*, Bd. 19, p. 171과 비교. 이를 '헌법 없는 입헌군주제'라고 부르는 것도 적절치 않다. Hans Boldt, *Hegel und die konstitutionelle Monarchie* in *Hegel-Studien Beiheft*, Bd. 42, p. 180. 헤르베르트 슈네델바흐는 이를 헤겔의 '반(反)혁명적' 성명으로 오해한다. Herbert Schnädelbach, *Hegel und die Vertragstheorie* in *Hegel-Studien*, Bd. 22, p. 122.

들 **속에서** 시민 각자가 자신의 실체적 토대를 보는 "습관이 된" 애국심을 갖추게 될 것이다(GPR, §268). 이러한 측면에서 헤겔의 인륜적 국가는 근대적 주체성의 매개를 거쳐 재활한 고대적 인륜성의 현재적 실현이라 할 수 있다.

4. 이론과 현실

이제 마지막으로 던져야 할 물음이 있다. 헤겔은 자신의 인륜적 국가를 이론적으로는 시민 스스로의 도야 과정을 통해 형성 및 발전되는 것으로 설명한다. 그러나 정작 중요한 것은 이러한 국가가 과연 프로이센의 실제 상황 속에서 어떻게 실현될 수 있는가 하는 매우 실천적이고도 정치 현안적인 물음이다. 민족정신의 "자기의식적인 개념 속에 현실에서와는 다른 제도들이" 포착된다면 "혁명이 발생한다. 이제 혁명은 군주로부터 **또는** 민족으로부터 시작된다." 1817/18년 하이델베르크 강의에서 헤겔은 새로운 국가 형성의 가능성을 군주보다는 민족에게 기대하고 있는 것으로 보인다. 여기서 그는 "전체 민족의 사고"가 되기 이전의 리슐리외(Richelieu)나 요세프 2세(Joseph II)처럼 위정자의 독재적인 개혁의 폐해를 신랄하게 비판하고 있기 때문이다. "더 좋은 것의 통찰은 [먼저] 아래로부터 위로" 관류해야 한다(VNS, §146).[54] 이에 반해 헤겔은 『개요』 출판 이후인 1820년 10월 15일에 프로이센 정부의 재상(宰相) 카를 아우구스트 폰 하르덴베르크(Karl August von Hardenberg)에게 보내려 작성한 편지 초안에서 이

---

54 그럼에도 헤겔은 여기서 "봉신(封臣)의 우선권"을 억압한 리슐리외의 전제정치를 긍정적으로 평가하기도 한다. 중요한 것은 이러한 전제적 개혁정치와 "민족의 소망들"과의 합치 여부이다. 도메니코 로수르도는 헤겔에게서 봉건 개혁적 '전제정'(Despotismus)이 '긍정적 의미'로 언급되고 있다고 본다. Domenico Losurdo, *Hegel und die Freiheit der Modernen*, pp. 134~38 참조.

렇게 말한다. 이 『개요』는 "국왕 폐하의 **계몽된** 정부 아래, 그리고 [재상] **귀하**의 현명한 지도 아래 프로이센 국가가 …… 부분적으로 획득했으며 부분적으로 **여전히** 획득해야 할" 내용을 담고 있습니다(HBr, 242).[55] 실제로 전해졌는지는 불분명하나 이 편지에서 헤겔은 프랑스혁명의 추종자였던 재상에게 위로부터의 정치 혁신을 기대하고 있다는 것이 분명하다.

그러나 이후 헤겔의 국가 모델은 한 번도 독일의 현실이 되지 못했다. 그 이유는 너무 많다. 몇 가지만 언급하자면 **우선** 위의 초안에서 헤겔이 계몽된 정부를 운용하는 것으로 중의적으로 언급한 국왕 프리드리히 빌헬름 3세의 정치적 성향 문제이다. 그는 선왕(先王)인 프리드리히 대왕처럼 계몽 군주적이지도 자신의 후임 프리드리히 빌헬름 4세처럼 낭만 복고적이지도 못했으며, 양 진영을 오가며 왕권 유지에만 조바심을 내는 성격이었다. 이로 인해 당시 궁정에는 황태자 중심의 낭만적 복고주의 진영과 하르덴베르크, 카를 지그문트 알텐슈타인(Karl Sigmund Altenstein) 등의 계몽 개혁주의 진영 간의 정치적 긴장이 지속적으로 유지되는 분위기였다. 그러나 하르덴베르크는 1822년 과로로 숨을 거두며, 1840년 왕위에 오르게 되는 황태자 파(派)는 그사이 점점 더 득세하게 된다. **그다음으로** 이에 따른 학술적 상황도 좋지 않았다. 헤겔 좌파의 초석을 다진 것으로 평가되는 그의 제자 에두아르트 간스(Eduard Gans)는 1839년 40세의 젊은 나이에 요절한다. 그의 법학과 교수직 후임은 반혁명주의자 프리드리히 율리우스 슈탈(Friedrich Julius Stahl)이었으며, 개혁적 교육부장관 알텐슈타인의 후임은 반동적 문화정치가 프리드리히 아이히호른(Friedrich Eichhorn)이었다. 1841년에는 이미 (1831년에) 작고한 헤겔의 후임으로 뮌헨의 신지학자 셸링이 초빙되며, 이듬해에는 헤겔의 법철학적 적대자였던

---

55 1821/22년 익명의 강의 필기문에는 이러한 언급이 나온다. "이제 …… 서유럽에는 사고(der Gedanke)가 세계의 현실적 통치자로 형성되었다. 이성적인 것이 타당해야 한다고 한다(soll). [그래서] 이러한 혁명이 일어난 것이다"(PRVH, §258).

역사법학자 사비니가 법무장관에 취임하게 된다.[56] 말하자면 헤겔 법철학이 현실과 매개될 수 있었던 제도권 내의 입지점이 급격히 축소되었던 것이다. 그러나 무엇보다도 **또한** 헤겔 자신이 루트비히 포이어바흐(Ludwig Andreas Feuerbach)나 카를 마르크스(Karl Marx)처럼 이른바 혁명 이론을 대놓고 제시할 만큼 대범하진 못했다. 그는 오히려 어느 한 편지에서 왕정복고의 시대에 "매년 뇌우가 솟아오르는 것을 보는 것"은 자신이 이로부터 단지 "몇 방울만" 해를 입더라도 편안함을 얻지 못한다고 고백한다. 그자신은 "평온을 사랑"하는 "근심 어린 인간"이기 때문이라는 것이다(HBr, 272).[57]

그러나 자신은 해를 덜 입었더라도 많은 이들을 희생으로 몰고 갔던 이 복고적 악천후에 헤겔 자신이 직접 맞서지 않았던 것은 아니다. 그가 선동자 축출 정책의 희생자들을 물심양면으로 도운 것은 이미 잘 알려진 사실이다. 더욱이 헤겔은 1830/31년 출판을 목적으로『세계사철학』강의 원고를 저술하면서 퇴행적인 시대에 "비탄의 연도(連禱)"에 "젖어들지 말고" "자기의식적 자유"를 "현실로 **옮길**" 수 있는 **실천적** 이론을 **처음으로**

---

56 남기호, 「부르셴샤프트와 헤겔의 정치적 입장: 헤겔은 과연 프로이센 국가 철학자인가」, 『시대와 철학』 제23권 제1호, 186~87, 213~14쪽 참조. 당시 프리드리히 빌헬름 4세가 셸링에게 내린 특명 ─ '헤겔주의라는 용의 이빨(Drachensaat des Hegelianismus)을 뽑아버려라' ─ 은 잘 알려져 있다. Friedrich Jodl, *Vom Lebenswege*, Bd. 1, pp. 12, 220. 헤겔학파의 내분 또한 언급되어야 할 것이다. 요아킴 멜하우젠에 따르면 1832년 다비드 프리드리히 슈트라우스(David Friedrich Strauß)의 『예수의 생애』 출판 이후에 당시 정치적 입장의 대변 기능을 담당하던 개신교 진영의 당파화 및 '신학적 헤겔학파'의 분열이 초래되며, 현존 국가와 직접 대결하려던 청년 헤겔학파의 내분에까지 이어지게 된다. Joachim Mehlhausen, *Theologie und Kirche in der Zeit des Vormärz* in *Philosophisch-literarischen Streitsachen*, Bd. 4, pp. 67~85, 특히 pp. 71~79 참조.

57 1821년 6월 9일자 프리드리히 니트함머(Friedrich Niethammer)에게 보낸 편지. 특히 '1848년 혁명의 실패' 이후에 더 이상 현실이 살 만한 것이 되지 못했을 때 역사적 '현실을 이성적인 것으로 개념 파악하고자' 했던 헤겔의 기획은 후세대에게는 좌초할 수밖에 없었다. Walter Jaeschke, *Hegel Handbuch*, pp. 528~29.

구상하기 시작한다. 이른바 "자격을 갖춘 사상들의 투쟁", 고차적 목적을 위한 "정념들과 주관적 관심들의 투쟁" 등이 여기서 역사 견인적인 역할을 부여받으며 새롭게 등장하고 있는 것이다(VM, 154, 168-169).[58] 그러나 이 미완의 원고는 헤겔의 급작스러운 죽음으로 그의 새로운 철학적 국면으로 이어지지 못했다. 그럼에도 이제 마지막으로 고려해볼 만한 사실이 있다. 주지하다시피 독일의 근대화는 바로 계몽 군주와 교양 시민을 주축으로 추진되었다는 점이다. 이에 맞서 봉건적 특권을 유지하려는 귀족 및 성직자 세력에 대해 헤겔은 평생 날카로운 비판적 글쓰기를 멈추지 않았다. 이미 청년 시기에 그는 특권층의 "배타적 재산"을 보호하는 "사법"(私法)이 "국법"으로 통용되는 "독일은 더 이상 국가가 아니라"고 선언한 적이 있다(SE, 11, 25, 61, 161). 근대적 헌법 제정의 약속을 이행하려던 뷔르템베르크 국왕에 대항해 구(舊) 신분세력들이 국왕의 계약 위반을 이유로 거의 만장일치로 부결한 사건에 대해서도 헤겔은 1817년에 이를 "이성적 국법"과 특권적 "실정법" 간의 투쟁으로 진단하면서 "군주와 신민, 정부와 민족"이 "근원적인 실체적 통일"을 이룰 수 있는 인륜적 측면을 부각하고자 했다(SEI, 60-61).[59] 이때 헤겔이 늘 염두에 두고 있는 또 다른 비

---

58 자세한 논의는 남기호, 「역사 철학적 관점에서 본 정치적 혁신의 가능성: 헤겔의 1830/31년 『세계사철학』 원고를 중심으로」, 『사회와 철학』 제27집, 44~74쪽, 특히 61~69쪽 참조.

59 봉건세력들은 결국 '1819년 9월 25일'에 '옛 뷔르템베르크'의 헌법을 복원했다. H.-Ch Lucas, *Wer hat die Verfassung zu machen, das Volk oder wer anders?* in *Hegels Rechtsphilosophie im Zusammenhang der europäischen Verfassungsgeschichte*, pp. 203~08. 따라서 1817년 가을 초에서 1817/18년 겨울 학기 중에 완성된 이 「뷔르템베르크 왕국 신분의회 심의들」을 근거로 헤겔이 '왕'이 '제정'한 1819년 헌법을 '프랑스식 직접 선거체계'를 허용하는 '지나치게 자유주의적'인 것이라고 비판했다는 평가에는 오류가 있다. 지나치게 자유주의적이었던 것은 오히려 구(舊) 신분세력들이었다. 이동희, 「개인적 자유와 국가 공동체의 매개로서의 헤겔의 대의제론에 대한 비판적 고찰」, 『헤겔연구』 제42호, 173~75쪽과 비교. Friedrich Hogemann und Christoph Jamme, *Anhang zu Schriften und Entwürfel (1817-1825)*, pp. 290~91 참조.

판의 표적이 바로 국가권력을 군주와 귀족 간의 계약관계로 보는 이론이다. 말하자면 영국과 프랑스에서는 혁명의 이론적 토대가 되었던 사회계약 이론이 왕정복고 시대에는 구(舊) 세력들의 저항의 무기가 되었던 것이다. 실로 자유주의 이론의 아이러니라 하겠다.[60] 군주가 더 이상 계몽적이지 않게 되었을 때 헤겔이 마지막 역사철학 원고에서 피력하고자 했던 민족 내지 국가 시민에 대한 기대는 그래서 더 십분 이해할 만하다. 그러나 민족 집단들마저 특권 집단들과 나란히 분리와 자립을 주장할 때 1800년경 청년 헤겔의 싫지만 어쩔 수 없는 예견은 "한 정복자의 폭력"에 의한 국가적 통일이었다(SE, 157). 70여 년 후에 오토 폰 비스마르크(Otto von Bismarck)가 이를 증명해주듯이 말이다.

이에 반해 단지 형식적 재가의 계기로 구상된 헤겔의 입헌군주는 오늘날 수상이나 대통령의 역할 그 이상의 것을 부여받은 자일 수 없을 것이다. 당시 할러와 슈탈 등의 구(舊)체제 지향 학자들이 사법(私法) 계약론적 자연법 이론을 내세우며 헤겔 철학을 폄훼하려던 것은 바로 이 때문이다. 그러나 이미 정치투쟁의 장(場)이 되어버린 자연법 이론은 마르크스와 같은 다음 세대에게는 지배계급들의 이데올로기 그 이상일 수 없었다. 이에 불행히도 철학적 법학으로서의 헤겔의 새로운 자연법 이론이 효

---

60 헤겔의 '반(反)계약주의'를 곧 '반(反)자유주의'로 오해해서는 안 된다. 당시 에드먼드 버크(Edmund Burke)나 할러 같은 이데올로그들은 전통적으로 유지되어온 영주-귀족 간의 봉건적 계약관계를 정당화하기 위해 사회계약 이론을 사적(私的)인 계약 이론으로 축소 및 변용하곤 했기 때문이다. 이에 따르면 인권과 공직, 양심의 자유 등도 양도 대상이 될 수 있다. 반면에 헤겔은 '자유주의적 개인주의'를 신랄하게 비판하면서 개인적 자유의 공동체적 보편과의 '매개 활동'을 강조한다. Domenico Losurdo, *Hegel und die Freiheit der Modernen*, pp. 75~98, 특히 pp. 75~78, 84~90, 95~97 참조. 헤겔은 이미 하이델베르크 강의에서 이익을 추구하는 개별 인격들의 "자의"에서 출발하는 계약이 "국가의 토대"로 간주되는 문제를 독일의 "봉건관계"나 "프랑스혁명" 사상에서 똑같이 간파하고 있다(VNS, §33). '원자론적 개인주의'와 이에 기초한 사회계약 이론에 대한 헤겔의 비판은 박배형, 「헤겔의 자유주의 비판」, 『헤겔연구』 제31호, 206~11, 218, 222~28쪽 참조.

과적인 반향을 얻은 것도 아니다. 이미 제도권 내에서는 후고와 사비니 등으로부터 발전한 법실증주의가 지배력을 얻어가고 있었기 때문이다. 결국 1860년[61]을 전후로 서양의 자연법 이론은 몰락의 길에 접어들게 된다. 반면에 철학으로부터 순화된 법실증주의(Rechtspositivismus)는 이제 법의 근원을 인간 공동체가 이미 정립한(positum) 사회사적·정신사적 사실 속에서 찾고자 한다. 이에 따르면 실정법은 민족의 관습이나 민족정신적 내용에서 비롯되는 것이며, 그러나 어떤 내용이 입법화되는지는 법학의 영역을 넘어서는 단지 정치적 결정의 문제일 뿐이다. 그럼에도 '입법자는 결코 극악한 법률을 제정하지 않'기에[62] 법학은 법의 순수 실증적 근원만 탐구하면 된다는 것이다. 훗날 극도로 주의주의적인 국가사회주의의 등장에 독일 법학이 정치적으로 침묵한 이유는 여기에도 있을 것이다. 양차 대전 이후에 가톨릭 학계를 중심으로 시도된[63] 자연법 이론의 재활 노력이 주목받았던 이유도 바로 여기에 있다. 그간의 역사 경험을 통해 인간의 제2의 자연에 대한 존재론적 시각이 상실되면 어떠한 끔찍한 결과가 초래될 수 있는지 충분히 배웠기 때문이다. 어렵지만 헤겔의 철학적 법학을 다시 공부해야 하는 이유 또한 바로 여기에 있다.

---

61 Erik Wolf, Zum Artikel *Naturrecht* in *Historisches Wörterbuch der Philosophie*, Bd. 6, p. 562.

62 아르투어 카우프만, 허일태 옮김, 『법철학입문』, 153쪽.

63 Kristian Kühl, Zum Artikel *Naturrecht* in *Historisches Wörterbuch der Philosophie*, Bd. 6, pp. 614~15. 오늘날 법철학은 자연법이나 실증주의를 넘어선 제3의 길을 모색하고 있다. 다양한 시도들에 대해서는 Arthur Kaufmann, *Grundprobleme der Rechtsphilosophie*, pp. 31~38 참조.

참고문헌

권기환, 「피히테에 있어서 실천적 자기의식의 실재론적 진화」, 『철학과 현상학 연구』
　　제50권, 서울, 2011.

──. 「역자 해제」, 프리드리히 셸링, 『철학 일반 형식의 가능성』, 누멘, 2011.

──. 「피히테와 셸링의 국가론에 대한 비교연구」, 『철학논집』 제56집, 서울, 2019.

김석수, 「칸트의 저항권론에 대한 반성적 고찰」, 『철학』 제52집, 서울, 1997.

──. 「칸트의 私法(das private Recht) 이론에 대한 고찰」, 『철학연구』 40/1, 서
　　울, 1997.

──. 「칸트 법철학의 형성 과정에 대한 반성적 고찰」, 『칸트연구』 제5집 제1호,
　　서울, 1999.

──. 「칸트와 피히테 법철학의 상호 연관성에 대한 고찰」, 『철학연구』 제94집, 서
　　울, 2005.

김옥경, 「헤겔에게서 윤리, 이성 그리고 주체성」, 『헤겔연구』 제15호, 서울, 2004.

김준수, 「헤겔 「자연법」논문에서 근대 자연법론에 대한 비판」, 『사회와 철학』 제2호,
　　서울, 2001.

──. 「피히테의 승인 이론의 구조」, 『헤겔연구』, 제21호, 서울, 2007.

──. 「살 수 있음의 권리에 대한 철학적 근거지음」, 『사회와 철학』 제36집, 서울,
　　2018.

김혜숙, 『셸링의 예술철학』, 자유출판사, 1992.

나종석, 「칸트『도덕 형이상학』에서의 실천이성, 법 그리고 국가의 상호 연관성」, 『칸
　　트연구』 제9호, 서울, 2002.

남기호, 「헤겔의 인식론」, 『헤겔연구』 제24호, 서울, 2007.

──. 「헤겔 법철학에서의 범죄와 형벌의 근거」, 『헤겔연구』 제25호, 서울, 2009.

——.「헤겔의 욕망 개념」,『헤겔연구』제26호, 서울, 2009.

——.「칸트의 자연법 이론과 국가 기초의 문제」,『가톨릭 철학』제14호, 서울, 2010.

——.「부르셴샤프트와 헤겔의 정치적 입장: 헤겔은 과연 프로이센 국가 철학자인가」,『시대와 철학』제23권 제1호, 서울, 2012.

——.「헤겔 법철학에서의 군주의 역할: 헤겔은 과연 왕정복고 철학자인가」,『사회와 철학』제23집, 서울, 2012.

——.「프로이센 왕정복고와 헤겔의 정치 법학적 입장 II: 할러와의 대결을 중심으로」,『철학연구』제100집, 서울, 2013.

——.「프로이센 왕정복고와 헤겔의 정치 법학적 입장 III: 사비뉘와의 대결을 중심으로」,『사회와 철학』제25집, 서울, 2013.

——.「프로이센 왕정복고와 헤겔의 정치 신학적 입장: 슈바르트와의 논쟁 및 슈탈의 비판을 중심으로」,『헤겔연구』제34호, 서울, 2013.

——.「역사 철학적 관점에서 본 정치적 혁신의 가능성: 헤겔의 1830/31년『세계사철학』원고를 중심으로」,『사회와 철학』제27집, 서울, 2014.

——.「피히테의 자연법 이론과 국가 기초의 문제:『학문론 원리들에 따른 자연법의 토대』를 중심으로」,『시대와 철학』제25권 제1호, 서울, 2014.

——.「칼 슈미트의 국가론에서의 리바이어던: 그 정치적 상징의 오용과 홉스의 정치철학적 의의」,『시대와 철학』제26권 제4호, 서울, 2015.

——.「야코비의 칸트 비판과 인간의 자유」,『시대와 철학』제26권 제1호, 서울, 2015.

——.「경건한 기만과 건강한 비학문(非學問): 야코비의「신적인 것들과 그 계시에 관하여」」,『철학연구』제111집, 서울, 2015.

——.「개인주의 도덕과 자연권의 자기파괴: 셸링의『자연권의 새로운 연역』(1796/97)을 중심으로」,『시대와 철학』제28권 제2호, 서울, 2017.

——.「헤겔의 자연법 비판과 국가의 기초」,『가톨릭 철학』제30호, 서울, 2018.

——.『헤겔과 그 적들』, 사월의책, 2019.

맹주만,「칸트와 헤겔의 자연 개념」,『칸트연구』제6호, 서울, 2000.

——.「원초적 계약과 정의 원리」,『칸트연구』제9호, 서울, 2002.

박배형,「헤겔의 자유주의 비판」,『헤겔연구』제31호, 서울, 2012.

——.「헤겔의 실천철학에서 국가의 목적에 관하여: 시민사회와의 연관성을 중심으로」,『헤겔연구』제36호, 서울, 2014.

——.「헤겔의 시민사회론과 그의 시장근본주의 비판」,『헤겔연구』제42호, 서울, 2017.

박은정,『자연법의 문제들』, 세창출판사, 2007.

박채욱, 「칸트의 정치론과 시민의 저항권」, 『칸트연구』 제10호, 서울, 2002.

백훈승, 『피히테의 자아론: 피히테 철학 입문』, 신아출판사, 2004.

소병일, 「예나 시기 헤겔의 욕망과 인정 개념: 피히테와 헤겔의 차이를 중심으로」, 『철학』 제98집, 서울, 2009.

심철민, 「해제」, 프리드리히 셸링, 『조형미술과 자연의 관계』, 책세상, 2015.

윤삼석, 「헤겔 『법철학』에서 법을 통한 근대적 인륜성의 재구성」, 『헤겔연구』 제40호, 서울, 2016.

──. 「근대 자연법 이론에 대한 헤겔의 비판은 타당한가?」, 『시대와 철학』 제29권 제2호, 서울, 2018.

이강수, 『중국 고대철학의 이해』, 지식산업사, 2012.

이광모, 「'긍정철학(Positive Philosophhie)'의 원리와 그 가능성」, 『헤겔연구』 제32호, 서울, 2012.

이동희, 「개인적 자유와 국가 공동체의 매개로서의 헤겔의 대의제론에 대한 비판적 고찰」, 『헤겔연구』 제42호, 서울, 2017.

이재성, 「『법철학』에서 '시민사회'에 대한 헤겔 해석의 정치철학적 의미」, 『헤겔연구』 제18호, 서울, 2005.

──. 「헤겔의 정치철학: 헤겔은 자신의 국가철학을 어떻게 정당화시키고 있는가?」, 『헤겔연구』 제21호, 서울, 2007.

이정은, 「헤겔 『법철학』에서 시민사회와 국가의 매개체」, 『헤겔연구』 제12호, 서울, 2002.

이정일, 「토마스 아퀴나스와 헤겔의 자연법 비교」, 『범한철학』 제29집, 익산, 2003.

이충진, 『이성과 권리』, 철학과현실사, 서울 2000.

임금희, 「피히테(J. G. Fichte)의 '인정'으로서의 권리 개념에 대한 고찰」, 『한국정치학회보』 제45집 제1호, 서울, 2011.

임미원, 「칸트 법철학의 실천적 의의」, 『칸트연구』 제14집, 서울, 2004.

──. 「칸트와 역사법학」, 『법사학연구』 제38호, 서울, 2008.

정미라, 「실천철학의 원리로서의 자유의지」, 『헤겔연구』 제9호, 서울, 2000.

정혜영, 「피히테의 독일 국민 교육론」, 『교육철학』 제20권, 서울, 1998.

조극훈, 「헤겔의 근대 자연법론 비판에 나타난 이성의 분화와 통합」, 『인문학연구』 제24호, 서울, 2013.

최신한, 『헤겔철학과 형이상학의 미래』, 서광사, 2015.

한자경, 「옮긴이 해제」, 프리드리히 셸링, 『자연철학의 이념』, 서광사, 1999.

라드브루흐, 구스타브, 최종고 옮김, 「법률적 불법과 초법률적 법(1946)」, 『법철학』, 삼영사, 2007.

로크, 존, 이극찬 옮김, 『통치론』, 삼성출판사, 1991.
──. 강정인·문지영 옮김, 『통치론』, 까치, 1996.
루소, 장-자크, 이태일 옮김, 『사회계약론』, 범우사 1990.
──. 주경복·고봉만 옮김, 『인간 불평등 기원론』, 책세상, 2003.
바이저, 프레더릭, 이신철 옮김, 『헤겔: 그의 철학적 주제들』, 도서출판 b, 2012.
벨첼, 한스, 박은정 옮김, 『자연법과 실질적 정의』, 삼영사, 2001.
슈투케, 호르스트, 남기호 옮김, 『계몽』(코젤렉의 개념사 사전 6), 푸른역사, 2014.
스트라우스, 레오, 홍원표 옮김, 『자연권과 역사』, 인간사랑, 2001.
아리스토텔레스, 최명관 옮김, 『니코마코스 윤리학』, 서광사, 1989.
카우프만, 아르투어, 허일태 옮김, 『법철학입문』, 동아대학교출판부, 2003.
칸트, 임마누엘, 이한구 옮김, 『영원한 평화를 위하여』, 서광사, 1992.
키케로, 성염 옮김, 『법률론』, 한길사, 2007.
풀다, 한스 프리드리히, 남기호 옮김, 『헤겔』, 용의숲, 2010.
플라톤, 조우현 옮김, 『국가』, 삼성출판사, 1991.
──. 박종현 역주, 『에우티프론, 소크라테스의 변론, 크리톤, 파이돈』, 서광사, 2008.
홉스, 토머스, 신재일 옮김, 『리바이어던』, 서해문집, 2008.
──. 진석용 옮김, 『리바이어던 1』, 나남, 2013.

Andries, Marcus, *Schellings Entwicklungsbegriff*, Dissertation, Tübingen 2010.
Aristoteles, *The "Art" of Rhetoric*, trans. Freese, John Henry, London/New York 1926.
──. *Ethica Nichomachea*, (hg.) Franz Susemihl, Leipzig 1887.
──. *Metaphysica. The Works of Aristotle*, vol. VIII, trans. Ross, David, London 1954.
──. *Politik* T1, *Aristoteles Werke*, Bd. 6, Aalen 1978.
Arnautović, Samir, *Der Internationalismus in Hegels Philosophie der Geschichte* in *Zwischen Konfrontation und Integration*, Berlin 2007.
Arndt, Andreas, *Dialektik und Reflexion*, Hamburg 1994.
Baumgartner, H. Michael, *Das Unbedingte im Wissen: Ich-Identität-Freiheit* in *Schelling*, München 1975.
──. *Der spekulative Ansatz in Schellings System des transzendentalen Idealismus* in *Philosophisch-literarische Streitsachen*, Bd. 2, Hamburg 1993.
Baumgartner, H. Michael (u.a.), *Editorischer Bericht* zu *Neue Deduction des*

Naturrechts, Schelling Werke, Bd. 3, Stuttgart-Bad Cannstatt 1982.

———. *Erklärende Anmerkungen* zu *Schelling Werke*, Bd. 3, Stuttgart-Bad Cannstatt 1982.

Beiser, Frederick C., *The Fate of Reason*, Cambridge/London 1987.

Boldt, Hans, *Hegel und die konstitutionelle Monarchie* in *Hegel-Studien Beiheft*, Bd. 42, Hamburg 2000.

Brandt, Reinhard, Zum Artikel *Naturrecht* in *Historisches Wörterbuch der Philosophie*, Bd. 6, Basel/Stuttgart 1984.

Buonarotti, Philippe, *Analysis of the Doctrine of Babeuf / Manifesto of the Equals*, (trans.) Mitchell Abidor, http://www.marxists.org/history/france/revolution/conspiracy-equals/index.htm, 2004.

Cesa, Claudio, *Schellings Kritik des Naturrechts* in *Die praktische Philosophie Schellings und die gegenwärtige Rechtsphilosophie*, Stuttgart-Bad Cannstatt 1989.

Chételat, Pierre, *Hegel's Philosophy of World History as Theodicy* in *Hegel and History*, New York 2009.

Cicero, *De legibus*, Francofurti 1824.

———. *De inventione, Über die Auffindung des Stoffes*, (übers.) Theodor Nüßlein, Sammlung Tusculum, Düsseldorf/Zürich 1998.

Cruysberghs, Paul, Zum Artikel *Naturrecht* in *Hegel-Lexikon*, Darmstadt 2006.

Deggau, Hans-Georg, *Die Aporien der Rechtslehre Kants*, Stuttgart-Bad Cannstatt 1983.

Düsing, Klaus, *Idealistische Substanzmetaphysik* in *Hegel-Studien Beiheft*, Bd. 20, Bonn 1980.

———. *Die Entstehung des spekulativen Idealismus. Schellings und Hegels Wandlungen zwischen 1800 und 1801* in *Philosophisch-literarische Streitsachen*, Bd. 2, Hamburg 1993.

Feuerbach, P. J. A., *Lehrbuch des Gemeinen in Deutschland Gültigen Peinlichen Rechts*, Aalen 1986.

Fichte, *Über den Begriff der Wissenschaftslehre, Fichtes Werke*, Bd. I, Berlin 1971.

———. *Grundlage der gesammten Wissenschaftslehre, Fichtes Werke*, Bd. I, Berlin 1971.

———. *Erste Einleitung in die Wissenschaftslehre, Fichtes Werke*, Bd. I, Berlin 1971.

————. *Zweite Einleitung in die Wissenschaftslehre*, Fichtes Werke, Bd. I, Berlin 1971.

————. *Grundlage des Naturrechts nach Prinzipien der Wissenschaftslehre*, Hamburg 1991.

————. *Der geschlossene Handelsstaat*, Fichtes Werke, Bd. III, Berlin 1971.

————. *Das System der Sittenlehre nach den Principien der Wissenschaftslehre*, Fichtes Werke, Bd. IV, Berlin 1971.

————. *Beiträge zur Berichtigung der Urtheile des Publicums über die französische Revolution*, Fichtes Werke, Bd. VI, Berlin 1971.

————. *Einige Vorlesungen über die Bestimmung des Gelehrten*, Fichtes Werke, Bd. VI, Berlin 1971.

————. *Die Grundzüge des gegenwärtigen Zeitalters*, Fichtes Werke, Bd. VII, Berlin 1971.

————. *Rezension Zum ewigen Frieden*, Fichtes Werke, Bd. VIII, Berlin 1971.

————. *Das System der Rechtslehre*, Fichtes Werke, Bd. IV, Berlin 1971.

fr.Wiktionnaire.org: Zum Artikel *droit*. https://fr.wiktionary.org

Grawert, R., Zum Artikel *Recht, positives; Rechtspositivismus* in *Historisches Wörterbuch der Philosophie*, Bd. 8, Basel/Stuttgart 1992.

Grotsch, Klaus, *Anhang zu Nürnberger Gymnasialkurse und Gymnasialreden (1801-1816)*, Gesammelte Werke, Bd. 10. 2, Hamburg 2006.

Hager, F. P., Zum Artikel *Natur* in *Historisches Wörterbuch der Philosophie*, Bd. 6, Basel/Stuttgart 1984.

Hegel, G. W. F., *Briefe von und an Hegel*, Bd. 2, Berlin 1970.

————. *Hegels Theologische Jugendschriften*, Tübingen 1907.

————. *Ueber die wissenschaftlichen Behandlungsarten des Naturrechts* in *Jenaer Kritische Schriften*, Gesammelte Werke, Bd. 4, Hamburg 1968.

————. *Schriften und Entwürfe (1799-1808)*, Gesammelte Werke, Bd. 5, Hamburg 1998.

————. *Jenaer Systementwürfe I*, Gesammelte Werke, Bd. 6, (hg.) Klaus Düsing, und Heinz Kimmerle, Hamburg 1975.

————. *Jenaer Systementwürfe III*, Gesammelte Werke, Bd. 8, (hg.) Rolf-Peter Horstmann, und Johann Heinrich Trede, Hamburg 1976.

————. *Phänomenologie des Geistes*, Gesammelte Werke, Bd. 9, Hamburg 1980.

————. *Nürnberger Gymnasialkurse und Gymnasialreden (1808-1816)*, Gesammelte Werke, Bd. 10. 1, Hamburg 2006.

———. *Wissenschaft der Logik II, Gesammelte Werke*, Bd. 12, Hamburg 1981.

———. *Enzyklopädie der philosophischen Wissenschaften im Grundrisse (1817), Gesammelte Werke*, Bd. 13, Hammburg 2000.

———. *Vorlesungen über Naturrecht und Staatswissenschaft Heidelberg 1817/18, Vorlesungen. Ausgewählte Nachschriften und Manuskripte*, Bd. 1, (hg.) Claudia Becker, (u.a.), Hamburg 1983.

———. *Vorlesungen über Rechtsphilosophie*, Bd. 1, Stuttgart-Bad Cannstatt 1973.

———. *Vorlesungen über die Philosophie des Rechts Berlin 1819/20*, Hamburg 2000.

———. *Philosophie des Rechts. Die Vorlesung von 1819/20 in einer Nachschrift*, Frankfurt am Main 1983.

———. *Grundlinien der Philosophie des Rechts, Gesammelte Werke*, Bd. 14,1, Hamburg 2009.

———. *Notizen zu den Paragraphen 1 bis 180 der Grundlinien der Philosophie des Rechts, Gesammelte Werke*, Bd. 14, 2, Hamburg 2010.

———. *Die Philosophie des Rechts. Vorlesung von 1821/22*, Frankfurt am Main 2005.

———. *Vorlesungen über Rechtsphilosophie*, Bd. 3, Stuttgart-Bad Cannstatt 1974.

———. *Philosophie des Rechts. Nachschrift der Vorlesung von 1822/23*, Frankfurt am Main 1999.

———. *Vorlesungen über Rechtsphilosophie*, Bd. 4, Stuttgart-Bad Cannstatt 1974.

———. *Schriften und Entwürfe I (1817-1825), Gesammelte Werke*, Bd. 15, Hamburg 1990.

———. *Vorlesungsmanuskripte II (1816-1831), Gesammelte Werke*, Bd. 18, Hamburg 1995.

———. *Enzyklopädie der philosophischen Wissenschaften im Grundrisse (1827), Gesammelte Werke*, Bd. 19, Hamburg 1989.

———. *Enzyklopädie der philosophischen Wissenschaften im Grundrisse (1830), Gesammelte Werke*, Bd. 20, Hamburg 1992.

———. *Vorlesungen über die Geschichte der Philosophie Einleitung Orientalische Philosophie*, (hg.) Walter Jaeschke, Hamburg 1993.

Hepp, R., Zum Artikel *Nomos* in *Historisches Wörterbuch der Philosophie*, Bd. 6,

Basel/Stuttgart 1984.

Herberger, Maximilian, Zum Artikel *Recht* in *Historisches Wörterbuch der Philosophie*, Bd. 8, Basel 1992.

Herold, Norbert, Zum Artikel *Gesetz* in *Historisches Wörterbuch der Philosophie*, Bd. 3, Basel/Stuttgart 1974.

Herrera, Larry, *Kant on the Moral Triebfeder* in *Kant-Studien* 91. Jahrgang Heft 4, Berlin/New York 2000.

Hobbes, Thomas, *Leviathan*, London 1985.

Höffe, Otfried, *Kategorische Rechtsprinzipien*, Frankfurt am Main 1990.

———. *Kleine Geschichte der Philosophie*, München 2001.

Hoffheimer, H. Michael, *Hegel's Criticism of Law* in *Hegel Studien* 27, Bonn 1992.

Hoffmeister, Johannes (hg.), Zum Artikel *Gesetz, Natur, Naturrecht* u. *Recht* in *Wörterbuch der philosophischen Begriffe*, Hamburg 1955.

Hofmann, H., Zum Artikel *Naturzustand* in *Historisches Wörterbuch der Philosophie*, Bd. 6, Basel/Stuttgart 1984.

Hofmann, Markus, *Über den Staat hinaus*, Zürich 1999.

Hogemann, Friedrich und Jamme, Christoph, *Anhang* zu *Schriften und Entwürfe I (1817-1825), Gesammelte Werke*, Bd. 15, Hamburg 1990.

Hollerbach, Alexander, *Der Rechtsgedanke bei Schelling*, Frankfurt am Main 1957.

Holz, Herald, *Perspektive Natur* in *Schelling*, München 1975.

Honneth, Axel, *Die Transzendentale Notwendigkeit von Intersubjektivität* in *Grundlage des Naturrechts*, (hg.) J.-Ch. Merle, Berlin 2001.

Hüffer, Wilm, *Theodizee der Freiheit, Hegel-Studien Beiheft*, Bd. 46, Hamburg 2002.

Hügli, Anton, Zum Artikel *Naturrecht* in *Historisches Wörterbuch der Philosophie*, Bd. 6, Basel/Stuttgart 1984.

Ilting, Karl-Heinz, *Naturrecht und Sittlichkeit*, Stuttgart 1983.

———. Zum Artikel *Naturrecht* in *Geschichtliche Grundbegriffe*, Bd. 4, Stuttgart 1997.

Jacobi, *Über die Lehre des Spinoza in Briefen an den Herrn Moses Mendelssohn, Friedrich Heinrich Jacobi Werke*, Bd. 1, 1, Hamburg 1998.

———. *Jacobi an Fichte, Friedrich Heinrich Jacobi Werke*, Bd. 2, 1, Hamburg 2004.

———. *Von den göttlichen Dingen und ihrer Offenbarung, Friedrich Heinrich Jacobi Werke*, Bd. 3, Hamburg 2000.

Jacobs, Wilhelm G., *Anhaltspunkte zur Vorgeschichte von Schellings Philosophie* in *Schelling*, München 1975.

———. *Geschichte als Prozeß der Vernunft* in *Schelling*, München 1975.

———. *Editorischer Bericht* zu *Neue Deduction des Naturrechts, Schelling Werke* 3, Stuttgart 1982.

———. *Geschichte und Kunst in Schellings »System des transzendentalen Idealismus«* in *Philosophisch-literarische Streitsachen*, Bd. 1, Hamburg 1990.

Jaeschke, Walter, *Zur Begründung der Menschenrechte in der frühen Neuzeit* in *Menschenrechte: Rechte und Pflichten in Ost und West*, (hg.) Konrad Wegmann, (u.a.), Münster 2001.

———. *Hegel Handbuch*, Stuttgart 2003.

———. *Die klassische deutsche Philosophie vor dem Völkerrecht* in *Zwischen Konfrontation und Integration*, Berlin 2007.

———. *Machtstaat und Kulturstaat* in *Staat und Kultur bei Hegel*, Berlin 2010.

———. *Die Klassische Deutsche Philosophie nach Kant*, München 2012.

Jaeschke, Walter (u.a.), *Anhang* zu *Frühe Schriften II, Hegel Gesammelte Werke*, Bd. 2, Hamburg 2014.

James, David, *Fichte's Social and Political Philosophy: Property and Virtue*, Cambridge 2011.

Jodl, Friedrich, *Vom Lebenswege*, Bd. 1, Stuttgart/Berlin 1916.

Justinian, *Iustiniani Institutiones, Corpus Iuris Civilis*, vol. I, New Jersey 2010.

Kahlefeld, Susanna, *Standpunkt des Lebens und Standpunkt der Philosophie* in *Fichte-Studien*, Bd. 21, Amsterdam/New York 2003.

Kant, Immanuel, *Kritik der reinen Vernunft*, Hamburg 1971.

———. *Prolegomena zu einer jeden künftigen Metaphysik*, Hamburg 1976.

———. *Grundlegung zur Metaphysik der Sitten, Kant Werke*, Bd. IV, Darmstadt 1998.

———. *Kritik der praktischen Vernunft, Kant Werke*, Bd. IV, Darmstadt 1998.

———. *Metaphysische Anfangsgründe der Rechtslehre* u *Metaphysische Anfangsgründe der Tugendlehre* in *Die Metaphysik der Sitten, Kant Werke*, Bd. IV, Darmstadt 1998.

———. *Metaphysische Anfangsgründe der Naturwissenschaft, Kant Werke*, Bd. V,

Darmstadt 1998.

――. *Kritik der Urteilskraft, Kant Werke*, Bd. V, Darmstadt 1998.

――. *Gemeinspruch, Kant Werke*, Bd. VI, Darmstadt 1998.

――. *Zum ewigen Frieden, Kant Werke*, Bd. VI, Darmstadt 1998.

――. *Beantwortung der Frage: Was ist Aufklärung?, Kant Werke*, Bd. VI, Darmstadt 1998.

Kastner, Hannes, *Noch einmal: die Stellung des Monarchen. Oder: Hegels "versteckte" Demokratietheorie* in *Hegel-Studien*, Bd. 43, Hamburg 2008.

Kaufmann, Arthur, *Grundprobleme der Rechtsphilosophie*, München 1994.

Kaufmann, Matthias, *Rechtsphilosophie*, Freiburg/München 1996.

――. *Zwangsrecht* in *Grundlage des Naturrechts*, (hg.) J.-Ch. Merle, 2001 Berlin.

Kersting, Wolfgang, *Die Unabhängigkeit des Rechts von der Moral* in *Grundlage des Naturrechts*, (hg.) J.-Ch. Merle, 2001 Berlin.

Klenner, Hermann, *Schelling und die Rechtsphilosophie* in *Die praktische Philosophie Schellings und die gegenwärtige Rechtsphilosophie*, Stuttgart-Bad Cannstatt 1989.

――. *Rechtsphilosophie zwischen Restauration und Revolution* in *Philosophisch-literarischen Streitsachen*, Bd. 4, Hamburg 1995.

Kluge, Friedrich, Zum Artikel *Natur, Physis, Recht u. recht* in *Etymologisches Wörterbuch*, Berlin/New York 1999.

Koselleck, Reinhart, *Begriffsgeschichten*, Frankfurt am Main 2006.

Krawietz, W., Zum Artikel *Gesetz* in *Historisches Wörterbuch der Philosophie*, Bd. 3, Basel/Stuttgart 1974.

Kühl, Kritian, Zum Artikel *Naturrecht* in *Historisches Wörterbuch der Philosophie*, Bd. 6, Basel/Stuttgart 1984.

Landau, Peter, *Hegels Begründung des Vertragsrechts* in *Materialien zu Hegels Rechtsphilosophie*, Bd. 2, Frankfurt am Main 1975.

Lazzari, Alessandro, *"Eine Fessel, die nicht schmerzt und nicht sehr hindert"* in *Grundlage des Naturrechts*, (hg.) J.-Ch. Merle, Berlin 2001.

Leibniz, Gottfried Wilhelm, *Monadologie, Philosophische Schriften*, Bd. 1, Darmstadt 1985.

Locke, John, *Two Treatises of Government*, London 1698.

Loos, Fritz und Schreiber, H.-L., Zum Artikel *Recht, Gerechtigkeit* in *Geschichtliche Grundbegriffe*, Bd. 5, Stuttgart 1994.

Losurdo, Domenico, *Von Louis Philippe bis Louis Bonaparte*, in *Die praktische Philosophie Schellings und die gegenwärtige Rechtsphilosophie*, Stuttgart-Bad Cannstatt 1989.

———. *Hegel und die Freiheit der Modernen*, Frankfurt am Main 2000.

Lübbe-Wolff, Gertrude, *Hegels Staatsrecht als Stellungsnahme im ersten preussischen Verfassungskampf* in *Zeitschrift für philosophische Forschung*, Bd. 35, Meisenheim am Glan 1981.

Lucas, H.-Ch., *"Wer hat die Verfassung zu machen, das Volk oder wer anders?"* in *Hegels Rechtsphilosophie im Zusammenhang der europäischen Verfassungsgeschichte*, Stuttgart-Bad Cannstatt 1986.

Ludwig, Bernd, *Einleitung u. Anmerkungen zu Kants Metaphysische Anfangsgründe der Rechtslehre*, Hamburg 1998.

———. *Einleitung zu Metaphysische Anfangsgründe der Tugendlehre*, Hamburg 1990.

———. *Will die Natur unwiderstehlich die Republik?* in *Kant-Studien* 88. Jahrgang, Heft 2, Berlin 1997.

Maier, Hans, *Einige Vorbemerkungen zu Hegels politische Philosophie* in *Hegel-Studien Beiheft*, Bd. 11, Bonn 1983.

Maus, Ingeborg, *Die Verfassung und ihre Garantie: das Ephorat* in *Grundlage des Naturrechts*, (hg.) J.-Ch. Merle, Berlin 2001.

Mehlhausen, Joachim, *Theologie und Kirche in der Zeit des Vormärz* in *Philosophisch-literarischen Streitsachen*, Bd. 4, Hamburg 1995.

Meist, Kurt Rainer, *Hegels Systemkonzeption in der frühen Jenaer Zeit* in *Hegel-Studien Beiheft*, Bd. 20, Bonn 1980.

Merle, J.-Ch., *Einführung* in *Grundlage des Naturrechts*, (hg.) J.-Ch. Merle, Berlin 2001.

———. *Eigentumsrecht* in *Grundlage des Naturrechts*, (hg.) J.-Ch. Merle, Berlin 2001.

Milisavljević, Vladimir, *Die Stärke der Existenz: Völkerrecht und internationale Politik bei Kant und Hegel* in *Zwischen Konfrontation und Integration*, Berlin 2007.

Moyar, Dean, *Die Verwirklichung meiner Autorität: Hegels komplementäre Modelle von Individuen und Institutionen* in *Hegels Erbe*, Frankfurt am Main 2004.

Neuhouser, Frederick, *Fichte and the Relationship between Right and Morality* in *Fichte: Historical Context/Contemporary Controversies*, (hg.) Daniel Breazeale, und Tom Rockmore, New Jersey 1994.

———. *The Efficacy of the Rational Being* in *Grundlage des Naturrechts*, (hg.) J.-Ch. Merle, 2001 Berlin.

Online Etymology Dictionary: Zum Artikel *Law & right*. https://www. etymonline.com

Petersdorff, Hermann von, Zum Artikel *Karl August von Struensee* in *Allgemeine Deutsche Biographie*, Bd. 36, Leipzig 1893.

Piché, Claude, *Die Bestimmung der Sinnenwelt durch das vernünftige Wesen* in *Grundlage des Naturrechts*, (hg.) J.-Ch. Merle, Berlin 2001.

Platon, *Politeia, Der Staat*, (übers.) Friedrich Schleiermacher, *Werke in acht Bänden*, Bd. IV, Darmstadt 1971.

Plumpe, Gerhard, Zum Artikel *Gesetz* in *Historisches Wörterbuch der Philosophie*, Bd. 3, Basel/Stuttgart 1974.

Pufendorf, Samuel von, *De iure naturae et gentium libri octo*, Frankfurt am Main 1672.

———. *Acht Bücher vom Natur- und Völcker-Rechte*, (übers.) Johann Nicolai Hertii und Johann Barbeyrac (u.a.), Frankfurt am Main 1711.

Rameil, Udo, *Sittliches Sein und Subjektivität. Zur Genese des Begriffs der Sittlichkeit in Hegels Rechtsphilosophie* in *Hegel-Studien*, Bd. 16, Bonn 1981.

Riedel, Manfred, *Hegels Kritik des Naturrechts* in *Hegel-Studien*, Bd. 4, Bonn 1967.

Ritter, Joachim, *Moralität und Sittlichkeit. Zu Hegels Auseinandersetzung mit der Kantischen Ethik* in *Materialien zu Hegels Rechtsphilosophie*, Bd. 2, Frankfurt am Main 1975.

Rotenstreich, Nathan, *Legislation und Exposition, Hegel-Studien Beiheft*, Bd. 24, Bonn 1984.

Ružička, R., Zum Artikel *Naturrecht* in *Historisches Wörterbuch der Philosophie*, Bd. 6, Basel/Stuttgart 1984.

Sandkühler, H.-J., *Freiheit und Wirklichkeit zur Dialektik von Politik und Philosophie bei Schelling*, Frankfurt am Main 1968.

———. *F. W. J. Schelling-Philosophie als Seinsgeschichte und Anti-Politik* in *Die praktische Philosophie Schellings und die gegenwärtige Rechtsphilosophie*, Stuttgart-Bad Cannstatt 1989.

Savigny, Friedrich Carl von, *Vom Berufe unserer Zeit für Gesetzgebung und Rechtswissenschaft*, Heidelberg 1840.

———. *Juristische Methodenlehre*, Stuttgart 1951.

Schelling, Friedrich, *Schellings Briefwechsel mit Niethammer vor seiner Berufung nach Jena*, Leipzig 1913.

———. *Vom Ich als Princip der Philosophie oder über das Unbedingte im menschlichen Wissen, Ausgewählte Werke*, Bd. I, Darmstadt 1980.

———. *Neue Deduction des Naturrechts, Schelling Werke*, Bd. 3, Stuttgart-Bad Cannstatt 1982.

———. 추정: *Das älteste Systemprogramm des deutschen Idealismus, Frühe Schriften II, Hegel Gesammelte Werke*, Bd. 2, Hamburg 2014.

———. *System des transzendentalen Idealismus, Ausgewählte Werke*, Bd. II, Darmstadt 1982.

———. *Vorlesungen über die Methode des akademischen Studiums, Ausgewählte Werke*, Bd. III, Darmstadt 1988.

———. *Philosophie und Religion, Ausgewählte Werke*, Bd. III, Darmstadt 1988.

———. *Stuttgarter Privatvorlesungen, Ausgewählte Werke*, Bd. IV, Darmstadt 1983.

———. *Philosophie der Mythologie*, Bd. 1, *Einleitung, Ausgewählte Werke*, Bd. XI, Darmstadt 1986.

Schlegel, Friedrich, *Jacobi-Rezension* (1812) in *Philosophisch-literarische Streitsachen*, Bd. 3, 1, Hamburg 1994.

Schmied-Kowarzik, Wolfdietrich, *Freiheit-Recht-Geschichte* in *Die praktische Philosophie Schellings und die gegenwärtige Rechtsphilosophie*, Stuttgart-Bad Cannstatt 1989.

Schnädelbach, Herbert, *Hegel und die Vertragslehre* in *Hegel Studien* 22, Bonn 1987.

Schraven, Martin, *Recht, Staat und Politik bei Schelling* in *F. W. J. Schelling*, Stuttgart/Weimar 1998.

Siep, Ludwig, *Was heißt: "Aufhebung der Moralität in Sittlichkeit"* in *Hegels Rechtsphilosophie* in *Hegel-Studien*, Bd. 17, Bonn 1982.

Smid, Stefan, *Freiheit als "Keim" des Rechts*, in *Die praktische Philosophie Schellings und die gegenwärtige Rechtsphilosophie*, Stuttgart-Bad Cannstatt 1989.

Specht, R., Zum Artikel *Naturrecht* in *Historisches Wörterbuch der Philosophie*,

Bd. 6, Basel/Stuttgart 1984.

Tanner, Klaus, *Der lange Schatten des Naturrechts*, Stuttgart 1993.

Tillette, Xavier, *Hegel als Mitarbeiter Schellings* in *Hegel-Studien Beiheft*, Bd. 20, Bonn 1980.

Ulfig, Alexander, Zum Artikel *Naturrecht* in *Lexikon der philosophischen Begriffe*, Frankfurt am Main 1992.

Verbeke, G., Zum Artikel *Gesetz, natürliches* in *Historisches Wörterbuch der Philosophie*, Bd. 3, Basel/Stuttgart 1974.

Verweyen, Hansjürgen, *Recht und Sittlichkeit in J. G. Fichtes Gesellschaftslehre*, München 1975.

Von der Pfordten, Dietmar, *Kants Rechtsbegriff* in *Kant-Studien* 98. Jahrgang, Heft 4, Berlin 2007.

Weisser-Lohmann, Elisabeth, *Hegels rechtsphilosophische Vorlesungen* in *Hegel-Studien*, Bd. 26, Bonn 1991.

Wieland, G., Zum Artikel *Gesetz, ewiges* in *Historisches Wörterbuch der Philosophie*, Bd. 3, Basel/Stuttgart 1974.

Williams, Robert R., *Recognition Fichte und Hegel on the Other*, New York 1992.

Wit, C. Ernst-Jan, *Kant and the Limits of Civil Obedience* in *Kant-Studien* 90. Jahrgang, Heft 3, Berlin 1999.

Wolf, Erik, Zum Artikel *Naturrecht* in *Historisches Wörterbuch der Philosophie*, Bd. 6, Basel/Stuttgart 1984.

Wolff, Michael, *Hegels staatstheoretischer Organismus* in *Hegel-Studien*, Bd. 19, Bonn 1984.

Zabel, Benno, *Fichtes Recht und Hegels Staat* in *Hegel-Studien*, Bd. 45, Hamburg 2010.

Zahn, Manfred, *Einleitung* zu *Grundlage des Naturrechts nach Prinzipien der Wissenschaftslehre*, Hamburg 1991.

Zeltner, Hermann, *Das Identitätssystem* in *Schelling*, München 1975.

Zöller, Günter, *Fichte's Transzendental Philosophy*, Cambridge 1998.

——. *Leib, Materie und gemeinsames Wollen als Anwendungsbedingungen des Rechts* in *Grundlage des Naturrechts*, (hg.) J.-Ch. Merle, Berlin 2001.

찾아보기